海军大连舰艇学院学术著作
Dalian Naval Academy Academic Works

在线学习的方法与实践
（第二版）

孟祥宇　张新杰　崔　璨　编著

電子工業出版社
Publishing House of Electronics Industry
北京 • BEIJING

内容简介

本书概念准确，内容丰富、全面，语言简洁凝练、通俗易懂，将在线学习方法与实践的整体思想贯穿全书，非常便于读者阅读和理解。

本书从网络时代的学习方式、在线学习的理论基础、在线课程资源、“互联网+教育”及虚拟现实技术五个方面进行了独到而详细的论述，使读者能够更好地理解和掌握在线学习的方法与实践，从理论层面指导具体的在线学习，理论与实践相结合。

本书可供高校教育技术学专业的教师、学生和研究人员及与在线学习课程开发相关的研究人员参阅，也可作为在线学习方法与实践的指导用书。

未经许可，不得以任何方式复制或抄袭本书之部分或全部内容。
版权所有，侵权必究。

图书在版编目（CIP）数据

在线学习的方法与实践 / 孟祥宇，张新杰，崔璨编著. —2 版. —北京：电子工业出版社，2023.6

ISBN 978-7-121-45855-2

Ⅰ. ①在… Ⅱ. ①孟… ②张… ③崔… Ⅲ. ①网络教学－高等学校－教材 Ⅳ. ①G434

中国国家版本馆 CIP 数据核字（2023）第 116641 号

责任编辑：仝赛赛　　文字编辑：常魏巍
印　　刷：三河市龙林印务有限公司
装　　订：三河市龙林印务有限公司
出版发行：电子工业出版社
　　　　　北京市海淀区万寿路 173 信箱　　邮编：100036
开　　本：787×1 092　1/16　印张：14.25　字数：383.04 千字
版　　次：2017 年 9 月第 1 版
　　　　　2023 年 6 月第 2 版
印　　次：2023 年 6 月第 1 次印刷
定　　价：68.00 元

凡购买电子工业出版社的图书有缺损问题，请向购买书店调换。若书店售缺，请与本社发行部联系。联系及邮购电话：（010）88254888，88258888。

质量投诉请发邮件至 zlts@phei.com.cn，盗版侵权举报请发邮件至 dbqq@phei.com.cn。

本书咨询联系方式：（010）88254510，tongss@phei.com.cn。

前　言

随着智能时代的到来，各种新的学习模式如潮水般涌现，最有代表性的便是随着网络技术发展而出现的在线学习。在线学习是指在由通信技术、计算机技术、人工智能、网络技术和多媒体技术等所构成的数字化环境中进行的学习，是基于技术的学习。在线学习以主动探究为主，学习者是学习的主体，教育者则起到主导的作用，它的主要特征是可以在网络平台上讨论、交流，主要表现形式为自主探究、互动、互助、过程评价。因此，相对于其他的学习模式来说，在线学习具有无可比拟的优势。

在线学习有利于实现终身学习和建设全民学习型社会。《中华人民共和国国民经济和社会发展第十四个五年规划和2035年远景目标纲要》重点强调：深化教育改革要发挥在线教育优势，完善终身学习体系，建设学习型社会。信息技术对教育的发展具有革命性影响，必须予以高度重视。要把教育信息化纳入国家信息化发展整体战略，超前部署教育信息网络。与此同时，还要加强优质教育资源开发与应用及网络教学资源体系建设；引进国际优质数字化教学资源；开发网络学习课程；建立开放、灵活的教育资源公共服务平台，促进优质教育资源普及共享；鼓励学习者利用信息手段主动学习、自主学习，增强运用信息技术分析和解决问题的能力；加快全民信息技术的普及和应用。在线学习以独特的优势为实现终身学习和建设全民学习型社会提供了便利条件，使学习能够随时随地开展。

在线学习在改变教育模式、实现开放式学习和交互式个性化学习方面发挥了重要的作用，加快了教育信息化的进程。与此同时，在线学习方式能够均衡师资力量，共享名师优质教学内容，实现教育平等。在线学习深化了教育考核机制，开创了云教学时代，提高了学习者的学习效率。

本书是在大量在线学习理论和实践经验的基础上，吸收国内外有关在线学习的先进成果编写而成的，共分为五章，各章的内容简介如下。

第一章介绍了网络时代的学习方式，包括学习的定义，学习观念的更新，信息素养、核心素养和媒介素养的内涵及意义等，让读者可以通过在线学习的方式进行学习。

第二章对在线学习的理论基础进行分析和总结，包括学习分析理论、自主学习理论、终身学习理论和建构主义学习理论。

第三章将理论与实际相结合，对MOOC、微课、SPOC、教育游戏等在线课程资源和平台进行介绍及案例分析。

第四章从智慧校园、翻转课堂和网络学习空间三个方面阐述了“互联网+”条件背景下的教育，并辅以相应的实践应用案例分析。

第五章介绍了大数据、VR、AR与MR，以及人工智能技术的定义及相关应用案例。

在编写此书的过程中，我们参考和引用了国内外在线学习方法与实践方面的文献资料，吸收了很多国内外专家、学者的真知灼见，在此向这些研究成果的作者表示衷心的感谢！

本书由孟祥宇、张新杰、崔璨担任主编。第一章由孟祥宇、权秀媛、侯亚菲编写；第二章由孟祥宇、高珊珊、崔璨、王瑞编写；第三章的第一节至第三节由张新杰、孟祥宇、侯亚菲编写，第四节、第五节由张新杰、崔璨、侯亚菲编写；第四章由崔璨、张新杰、全江涛编写；第五章由崔璨、全江涛、滕煜编写。

最后，希望本书能够对学习者进行在线学习起到抛砖引玉的作用。由于我们的学识和经验有限，本书的内容也存在着不尽如人意的地方，为此，我们诚恳地希望各位读者提出宝贵的意见，让本书内容更加完善。

编　者

2023 年 5 月

目　录

第一章　网络时代的学习方式

第一节　教育学视野中的学习定义

一、广义的学习

广义的学习是指有机体经验的获得和行为变化的过程。由于在学习过程中，行为的变化是由经验的获得引起的，所以，经验的获得在学习活动中占主导地位。广义的学习既包括动物行为的习惯，又包括人从学习走路、说话，到在学校里学习知识、技能、道德规范和行为的习惯，以及人在社会中获取社会生活经验等。

从生物进化的观点来看，学习是动物生活所必需的重要条件，也是有机体适应环境的重要手段。在自然界中，动物与周围的自然环境产生连续不断的互动，自然环境在不断地发生变化，动物为了维持生存，必须根据个体的经验去适应连续变化的自然环境。

对于人来讲，不仅需要依靠学习来适应自然环境和社会环境，而且需要依靠学习来改造环境。因此，人的学习与动物的学习是有本质区别的。

与动物的学习相比，人的学习有以下四个特点。

（1）人的学习是有目的和自觉的活动。为了解决一定的生产和生活问题，人必须进行学习。这种学习是受社会生活制约并受社会实践调节的积极主动的活动。

（2）人的学习是以个体经验的形式掌握社会历史经验的过程。这个过程是在交往（广义）的活动中实现的。

（3）人的学习是有思维参与的。人类在学习的过程中，借助高度发展的思维能力，保证了学习主体能够对学习情境进行概括和迁移。

（4）人的学习是以语言为中介的。语言是思维的载体，是概括和传递人类社会历史经验的手段，是人际交往的工具。人在学习的过程中，借助语言，对各种各样的事实及其关系进行概括和抽象，形成关于客观世界的知识体系和观念体系。

二、狭义的学习

狭义的学习是指人对客观现实的认知过程。它主要是指学生按照一定的学习目标，有系统、有组织地学习知识、技能和行为规范，发展能力的活动。因此，可以说“狭义的学习”与“学生的学习”是同义的。

由于学生的学习是在特定的学校教育情境中进行的，而学校教育是一个按照既定的教育目标改变学生行为的过程，因此，学生的学习一方面具有人的学习的共性，另一方面也具有其自身的个性。

关于学生学习的特点，我国著名心理学家林崇德教授将其归纳为以下五点。

（1）在学习过程中，学生的认知或认识活动要越过直接经验的阶段。

学生以学习间接经验的知识为主，也就是说，他们所接受的内容往往不受时间和空间的限制，越过直接经验这一阶段，迅速而直接地将从人类极为丰富的知识宝藏中提炼出来的最基本的东西学到手。这就是学习过程区别于人类一般认识活动或认知过程的特殊本质。

（2）学生的学习是教师指导下的认知或认识活动。

教与学是一种双向活动。教是为了学，学则需要教，教和学互为条件、互相依存，失去了任何一方，教学活动就失去了存在的意义。学生的学习需要教师的指导，这是学习过程与人类一般认识过程的一个显著区别。教师的教主要是传授知识的过程，把人类社会长期积累下来的知识根据社会的需要传授给学生。

（3）学生的学习过程是一种运用学习策略的活动。

在学校里，学生最重要的学习是学会学习，最有效的知识是自我控制的知识。要学会学习，就要讲究学习策略。

一个学生认知或认识过程的有效性如何，在很大程度上取决于他的学习策略，即策略的选择、监控、效果评价、及时反馈并修正该过程的进度、方向及主体的努力程度等。

（4）学习动机是学生学习或认知活动的动力。

学习策略是由学生的学习动机来支配的。我们在教学研究中发现，学生的“会学”水平取决于“爱学”的程度。这是学生学习的一个特点，也是学习作为人类认知活动的一种特殊形式所表现出的一个特殊的方面。

（5）学习过程是学生获得知识经验、形成技能技巧、发展智力能力、提高思想道德水平的过程。

第二节　网络环境下的学习方式

一、移动学习

移动学习（Mobile Learning）是一种在移动设备帮助下能够在任何时间、任何地点发生的学习，移动学习所使用的移动计算设备必须能够有效地呈现学习内容并提供教师与学生之间的双向交流途径。

移动学习是当今时代教育的主流学习方式。关于移动学习的典型描述如下：Paul Harris 指出，移动学习是移动计算技术和在线学习的交叉点，它可以给予学生随时随地的学习体验；黄荣怀等指出，移动学习大多发生在非固定的时间段和非预先计划的非正式场合，学生利用移动设备与网络世界进行交互，从而产生个体的、协作的或混合式的学习，部分移动学习也可以是正规情景，学生使用移动设备实现自主探究及小组协作。

移动学习的特点为：①能很好地支持学生随时随地的学习，学习环境是移动的，教师、研究人员和学生都是移动的；②可以充分利用碎片时间学习；③以学生为中心。

二、泛在学习

泛在学习是泛在计算技术和新兴教育理论互相渗透下的一种新型学习方式。学生作为“学习网络”的中心，连接着不同的学习时空和情境，能获取任何所需的学习资源，享受无处不在的学习服务。泛在学习是学生对信息的获取、分析、加工和使用并与环境交互的过程，具有高效性、开放性、灵活性等特征。

泛在学习的特点：①学习时间和地点不受限制的时空泛在性；②学习资源和协作对象可及时获取的实时交互性；③学习问题来源于现实工作与生活的情境真实性；④学习的方式和步调可灵活选择的自适应性；⑤学习的过程需要主动参与人际协作的高度协作性。

三、微型学习

微型学习于 2004 年由奥地利学者 Martin Lindner 提出，并将其表述为新媒介生态系统中的基于微型内容和微型媒体的新学习方式。自 2005 年起，奥地利因斯布鲁克大学发起并举办了年度“微型学习国际研讨会”，学者们通过探讨和研究总结出微型学习的以下特征：①学习行为散布在日常零碎的时间中；②学习内容微小，且独立性、随机性较强；③学习形式和学习环境相对灵活，具有不确定性；④学习手段数字化。2011 年，中国教育技术协会承担了全国教育科学“十二五”规划国家一般课题《信息技术促进区域教育均衡发展的实证研究》项目，在开题培训中进一步明确了微型学习的概念：微型学习是以特定的学习目标为依据，具有时间短（一般在 10 分钟左右或更短）、内容精练（一般只涉及一个知识点或一个具体问题）等特点，在信息化环境（网络环境或移动学习环境）下充分发挥学生主体作用的一种学习活动。

微型学习的出现不仅对学习方式有着革命性的影响，更使学生的非正式学习成为可能，同时也体现了当代社会终身学习的宏观发展需求，推动了学生个性化发展的革新。

四、深度学习

《学习的本质区别：结果和过程》由 Ference Marton 和 Roger Saljo 于 1976 年发表，文中运用认知维度划分理论，通过对学生阅读的实验研究创造性地提出并阐述了深度学习（Deep Learning）和浅层学习（Surface Learning）这两个概念。Biggs、Ramsden 等用不同观点探讨了深度学习，认为深度学习体现为运用多样化的教学策略，如精读、泛读、讨论、共享、探究、应用等，从而达到对知识的深层次理解。国内学者黎加厚认为，“深度学习是学生在理解知识的前提下，与原有认知结构相结合，并将它们迁移到新的学习情境中，用于解决新问题的学习过程”。

深度学习是指在理解的基础上，学生能够批判性地学习新的思想和事实，并将它们融入原有的认知结构中，能够在众多思想间进行联系，并能够将已有的知识迁移到新的情境中，做出决策和解决问题。深度学习的实质是结构性与非结构性知识意义的建构过程，也是复杂的信息加工与处理过程，须对已激活的先前知识和所获得的新知识进行有效整合和精细加工，即从觉知、分析到综合、应用、同化和加工，最终目的是发展学生的高阶思维能力。简而言之，深度学习是一种主动探究型的学习方式，要求学生进行深度的信息加工、主动的知识建构、批判性的高阶思维、有效的知识转化与迁移应用及实际问题的解决。

五、个性化学习

个性化学习理论认为，学习过程既是个性的展现和养成过程，也是自我实现的过程。个性化学习强调，学习过程应是针对学生个性特点和潜能发展采取恰当的方法、手段、内容、进程、评价方式等，促使学生各方面获得充分、自由、和谐发展的过程。个性化学习具有学习资源的多维性，学习价值追求的多重性，学习风格的独特性，学习过程的终身性和学习方式的自主性、合作性与探究性等特征。

个性化学习的概念与内涵主要分为两个方向。

（1）注重学习的方式方法。

杨南昌教授等认为，在充分评估每名学生的个性之后展开的具有针对性的教学活动即称为个性化学习。该种学习模式能够最大限度地贴合每名学生的实际需要，通过在教师或学生之间组建小团体的方式实现。新媒体联盟（New Media Consortium）则认为，个性化学习不应当仅被认为是一项技术手段，而更应被视作一种过程，它是在能够对每名学生的特点进行评估的基础上实施的个性化教学设计的过程。

（2）注重学生兴趣和需要的学习范式。

ChanMin Kim 等认为，依据学生自身的学习需求，在学生学习接受能力和学习习惯的基础上进行的学习即称为个性化学习。郑云翔副教授则认为，个性化学习是在充分评估学生实际需求、学习兴趣及学生对于知识的接受水平的基础上，依托于信息环境和现代化教学平台实施的学习。这种个性化学习方式能够最大限度地促进学生自身的个性化发展。杨进中博士等认为，个性化学习的主要特点是其在教学过程中，重心落在学生身上。在教学的过程中，会在充分了解每名学生的个性特点、学习习惯、知识掌握程度等信息的基础上，进行因材施教。

六、自适应学习

自适应学习通常是指给学生提供相应的学习环境、实例或场域，通过学生自身在学习中的发现和总结，最终形成理论并能自主解决问题的学习方式。

自适应学习可以实现让每个学生获得最优教育资源的目标，实现以学生为主体的教育，在学习内容的呈现上实现实时性和个性化，为具有不同认知水平、认知风格的学生提供与他们自身能力相适应的个性化服务，达到在特定时刻为特定学生提供特定内容的水平。

七、协作学习

协作学习是指学生与学生之间以小组的形式参与学习活动，组内成员分工明确，为完成同一学习目标而努力。协作学习强调学生个体、组内成员、教师、协作环境等要素之间相互作用的过程。在协作学习中，学生在教师的指导下与组内成员通过资料分享、交流讨论等方式为完成某一任务而共同努力。协作学习不仅能够使学生在学习过程中发挥自己的个性，还能为学生提供相互学习、相互交流的平台，有利于学生与学生之间的优势互补，通过协作学习促进学生团队协作能力和沟通交流能力的提升。

八、混合学习

混合学习将网络教学的优势和传统教学的优势相结合，是一种教育理论的混合，包括教学模式、教学资源及教学媒介等诸多要素的混合。混合学习的内涵可以从学习环境、学习理论、学习方式、评价方式等角度进行总结。

（1）学习环境的混合。混合学习是真实学习环境与虚拟学习环境的融合，在吸取虚实学习环境的优势基础上而形成的新的学习方式。真实的学习环境是指传统的课堂，虚拟的学习环境是指网络学习平台。在真实的学习环境中，师生之间、生生之间可以进行面对面的交流与沟通，彼此之间可以清楚地看到对方的面部表情和情绪变化，这样有利于调节课堂气氛，建立良好的师生关系；在虚拟的学习环境中，学生可以自定步调，安排学习进度，自由选择学习时间和学习场所，这样有利于学生自己掌控学习节奏。

（2）学习理论的混合。学习理论包含行为主义、构建主义、人本主义等多种流派。每一种学习理论都有其自身的优点和一定的局限性，因此，只有以多种学习理论为支撑的混合学习理论才能有效指导学习活动的开展。

（3）学习方式的混合。学习方式能够体现自主性和合作性。学生根据教学目标的要求和教学内容的特点自主选择学习方式，单一的自主学习方式容易使学生感到枯燥乏味，单一的协作学习方式容易使学生失去独立思考的空间，因此，混合学习可以提高学习效率。

（4）评价方式的混合。因为混合学习中综合运用了多种学习方式，所以对应的评价方式也要多元化，主要包括形成性评价、总结性评价和自我评价。其中，形成性评价发生在整个教学活动当中，包括学习伙伴的评价和教师的评价；总结性评价发生在教学活动结束之后，教师综合学生的成绩和课堂表现、作业完成情况、小组交流讨论的情况给予客观的评价；在学习活动过程中，学生也可以通过观察他人的表现来评价自己的行为，这就是自我评价的体现，也是一个自我反思的过程。

九、数字化学习

数字化学习是指在教育领域建立互联网平台，让学生通过网络进行学习的一种全新的学习模式，又称为网络化学习或E-Learning。

以数字化学习为核心的信息技术与课程整合不同于传统的学习方式，具有如下鲜明的特点：①学习是以学生为中心的，学习是个性化、能满足个体需要的；②学习是以问题或主题为中心的；③学生之间是协作的；④学习是具有创造性和再生性的；⑤学习可以随时随地进行，是终身的。

第三节　信息素养的内涵及意义

一、信息素养的内涵

（一）传统信息素养

传统信息素养的教学内容主要是围绕信息的获取、分析和应用来设计的。在信息的获取方面，讲授了信息检索的方法与技巧，如美国的“艺术和设计学生信息素养”“快速、容易地收集、提取和使用在线数据”系列课程都介绍了获取网络信息的策略和技巧。在信息的分析和利用方面，美国的“掌握学术研究：成功学生的信息技能”系列课程介绍了如何评价和使用图书馆数据库、数字仓储和政府信息；英国的“全球挑战下的批判性思维”系列课程旨在培养学生的批判性思维，提高学生评价信息的能力；澳大利亚的“逻辑：语言和信息”系列课程则从逻辑学的角度研究信息的特性，以便更好地利用信息。

（二）数据素养

在大数据环境下，数据素养显得尤为重要，对数据的管理能力是未来信息素养的重要能力之一。目前学界对数据素养的定义还不统一，但是综合来看，数据素养应包括两个方面：一是对数据的辩证认识能力；二是对数据的综合应用能力。从教学内容上来说，目前数据素养的教学内容包括 5 个方面。

1. 数据素养的意识教育

“成就更好表现的大数据” 系列课程介绍了大数据的定义、大数据如何产生和企业如何通过大数据营销获得成功；“窃听大数据：互联时代的隐私与监听”系列课程、“公共隐私：网络安全和人权”系列课程则把重点放在了大数据环境下的隐私保护上。

2. 数据素养的运用教育

这部分课程以对学生利用大数据相关技能的培养为主要内容，如大数据的管理、分析等，大多涉及计算机科学的知识，要求学生具备一定的编程和建模能力。“元数据：组织和发现信息”系列课程从元数据的角度培养学生利用元数据发现信息的能力；“数据：分析和学习” 系列课程侧重于借助数据分析软件来分析和利用数据；“统计：让数据有意义”和“洞察数据：数据分析导论”系列课程都利用了统计学的知识来获取和分析数据；“大数据算法”系列课程讲授了一些大数据基本算法设计思想，如概率算法、有效算法和并行算法；“医疗信息学和数据分析” 系列课程旨在培养学生对医学数据的管理和分析能力。

3. 媒体素养

联合国教科文组织（UNESCO）与联合国文明联盟分析了当下公民信息素养的发展态势，提出媒体（或媒介）与信息素养的概念：人们能够对媒介与信息进行判断并解释其内容，以及在媒介与信息中成为熟练的创造者和生产者的一种能力。

“新媒体概论”系列课程侧重于介绍新媒体的相关概念和理论，理解新媒体在社会控制和社会变迁中的重要角色；“教师媒体素养”和“网络素养”系列课程旨在培养学生认识、评判、运用媒体的态度与能力；“媒介批评：理论与方法”系列课程旨在培养学生面对媒体时的质疑能力和思辨性反应能力等。

4. 视觉素养

目前涉及视觉素养的课程还很少，且这些课程均围绕信息或数据可视化，旨在提高学生将思想、观念转换成各种有助于传递信息的图画、图形或形象的能力。例如，“视觉信息设计”系列课程旨在帮助学生学会分析不同视觉文本的信息传达，解除视觉困惑，提高其视觉信息处理能力和视觉思考能力。

5. 新时代的信息素养

从目前来看，纽约州立大学的“元素养”系列课程和武汉大学的“信息检索”系列课程是比较贴合信息素养新定义的课程，它们的课程内容不仅涵盖传统信息素养内容，还包括数据素养、媒体素养、视觉素养这些新技能。“元素养”系列课程由分别负责本科生和研究生信息素养教育的教授、不同校区的图书馆员、学科馆员、来自中国广东的技术人员和出版商共同开发，实现了教学主体跨学科、跨机构、跨校区甚至跨国的有机合作，取得了一定的成功。

二、信息素养能力论的构成

信息素养能力是经过信息素养教育、培养、训练后所具备的一系列能力。信息素养能力的形成是一个逐渐培养、不断实践的过程，因此，要使学生具备全部信息素养能力，仅通过大学期间的教育和训练是不够的，需要终身学习。但是，信息素养教育要求学生在大学期间必须掌握信息素养的核心能力，这些核心能力包括以下 7 个方面。

能力一：识别信息需求，知道完整和准确的信息是制定明智决策的基础。考核指标包括：①学生能识别问题和表达信息需求；②能识别已知的和需要知道的知识；③了解某一问题不一定只有一个答案，并能找出各种答案间的差别；④能评估信息的质量和准确性，能筛选和确定用于解决问题的信息。

能力二：在信息需求的基础上系统地提出问题。考核指标包括：①学生能提出问题，说明信息需求的问题参数，确定信息需求的范围；②能区分所需解决的关键性问题，并在课题说明或假设基础上，知道如何系统地提出主要问题。

能力三：识别潜在的信息源并制定成功的检索策略。考核指标包括：①学生能识别来自各种资源的信息，并能从各种资源中查找信息；②能审查各种识别方法，以便识别出用于解决问题的恰当信息。

能力四：检索信息源。考核指标包括：学生必须知道如何完成已确定的信息检索策略，知道如何有效地检索各种类型的信息。

能力五：评价信息和信息源。考核指标包括：①学生能对信息和信息源进行评价，识别反映不同观点的信息源；②掌握并能利用评价信息的标准。

能力六：为实际应用组织信息，将信息整合到现存的知识体系中，并以最恰当的方法传递和交流知识。考核指标包括：①学生能从复杂的资源中整合信息，并且能把信息整合到个人知识体系中，以验证新知识的全面性；②能在一定程度上对提出的问题进行信息交流，并能确定提供信息的最有效形式；③学生应承认和尊重知识产权。

能力七：批判性地利用信息并解决问题。考核指标包括：①学生应掌握创造性解决问题的技能；②能将学到的解决问题的能力应用到实际工作中，为终身学习奠定基础。

三、高校信息素养教育的两种模式

（一）通识教育

高校信息素养教育由文献检索课发展而来。20 世纪 50 年代初期，美国就开始开设文献检索课，并随之形成大规模的用户教育活动，包括从中小学到研究生的各层次的教育。文献检索课在我国大规模普及是从 20 世纪 80 年代才开始的，高等学校文献检索课的开设源于 1984 年教育部下达的《关于在高等学校开设文献检索与利用课的意见》，目前大部分高校都开设了文献检索课。20 世纪 80 年代初期，随着信息技术渗透到社会生活的方方面面，以计算机为核心的信息技术极大地丰富了“信息素养”这一概念的内涵，它将文献检索课的教学内容拓宽至“信息检索”或“信息利用”，将文献检索课程放在“信息科学”这一大背景中去，文献检索课与计算机教育紧密联系，得到空前发展，是信息素养教育的雏形。现北京地区高校信息素质教育研究会的前身就是北京地区高校文献检索与利用课教学研究会，从中也可以看出信息素养与文献检索和计算机教育密切相关。

1. 教育形式

从总体来看，国内外高校信息素养通识教育的形式主要分为图书馆专题培训和公选课两种。图书馆的专题培训又可分为新生导航和定期与不定期的讲座。许多高校图书馆在每学年开始时会进行新生入学导航，引导新生实地参观。复旦大学图书馆网页版的新生导航是很新鲜的尝试，包括“走进图书馆”“读者指南”“图书借阅指南”“电子资源使用指南”“院系讲座”等栏目，附带视频、电子书、PDF和PPT，图文并茂，生动有趣。除此之外，图书馆还会在平时开展专题系列讲座活动。同时，各个高校也设置了信息素养教育方面的全校公选课，任课教师来自图书馆或相关领域。课程的考核主要为期中和期末考试及少部分课堂作业。上海交通大学图书馆开设的全校公选课“信息素养”共36学时，2学分，考核方式为笔试、平时作业和讨论。根据实现途径，高校信息素养通识教育可分为传统面授型教学和网络教学。不同高校因为情况各异，在传统和网络这两种课程形式的结合上又有不同侧重。部分高校的信息素养网络教学是依附于传统形式的信息素养课程而存在的，作为对面授型教学的补充；还有部分高校的网络课程则是独立存在的，以学生自学为主，但同时会提供传统的讨论、讲座、培训等，用以弥补网络教学形式的不足。此外，由于国外院校的教育基础资源的完备性和信息化网络的先进性，关于信息素养教育的远程教育也成为信息素养课程的重要实践形式之一。

2. 教育内容

国内外在对信息素养的研究及实践等方面有很大的不同，就目前发展的情况来看，在选择教材和具体的教学内容方面存在诸多差异。

信息素养教材是高校信息素养课程教育的依据。美国等发达国家的信息素养教材已经形成了比较统一的体系，能够较全面和深入地体现信息素养教育的内容和特点。例如，《信息素养概论：理论与实践》教材主要分为5个部分：第一部分介绍了信息素养教育的背景、定义及历史；第二部分介绍了信息素养教育的结构；第三部分阐述了信息素养教育的规划与发展；第四、第五部分分别讨论了信息素养教育的传承和未来发展。其后的第二版在此基础上进行了修订和更新，可以说包括了信息素养教育的各个方面和模式，是信息素养教育的必读参考书。除了这种全面的信息素养教材，还有更为专职化的教材，如学生学习的教材《信息素养百分百》和为教师提供指导的教材《教师信息素养教育：信息时代的专业知识》，以及关于信息素养评价方面的教材，如《信息素养评价》等。在各具针对性的同时，这些书籍也都从一个比较宏观的角度，涵盖了信息素养包含的各个方面——信息意识、信息能力、媒体素养及终身学习等，而不局限于信息检索能力范围，不局限于图书馆和计算机素养，对信息素养教育起到了良好的推动和辅助作用。

在实际教学中，许多发达国家的课程内容经过较长时间的发展和改革，较为完整地涵盖了获取信息的意识、知识、能力和道德等多个方面，已不仅仅停留在教会学生如何获取信息这一层面上，更在于培养学生分析、利用和评价信息的能力及信息道德，对文献和网络信息的检索已经不再是信息素养教育的主体内容。

相对而言，国内的教材和课程内容还有待改进。目前国内的教材多与信息检索联系在一起，如《信息素养与信息检索》等，即使以“信息素养”冠名的教材，其主要内容也是信息检索与计算机相关的知识，它们占据了大量篇幅，比如《信息素养论》，从中可以看出我国信息素养教育的重心。此外，我国的教材编写在对信息素养知识与技能的总体反映上缺乏体系，在内容上也有待规范。

（二）整合教育

信息素养教育课程属于非专业性的通识教育范畴，许多高校都以选修课或必修课的形式开设。在不断地实践探索中，信息素养课程也在不断改进。在急剧变化的信息环境下，高校开始认识到信息素养教育者与专业课程教师合作的可能性及必要性，意识到需要多方协作才能使学生的信息素养得到进一步的深化和提高。各校开始探索将信息素养内容整合到专业课程中去，期望更好地实现高校信息素养教育的目标。欧美许多高校都在尝试将信息素养教育嵌入诸如医学、化学、建筑艺术等多种学科课程中来。实践也证明，在信息素养教育中，学生信息素养能力的培养既可以通过通识教育获得，也可以在整合教育中得到进一步深化和提高。通识教育与整合教育是目前高校信息素养教育的两种基本模式。信息素养通识教育汲取了国内外图书馆学和教育学的有关研究成果，针对大学生的特点，为大学生全方位分析、获取有关信息提供较全面的知识和技能培训。而在此基础上，整合教育将信息素养内容与专业问题结合起来，让学生在完成学科作业的过程中运用信息技能，一方面有益于专业学习，另一方面也提高了学生自身的信息素养，可以较好地弥补通识教育不够深入的短板。

1. 教学形式

整合式信息素养教学要求把信息素养整合到专业课程的教授中，成为其有机组成部分，而单纯地在专业教学中介绍某种资源或用法，或者在信息素养教学中举一些专业性的例子，则不能被称为整合式信息素养教学。信息素养教育的根本内涵在于使学生在生活和学习中更高效地解决面临的信息收集任务，通过“工具的优化”使学生的学习更加有效、快捷是其最终目标。整合式信息素养教学恰好可以将手段和目标结合起来，一方面可以让学生在耳濡目染中提高自身的信息素养，另一方面也将提高学生专业学习的效果，推动学生专业素养的提升，培养其解决实际问题的能力和创新能力。因此，整合教育是在通识教育基础上的改进，它要求专业课程教师与信息素养教学者相互合作，共同完成教学任务。其具体方式为：在制订教学计划、任务目标和课程作业考核时，信息素养教学者参与进来，成为教学团队的一员，根据课程所授内容来设计学生使用的资源或工具，充分考虑如何在专业问题的解决中嵌入信息素养知识，根据学生需求来设计场景和布置作业，达到信息素养教育的目的。在一学期中根据需要安排信息素养教学者向学生授课，可以全程介入，也可以选择间隔性介入，视学校和课程的具体情况而定。例如，加利福尼亚州立大学北岭分校的教育心理学及辅导专业的整合式教育案例，信息素养馆员与专业课教师的合作包括四个阶段——调研信息需求、设计课程、教学评估、改进和完善课程，将信息素养技能、研究技能和专业技能贯穿于每学期课程的教学中。

2. 教学内容

整合教育要求既要达到专业课程的教学目标，又要完成信息素养教育的相应内容，同时对这两方面都要检测与评估。信息素养方面的内容与通识教育并没有实质上的差别，仍然以信息素养的几个要素，即信息意识、信息能力及信息安全道德等为主。只不过这种教育并不直接将信息素养的内容讲授给学生，而是穿插在他们的专业课程学习中，通过问题导向型学习、过程导向型学习及研究导向型学习来引导学生，教师为学生创造一定的情境，提出问题或者由学生自己来发现问题，然后设计方案，采用多种工具来解决问题。在这个过程中，教师只是一个指导者和支持者，而学生则要通过多种探索、多方合作来完成学科任务，在这个过程中潜移默化地逐渐提升学生的信息素养。

2001 年，马里兰大学建筑图书馆的馆员与建筑学院的专业教师进行合作，利用建筑图书馆的世博会特藏设置了一门独具创意的课程，名为“世博会：社会与建设的历史”，两年一轮，一次一学期，3 学分。这门课程的目标是使不具备设计史知识的本科生获得对建筑的视觉效果和文化角色的鉴赏力。主要通过完成两项大型作业来达到：第一，制作一份加注的网络资源目录；第二，从学院图书馆网站上的世博会特藏中选取三幅图片，为其做词条式的注释。而要完成这两项作业，就要求学生有一定的信息素养。在作业完成过程中，图书馆员与专业教师将一起对这些作业进行反复审评，并将达到要求的和优秀的作业作为图片的正式注释发布在网站上。毫无疑问，在这门课程中，学生不仅学到了建筑历史，提升了对建筑的鉴赏能力，而且其信息意识、信息工具的使用能力及对信息资源的分析组织和评价表达能力都得到了很大的检验与提高。世博会荣誉课程无论是在创新方面还是在效果方面都受到学生和教育界的高度好评。

我国华南理工大学的信息素养整合课程案例也是如此。“船舶结构设计导论”课是船舶制造专业大三学生的一门专业课，在这一门课上，专业教师与图书馆员合作进行了整合式信息素养教学的尝试。主要通过三个模块来进行教学，在专业教学中插入信息素养教育的内容。例如，利用航海新闻引入信息素养概述，以提问的方式引入学生信息素养标准；通过连连看游戏演示专业信息资源获取方法，以“船舶结构事故”为主题来构建检索策略等。这项尝试分别从理论、实践和应用三个方面将信息素养教育嵌入专业课中，使原本较为枯燥的内容变得生动有趣，加深了学生的印象，他们在后续学习中依然会不断使用所介绍的技巧和工具，较好地实现了教学目标。

（三）两种高校信息素养教育模式的对比分析

上述对于国内外高校信息素养教育的基本模式与实践方式的综合分析，可归纳为表 1.1。

表 1.1　两种高校信息素养教育模式的对比分析

实践方式	基本模式	
	通识教育	整合教育
教育承担者	图书馆员或信息专业教师	专业教师与图书馆员
教育形式	按基本形式分：图书馆专题培训（新生导航、定期与不定期讲座）和公选课。 按实现途径分：面授教学和网络教育	专业教师与图书馆员共同制订教学计划、任务目标和课程作业考核，使专业课和信息素养教育整合
教育内容	国外“通论”，包括信息意识、信息获取、信息评价、信息利用与创新、信息伦理道德等，从宏观和整体上讲授信息素养内容。 国内“各论”，偏重信息检索和计算机知识	在讲授专业知识时嵌入信息素养内容，在达到专业课教学目标的同时完成信息素养教学任务

四、我国高校信息素养教育的发展思路

通过对国内外高校信息素养教育的基本条件、基本模式及其实践方式的综合分析，我们提出发展我国高校信息素养教育的几条思路。

（一）推行两种教育模式，合理规划教学比重

以我国目前的信息素养教育发展状况来看，单纯推行哪一种模式都是不合适的。整合教育模式可以弥补通识教育不够深入的不足，但是这种模式尚处在探索阶段，其实施不仅需要各个部门的通力合作，也对师资提出了更高的要求，难度较大。因此，我们认为，现阶段宜采用两种模式并行的方式，通过通识教育可以较大范围地让学生接触到信息素养基础知识，在此基础上，在某些专业尝试整合教育，深化学生对信息素养的了解与认识，进一步提升他们的信息素养；同时在不断的实践中积累经验教训，合理规划两种教育模式在教学中的比重。

（二）加强基础框架建设，坚持多元化发展原则

由于我国信息素养教育起步较晚，没有权威的评价标准与规范的教育体系，这不仅使全国各地对信息素养教育的内涵理解不一，也使信息素养教育呈现各行其是的局面，制约着我国信息素养教育的发展，因此，建立高校信息素养教育的基础框架迫在眉睫。值得注意的是，鉴于目前我国信息素养教育区域发展不平衡的局面，在制定全国的总体标准的同时，应充分结合各个地区信息素养教学发展现状和预期目标，从课程规划、管理体系、人员配备和协作等多方面考虑，制订从基础到提高的分层标准与计划。

（三）以标准为依托，建立统一、规范的教材体系

如果没有标准规范的教材，那么信息素养的实际教学将会变得无序和混乱，也会使许多学生“只见树木，不见森林”。鉴于我国目前的信息素养教材尚未达到体系化和规范化，我们应该建立统一、规范的教材体系。在教材建设中，首先应力求全面反映信息素养教育的体系和内容；在借鉴国外教材的同时，还需考虑到国内外信息资源的不同特点及语言、文化和心理的差异，不可照抄照搬；在信息素养标准的基础上，从信息意识、信息检索、信息评价、信息利用及创新等诸多方面综合考虑，建立适用于我国的教材体系，全面提升学生的信息素养。

（四）以网络发展为契机，推动教育形式改革创新

发达的信息技术为所有现代教育提供了新的契机。在现阶段的信息素养教育中，网络教学课程也已经得到运用。网络的飞速发展使得信息素养教育可以突破时间和空间的限制，促进图书馆员和教师的进一步合作。另外，将视频、图像、文本、网页、文档和幻灯片等多种资源整合起来，形成一个便利且丰富的在线学习环境，为学生提供个性化服务，并提高学生的学习效率，增强学生的自主学习能力。因此，面对日新月异的网络环境，信息素养教育也应该在内容和形式上不断与时俱进，进行改革创新。

（五）提高批判性思维能力，培养创新型人才

训练学生的批判性思维、培养创新型人才被视为现代教育的目标之一，也是信息素养教育的题中之意。《美国高等教育信息素养能力标准》中曾指出，信息素养是要使个人发挥主动学习的能力，养成批判性思维，创新地利用所掌握的信息，而培养创新型人才也是我国人才发展战略的重点内容。从根本上说，具有较高信息素养的人是善于学习的人，他们具有创新和自主学习的能力，能够发挥自己的创造性，运用周围环境中的资源来完成学习。在信息素养教育中，如何加强学生批判性思维的训练、培养创新型人才是我国信息素养教育的重点内容之一。

（六）建立评价体系，促进教学质量提高

合理、全面的评价体系是指依据信息素养标准所建立的评判学生信息素养高低的体系。在制定信息素养标准的同时，亟待解决的是如何根据标准来对学生的信息素养进行评价，从信息获取、信息评价、信息利用及创新等多个方面来测量学生的素养，由此才能了解学生的信息素养能力与水平，推进教学形式及内容的不断改进，提升教学效果，在发展中不断改进教学模式和方法。

第四节　核心素养的内涵及意义

一、核心素养的概念及内涵

（一）核心素养的概念

核心素养的概念是在素养概念的基础之上界定的，进一步关注个体适应未来社会生活和个人终身发展所必须具备的核心素养。如果说素养是基本生活之所需，那么，核心素养则为优质生活之所需，它强调不同学习领域、不同情境中都不可或缺的共同底线要求，是关键的、必要的也是重要的素养。

在此借鉴其他学者的观点，我们尝试对“核心素养”进行界定：核心素养也称“21 世纪素养”，是人适应信息时代和知识社会的需要，解决复杂问题和适应不可预测情境的高级能力。这种素养不单单关注学生知识、技能的习得，更注重学生内心情感、态度与价值观的形成和发展。核心素养不限于某一学科，它是跨学科而存在的一种素养。学生具有了这种核心素养，就能够在各门学科的学习和探索上发挥良好作用。在学校学习之外，核心素养对学生身心的全面发展、人格的塑造及对社会的适应性都是必不可少的且具备积极影响的因素。总之，核心素养对学生在学习、身心发展和社会运转等方面均能发挥基础性、关键性作用。

（二）核心素养的内涵

要准确地理解核心素养的内涵，尚需处理如下四对关系。

1. *素养与知识*

素养不是知识，知识的积累必然带来素养的发展。倘若秉持僵化、凝固的知识观，并以灌输、训练的方式教授知识，知识的积累反而导致素养的衰减甚至泯灭。但素养离不开知识，没有知识，素养就是无源之水、无本之木。伴随知识社会的到来，知识的价值正与日俱增。在信息时代，怎样让知识学习过程成为素养形成过程？

首先，转变知识观，不再把知识当作“客观真理”或“固定事实”，而使之成为探究的对象和使用的资源。处在工业时代的杜威都说：“知识不再是稳定的固体，它已然液态化了。”那么，在今天的信息时代，再把学生当“活的图书馆”去储存知识，非但不能发展素养，还会从根本上摧毁学生人格。

其次，将知识提升为观念。就学科而言，将学科知识提升为学科观念。信息时代，知识的衰减和更新速度空前加快，但知识所体现的观念或思想却相对稳定。因此，舍弃烦琐却无法穷尽的“知识点”，精选核心学科的“大观念”，并联系学生的真实生活情境展开深度学习，是信

息时代课程内容选择的基本原则——“少而精”原则。

再次，尊重学生的个人知识。所谓“个人知识”，即个体在与学科知识和生活世界互动时所产生的自己的思想或经验。信息时代即自由创造知识的时代。尊重个人自由就是尊重个人创造知识的权利。如果说工业时代的波兰尼（Michael Polanyi）就已经敏锐地意识到“个人知识”的重要性，那么，在今日的信息时代，崇尚个人知识已成为时代特征之一。学生的个人知识是其素养的基础、前提和载体。没有个人知识，断无素养形成。学生的学科素养基于其学科思想。学生的跨学科素养基于其生活理解与体验。因此，尊重学生的个人知识是发展学生素养的关键。

最后，转变知识学习方式，倡导深度学习与协作学习。知识+实践=素养。一切知识，唯有成为学生探究与实践对象的时候，其学习过程才有可能成为素养发展过程。因此，转变知识学习方式是素养发展的前提。知识学习过程实现批判性思维与社会协作的连接。为此，一要倡导深度学习，让知识学习成为批判性思维和问题解决的过程；二要倡导协作学习，让知识学习成为交往与协作，即集体创造知识的过程。

2. 素养与情境

实践乃素养之母。一切实践均植根于情境之中。因此，素养的形成和发展与情境存在密不可分的关系。

首先，素养依赖情境。素养是一种复杂、高级、综合、人性化的能力，只能在智力、情感和道德的真实情境之中形成与发展。倘若离开真实情境，可能有知识技能熟练，但断无素养发展。“21 世纪的工作，知识植根于情境，且分布于共同体之中，而非抽象的、孤立于个体的。”随着信息时代的到来，知识的情境性日益增强。核心素养的培养与发展离不开情境学习。所谓情境学习，即“通过学徒制与导师制，基于真实的、现实世界的任务而学习”。这一方面是指将知识与真实的、现实世界的情境连接起来去学习，另一方面是指学生能够与特定领域的专家（如科学家、工程师等）结成共同体，接受专家的指导，对真实任务进行“合法的边缘参与”，由此从事真实的学习。正是在真实情境和真实的学习中，知识得以创造，素养获得发展。

其次，素养超越情境。信息时代，知识日益情境化，情境（生活与工作）日趋复杂化。唯有将知识植根于情境，才能找到知识学习的意义，促进素养发展。“为迁移而教”在信息时代焕发新生命、富有新内涵。一方面，唯有将知识学习与真实情境联系起来，并以“做课题”的方式学习，知识的迁移性才可能增加，素养也才能发展。“课题可使学生在学科知识与其应用之间建立即时联系。”“如果学习情境与所学习的材料得以应用的现实生活情境相类似，那么学习效果就能得到最大化。”另一方面，素养一经形成，就能超越具体情境的限制，广泛应用于不同情境之中，且适应情境的不断变化。知识的迁移性孕育着素养的迁移性。这意味着促进素养发展的知识学习需要与多样化的情境相联系，使其迁移性获得最大化。

最后，核心素养的形成与发展需关注虚拟环境及其对教育和人的发展的影响。由于信息技术的迅猛发展和广泛应用，21 世纪社会环境和学习情境的一大特点是虚拟环境（Virtual Environment）和现实世界的互动与融合。借助信息技术，人们不仅可以超越时间、空间、身份限制与人交往，由此扩大与加深自己的经验，而且可以模拟和创造现实世界不可能存在的事物和现象，从而扩充和增强现实世界。在信息时代，个人生活、社会生活和职业世界日益存在于“增强现实”之中。所谓“增强现实”（Augmented Reality），即“由现实的与数字化的人、地方和物体相互交织而创造的模拟经验”。虚拟环境和“增强现实”对人的发展提供了新的机遇与挑战。人们有可能深陷虚拟环境和“增强现实”而不能自拔，由此导致身份危机并逃避现实。但倘若正确而恰当地运用虚拟环境和“增强现实”，人们的经验和身份将得到空前扩充与深化，将更加自由与开放。学校教育唯有直面这种挑战，才有助于学生核心素养的形成与发展。

3. 素养与表现

探索素养与表现（Performance）的关系是理解素养内涵的重要方面，这对核心素养的教学和评价尤其重要。

首先，素养与表现存在重要区别。素养是一种将知识与技能、认知与情感、创造性与德性融为一体的复杂心理结构，它遵循的基本原则是“心灵”（Mind）原则。表现是在特定情境和条件下的外部行为呈现，它遵循的基本原则是“行为”（Behavior）原则。二者的区别显而易见。漠视这种区别，会导致对素养的误解与误判，阻碍素养发展。

其次，素养与表现具有内在联系。素养是表现的基础和源泉。倘若漠视不可直接观察的素养，只关注人的外部行为表现，必然走向行为主义的“表现模式”（Performance Model）。当教育基于“表现模式”的时候，必然走向机械化与训练化。另外，素养总会以某种方式获得表现，当表现被恰当理解和使用的时候，它可以成为判断素养发展水平的标志之一。再者，恰当的表现对素养具有开掘源泉的作用，会促进素养发展。正如布鲁纳（Bruner）所言：“素养需要拥有表现‘出口’（a Performance Outlet），教师的任务是发现该‘出口’。”

最后，素养与表现的关系具有复杂性。素养与表现之间的关系不是径直的、线性的、一一对应的。素养与表现受种族、文化、习俗、语言、性别、个性、具体情境等因素的影响，因此，一种素养可能有多种表现。由于外部行为表现本身具有综合性，一个表现可能体现了多种素养，同样的表现可能体现了不同的素养，如两个学生的数学成绩相同，但有可能体现了不同的数学素养。有的素养可能尚处于潜在状态，暂时未获得表现。有的表现有可能是机械记住了外部的“表现要求”，未必体现了相应的素养，如按外部要求机械做出了“协作行为”，但未必就具备了协作素养。布鲁纳曾说：“从表现直接推断出素养，即使并非不可能，那也是极为困难的。”很可能是注意到由素养到表现的滞后性与复杂性，诺丁斯（Nel Noddings）指出：“对素养而言，表现是既非必要又非充分的标准。”

为了形象理解素养与表现的关系，我们可以大致提出一个“冰山模型”。冰山水面之上的部分是表现，但大部分素养并未表现出来，在水面之下，冰山水面之上和水面之下的部分存在内在联系。核心素养的教学和评价既应明确理解冰山水面之上的表现部分，又应小心呵护水面之下的素养部分，还要恰当处理二者的关系。

4. 核心素养与基本技能

首先，“基本技能”与“基本知识”（所谓“双基”）不是凝固不变、普遍有效的，而是随时代变迁不断发展、变化的。传统的读、写、算等技能和学科知识大多诞生于 18 世纪以后，且与工业时代相适应。当人类迈入信息时代以后，数字素养、批判性思维、创造性、交往、协作等“核心素养”或“21 世纪技能”日益成为“基本技能”。一些新兴的学科知识如信息科技也正在成为“基本知识”。

其次，核心素养与传统“双基”是一种包含、融合和超越的关系，而非简单叠加。核心素养并不排斥传统“双基”。我们从世界著名的核心素养框架来看，均未排斥传统“双基”。如美国的“21 世纪学习框架”专门列出了“核心学科”，OECD 框架和欧盟框架均关注阅读、数学、科学等学科素养。这里需要做出的改变“不是将常规认知技能（如基本算术运算）的学习从课程中剔除”。恰恰相反，根本变化是不再把简单技能的熟练视为为工作和生活准备的终极目标，而是将这些常规技能用作掌握未来职场所珍视的复杂心智操作的基底。也就是说，核心素养包含并超越了传统“双基”，将之视为构成要素。

最后，传统“双基”的学习方式需根据核心素养的要求而发生根本改变。核心素养在本质上是解决复杂问题的能力。这只能通过让学生置身真实问题情境、亲历复杂的问题解决过程来培养。这里有没有传统“双基”的掌握与熟练？当然有。但这是学生在解决问题的过程中间接获得的。这里再次验证了杜威在100年以前说过的名言：知识的学习是探究活动的“副产品”。当传统“双基”的学习成为间接过程和解决复杂问题的“副产品”的时候，传统“双基”的熟练与核心素养的发展成正比；当传统“双基”的学习脱离探究与实践而直接进行（通过直接教学而“内化”“双基”）的时候，传统“双基”的熟练与核心素养的发展成反比。素养本位的课程改革并不反对知识技能的熟练，反对的是这种“熟练”以泯灭学生的个性和创造性等核心素养为代价。

二、核心素养的内容及结构

核心素养研究始于20世纪90年代，至今已经形成比较系统、完善的内容结构、课程体系、质量保障体系，并已成为推动西方发达国家课程教学改革的支柱性理念。我国从2001年开始进行基础教育课程改革，实施素质教育，时至今日基础教育面临深化改革难题。因此，梳理国外核心素养优秀研究成果，对推进我国核心素养教育研究、建构课程、制定教育质量指标体系、深化课程改革有重要的参考价值。

本部分对国外相关组织机构（如“经合组织”“联合国教科文组织”“欧盟”等）提出的核心素养内容及框架进行梳理，并重点介绍我国关于核心素养的最新研究成果。

（一）经合组织

经济合作与发展组织（Organization for Economic Co-operation and Development，OECD）简称“经合组织”，是由多个市场经济国家组成的政府间国际经济组织，旨在共同应对全球化带来的经济、社会和政府治理等方面的挑战，并把握全球化带来的机遇。

经合组织的“素养的界定与遴选：理论和概念基础”项目认为，核心素养的内容结构包括3个一级指标和9个二级指标。一级指标包括互动地使用工具、自主行动和在社会异质团体中互动。二级指标是对一级指标的细化。互动地使用工具是个体实现与世界相互作用而行使的社会文化工具，包括使用的语言符号和文本、知识和信息、新技术等。自主行动是根据自身需要把愿景转化为目的，包括复杂环境中的行动、形成并执行规划的行动、维护自身权益和自我监控活动等。在社会异质团体中互动强调个体与他人，尤其是与异质于自身的他人的互动，包括与他人建立良好的关系、团队合作、管理与解决冲突。

（二）联合国教科文组织

联合国教育、科学及文化组织（United Nations Educational，Scientific and Cultural Organization，UNESCO）是联合国旗下的专门机构之一，简称“联合国教科文组织”。其宗旨是促进教育、科学及文化方面的国际合作，以利于各国人民之间的相互了解，维护世界和平。

联合国教科文组织于 2013 年发布了《全球学习领域框架》（*the Global Learning Domains Framework*）报告，把核心素养划分为身体健康、社会和情感、文化和艺术、语言和交流、学习方法和认知、算数和数学、科学和技术 7 个一级指标，以及与其相对应的从学前、小学和小学后三个阶段划分的二级指标，每个二级指标又进行下一层次的指标划分，各指标都有比较详细的内容说明。

（三）欧盟

欧盟（EU）深受联合国教科文组织终身学习主张的影响。2005 年 11 月，欧盟委员会向欧洲会议和欧盟理事会提交了 8 项核心素养提案，并于 2006 年 12 月 18 日通过。之后，这 8 项核心素养提案成为欧盟成员国引领本国终身学习和教育与培训改革的参照体系。

欧盟的核心素养框架由 3 个一级指标和 8 个二级指标构成。一级指标包括人与社会、人与自己和人与工具三个方面。二级指标由一级指标细化而成，包括使用母语交流、使用外语交流、数学与基本的科学技术素养、数字素养、学会学习、社会与公民素养、主动意识与创业精神、文化觉识与表达。每个二级指标又分别从知识、技能和态度三个维度进行阐释。

（四）中国学生发展核心素养研究成果发布会

2016 年 9 月 13 日，中国学生发展核心素养研究成果发布会在北京师范大学举行。这项历时三年权威出炉的研究成果确定了中国学生发展六大核心素养。这份核心素养事关今后的课标修订、课程建设、学生评价等众多事项。

中国学生发展核心素养以科学性、时代性和民族性为基本原则，以培养“全面发展的人”为核心，如图 1.1 所示，分为文化基础、自主发展、社会参与三个方面。综合表现为人文底蕴、科学精神、学会学习、健康生活、责任担当、实践创新六大核心素养，具体细化为国家认同等十八个基本要点。根据这一总体框架，可针对学生的年龄特点进一步提出各学段学生的具体表现要求。

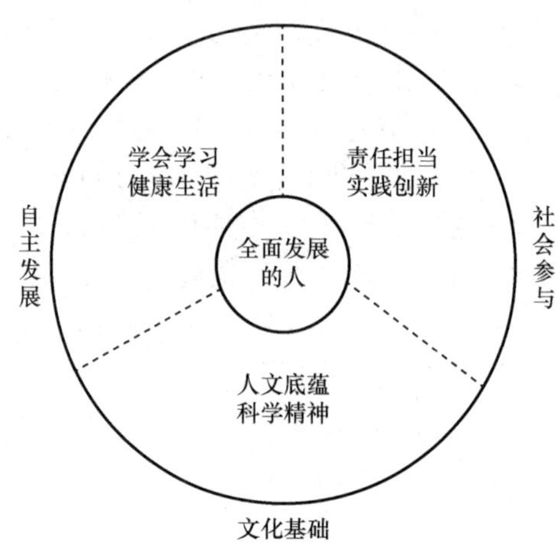

图 1.1　中国学生发展核心素养

核心素养课题组历时三年集中攻关，并经教育部基础教育课程教材专家工作委员会审议，最终形成研究成果，确立了以下三个方面的六大核心素养。

1. 文化基础

文化是人存在的根和魂。文化基础，重在强调习得人文、科学等各领域的知识和技能，掌握和运用人类优秀智慧成果，追求真、善、美的统一，发展成为有宽厚文化基础、更高精神追求的人。

1）人文底蕴

人文底蕴主要是学生在学习、理解、运用人文领域知识和技能等方面所形成的基本能力、情感态度和价值取向，具体包括人文积淀、人文情怀、审美情趣等基本要点。

（1）人文积淀

重点：具有古今中外人文领域基本知识和成果的积累；能理解和掌握人文思想中所蕴含的认识方法和实践方法等。

（2）人文情怀

重点：具有以人为本的意识，尊重、维护人的尊严和价值；能关切人的生存、发展和幸福等。

（3）审美情趣

重点：具有艺术知识、技能与方法的积累；能理解和尊重文化艺术的多样性，具有发现、感知、欣赏、评价美的意识和基本能力；具有健康的审美价值取向；具有艺术表达和创意表现的兴趣和意识，能在生活中拓展和升华美等。

2）科学精神

科学精神主要是学生在学习、理解、运用科学知识和技能等方面所形成的价值标准、思维方式和行为表现，具体包括理性思维、批判质疑、勇于探究等基本要点。

（1）理性思维

重点：崇尚真知，能理解和掌握基本的科学原理和方法；尊重事实和证据，有实证意识和严谨的求知态度；逻辑清晰，能运用科学的思维方式认识事物、解决问题、指导行为等。

（2）批判质疑

重点：具有问题意识；能独立思考、独立判断；思维缜密，能多角度、辩证地分析问题，做出选择和决定等。

（3）勇于探究

重点：具有好奇心和想象力；能不畏困难，有坚持不懈的探索精神；能大胆尝试，积极寻求有效的问题解决方法等。

2. 自主发展

自主性是人作为主体的根本属性。自主发展，重在强调有效管理自己的学习和生活，认识和发现自我价值，发掘自身潜力，有效应对复杂多变的环境，成就出彩人生，发展成为有明确人生方向、有生活品质的人。

1）学会学习

学会学习主要是学生在学习意识形成、学习方式方法选择、学习进程评估与调控等方面的综合表现，具体包括乐学善学、勤于反思、信息意识等基本要点。

（1）乐学善学

重点：能正确认识和理解学习的价值，具有积极的学习态度和浓厚的学习兴趣；能养成良好的学习习惯，掌握适合自身的学习方法；能自主学习，具有终身学习的意识和能力等。

（2）勤于反思

重点：具有对自己的学习状态进行审视的意识和习惯，善于总结经验；能够根据不同情境和自身实际，选择或调整学习策略和方法等。

（3）信息意识

重点：能自觉、有效地获取、评估、鉴别、使用信息；具有数字化生存能力，主动适应“互联网+”等社会信息化发展趋势；具有网络伦理道德与信息安全意识等。

2）健康生活

健康生活主要是学生在认识自我、发展身心、规划人生等方面的综合表现，具体包括珍爱生命、健全人格、自我管理等基本要点。

（1）珍爱生命

重点：理解生命的意义和人生价值；具有安全意识与自我保护能力；掌握适合自身的运动方法和技能，养成健康、文明的行为习惯和生活方式等。

（2）健全人格

重点：具有积极的心理品质，自信自爱，坚韧乐观；有自制力，能调节和管理自己的情绪，具有抗挫折能力等。

（3）自我管理

重点：能正确认识与评估自我；依据自身个性和潜质选择适合的发展方向；合理分配和使用时间与精力；具有达成目标的持续行动力等。

3. 社会参与

社会性是人的本质属性。社会参与重在强调处理好自我与社会的关系，养成现代公民所必须遵守和履行的道德准则和行为规范，增强社会责任感，提升创新精神和实践能力，促进个人价值实现，推动社会发展进步，发展成为有理想信念、敢于担当的人。

1）责任担当

责任担当主要是学生在处理与社会、国家、国际等关系方面所形成的情感态度、价值取向和行为方式，具体包括社会责任、国家认同、国际理解等基本要点。

（1）社会责任

重点：自尊自律，文明礼貌，诚信友善，宽和待人；孝亲敬长，有感恩之心；热心公益和志愿服务，敬业奉献，具有团队意识和互助精神；能主动作为，履职尽责，对自我和他人负责；能明辨是非，具有规则与法治意识，积极履行公民义务，理性行使公民权利；崇尚自由平等，能维护社会的公平正义；热爱并尊重自然，具有绿色生活方式和可持续发展理念及行动等。

（2）国家认同

重点：具有国家意识，了解国情历史，认同国民身份，能自觉捍卫国家主权、尊严和利益；具有文化自信，尊重中华民族的优秀文明成果，能传播和弘扬中华优秀传统文化和社会主义先进文化；了解中国共产党的历史和光荣传统，具有热爱党、拥护党的意识和行动；理解、接受并自觉践行社会主义核心价值观，具有中国特色社会主义共同理想，有为实现中华民族伟大复兴中国梦而不懈奋斗的信念和行动等。

（3）国际理解

重点：具有全球意识和开放的心态，了解人类文明进程和世界发展动态；能尊重世界多元文化的多样性和差异性，积极参与跨文化交流；关注人类面临的全球性挑战，理解人类命运共同体的内涵与价值等。

2）实践创新

实践创新主要是学生在日常活动、问题解决、适应挑战等方面所形成的实践能力、创新意识和行为表现，具体包括劳动意识、问题解决、技术运用等基本要点。

（1）劳动意识

重点：尊重劳动，具有积极的劳动态度和良好的劳动习惯；具有动手操作能力，掌握一定的劳动技能；在主动参加的家务劳动、生产劳动、公益活动和社会实践中，具有改进和创新劳动方式、提高劳动效率的意识；具有通过诚实合法劳动创造成功生活的意识和行动等。

（2）问题解决

重点：善于发现和提出问题，有解决问题的兴趣和热情；能依据特定情境和具体条件，制订合理的解决方案；具有在复杂环境中行动的能力等。

（3）技术运用

重点：理解技术与人类文明的有机联系，具有学习掌握技术的兴趣和意愿；具有工程思维，能将创意和方案转化为有形物品或能对已有物品进行改进与优化等。

中国学生发展核心素养研究主要遵循三个原则。

第一，坚持科学性。紧紧围绕立德树人的根本要求，坚持以人为本，遵循学生身心发展规律与教育规律，将科学的理念和方法贯穿于研究工作全过程，重视理论支撑和实证依据，确保研究过程严谨规范。

第二，注重时代性。充分反映新时期经济社会发展对人才培养的新要求，全面体现先进的教育思想和教育理念，确保研究成果与时俱进、具有前瞻性。

第三，强化民族性。着重强调中华优秀传统文化的传承与发展，把核心素养研究植根于中华民族的文化历史土壤，系统落实社会主义核心价值观的基本要求，突出强调社会责任和国家认同，充分体现民族特点，确保立足中国国情、具有中国特色。

三、基于核心素养的课程体系构建

（一）我国推进课程改革所面临的挑战

首先，我国现行课程标准中缺乏核心素养与能力方面的内容，导致教育能力本位与知识本位的混淆。我国现行课程标准重视对于课程内容的诠释，注重学科知识体系的科学性和完备性。我国课程标准当中完备的知识结构和内容从易到难、循序渐进的结构安排常被欧美教育学者称道，认为这是中国中小学生有良好的基础知识的原因。然而，由于我们的课程标准是以学科知识为导向的，追求知识体系的科学与完整，内容往往是脱离现实生活的、较为抽象的学科知识，而没有以培养学生相应的学科能力为核心组织课程内容。学生在学习过程中面临的常常是抽象的知识世界，难以将抽象的知识和现实世界联系起来，很多时候无法运用学过的知识解决现实生活中出现的问题，成为只会背诵、解题的“机器”，缺乏问题解决能力、创造性思维等。正因为如此，我国的教育常被人诟病为“应试教育”或者“重知识、轻能力”的教育。解决学生现实世界和知识世界的冲突，首先要打破课程标准内容设置的思路，以促进学生全面发展为导向，以培养学生核心能力和素养为主线，编排学科知识内容。

当前，国际主要国家和地区的课程标准中都已经融入了核心素养/能力的部分。例如，芬兰、英国等国家和地区对核心素养有着较为成熟的研究，已经将跨学科的核心素养分解到了各个具体学科，这些核心素养与学科能力之间的对应关系非常清晰，对教材编写、教师的课程实施及学生能力的培养具有明确的指导作用。而我国课程标准的内容则缺乏以提高学生核心素养做指导，仍是以科学知识为核心的课程标准。

其次，我国现行课程标准中缺乏质量/表现标准。质量标准主要描述了学生经过一段时间的教育应该或必须达到的基本能力水平。它是学生的核心素养在具体学科具体学段的具体体现。我国的课程标准中主要是对课程内容的界定，虽然从内容、能力和情感态度价值观三维角度对课程进行了说明，但是在能力维度上缺乏明确、具体、可操作化的及能够用于评价的能力表现标准；而当前世界某些国家或地区在课程标准中均有与课程内容相对应的能力表现标准。

最后，我国现行课程标准中缺乏明确的教学与课程资源建议。教学与课程资源建议等内容在国际上常被称为课程机会标准，也就是为了让学生在经过一段时间的学习后达到一定的质量或表现标准而提供的教学安排、课程设置、课堂组织等方面的支持，是关于教育教学的过程性支持系统的标准。课程机会标准可以指导和帮助教师组织课堂教学，以促进学生达到课程标准要求的质量标准，形成相应的核心素养。

我国现行课程标准中教学建议与课程资源使用建议等方面描述得相对较笼统、较简练，没有体现学科特色，缺乏如何提升学生具体学科能力的相关建议，不能够有效地指导教师组织课堂教学。当前世界某些国家或地区在教学建议当中能够较好地展示课程内容知识之间的关系、内容与所需培养的能力之间的关系，以及对如何培养相应能力的建议。我国的课程标准应当基于学生核心素养的要求，详细组织教学建议与课程资源使用建议等内容，指导和帮助教师以促进学生核心素养为目的合理使用教材、有效组织课堂教学等。

（二）基于核心素养的课程体系内容、结构

基于核心素养的现代课程体系应至少含有以下四个部分。

（1）具体化的教学目标，即描述课程教学所要达到的目标，这一教育目标一定是具体的，落实到要培养学生何种核心能力和素养。

教学目标用来指导和统领本学科其他内容的编排。而具体化的教学目标一定会体现出学生的核心素养。在学生核心素养的指导下，每一学科都需要根据各学段学生核心素养的主要内容与表现形式，结合学科内容与特点，提出实现学生本学段核心素养的具体目标，体现本学科特色。同时，应注意跨学科素养如何在本学科中进行培养。

（2）内容标准，即规定了核心学科领域（数学、阅读、科学等）学生应知应会的知识与技能。

（3）教学建议，即教育者应提供的教育经验和资源，以保证学生的学习质量。广义上的教学建议外延相当广泛，也被称为“教育机会标准”或“教学过程标准”等，可以包括课堂所讲授内容的结构、组织安排、重点处理及传授方式，以及学校公平性、教师专业发展、教育资源的分配等。

内容标准和教学建议要成为促进学生形成核心素养的保证。学生是通过各学科的学习来形成其核心素养的，学科的内容标准和如何进行学科教学成为培养学生核心素养的基本保证。内容标准提供了学生在每一个学科当中需要学习的学科内容。传统的课程标准一直以学科内容的科学性和完备性作为编撰的根本依据，以学科思路和逻辑为主要呈现方式；而基于核心素养的课程体系则要求内容标准以促进学生该学科核心素养的形成为导向，设计时需要结合本学科本学段学生需要形成哪些核心素养来安排学科知识。同理，要根据培养的素养和

学科内容的特点提出有针对性的教学建议，以促进学生核心素养的形成。

（4）质量标准，即描述经过一段时间的教育之后，学生在知识技能、继续受教育的基本准备及适应未来社会等方面的能力需要达到的基本水平。

质量标准是学生核心素养在学业上的具体体现。学生核心素养主要是指学生适应未来社会发展及终身学习的主要能力与素质，它必然是宽泛而宏观的能力；而质量标准是与学科能力紧密相关的，是学生核心素养在某个学科中的具体体现。能够体现学生核心素养的质量标准必然可以在教育领域发挥极大的作用。一方面，质量标准较学生核心素养来说更加贴合课程和学科教学，可以用来指导教师的教育教学实践；另一方面，质量标准较学生核心素养来说更加具体、可操作。所以，在结合内容标准后，质量标准还可以用来指导教育评价。

根据国际经验和我国现有课程体系的特点，以下三个方面的内容与学生核心素养模型有紧密的联系：①具体化的教学目标和质量标准是学生核心素养的具体体现；②内容标准和教学建议的内容设定旨在通过学科的教学促进学生核心素养的形成；③质量标准是教学结果导向的标准，内容标准是教学过程导向的标准。其中，过程标准要促进学生核心素养的形成，结果标准要体现核心素养的具体要求，两者结合才能够使新课程体系实现培养学生核心素养的目的。

（三）以核心素养为本的基础教育课程改革的主要内容

基于学生核心素养的指标体系，世界各国和地区纷纷启动了新一轮基础教育课程改革。尽管各国或地区因本土情境脉络的不同而形成了不同的改革路径和方式，但总体而言，以核心素养为本的基础教育课程改革内容主要包括以下几个方面。

1. 课程改革目标的更新

学生核心素养指标体系本质上就是教育培养目标的具体化，也是指导课程改革的方针与根本导向。目前，国际上将学生核心素养研究成果应用于课程改革的途径主要有两种：直接指导型与互补融通型。所谓直接指导型，就是将核心素养指标体系直接作为课程改革的基础框架，指导国家的课程改革。例如，法国在 2006 年 7 月 11 日正式通过并颁布了《共同基础法令》，以教育法的形式将核心素养指标融入课程目标之中。分阶段化的目标体系便于加强不同学段课程目标之间的有效垂直衔接，实现课程目标体系的一致化。当然，由于许多国家和地区在学生核心素养研究成果出来之前，已经启动了新课程改革，颁布了相应的课程标准，因此，在实现以核心素养为本的基础教育课程改革时，主要以互补的形式将核心素养指标逐渐渗透到课程标准中，进而使二者达到融通的状态，我们把这一类型称为互补融通型。

2. 课程内容结构的调整

从课程改革的实践路径来说，课程目标的落实必须通过课程结构与分布来完成。因此，在更新了课程目标之后，如何将其以更加合理的方式分布在各学科课程之中，是所有改革者都必须思考的问题。在改革过程中，不同国家或地区有着不同的做法，比较典型的有两种：整体分布与局部分布。前者以澳大利亚为例，它将核心素养落实的程度分为 3 个层次，要求所有课程都要实现核心素养的课程目标，只不过存在程度水平的差异而已。很显然，这样的结构分布使得核心素养目标的实现得到巩固和加强，其不足之处就是难以凸显学科特色。

局部分布是指通过合理分配核心素养目标，各学科着重落实培养和实现某一种或两种核心素养，综合实现核心素养培养目标。与整体分布相较而言，这样的结构分布更能凸显学科课程的特色，也减轻了各学科所承担的目标任务。当然，局部分布存在的不足就是使得核心素养目标本身的系统性被相对弱化了。

3. 课程实施过程的创新

影响课程改革质量的最关键因素在于课程实施。因此，以核心素养为本的课程改革必然要重视课程实施的过程。目前，在一些国家和地区已经率先开启了这一领域的尝试性探索。例如，在日本，针对 21 世纪型能力也就是核心素养的培育，他们十分强调学习过程的质量。有研究报告指出，假如我们认定学习的要素包括学习内容、方法手段、学习活动、素质能力，那么学习指导过程可以用图 1.2 来表示。

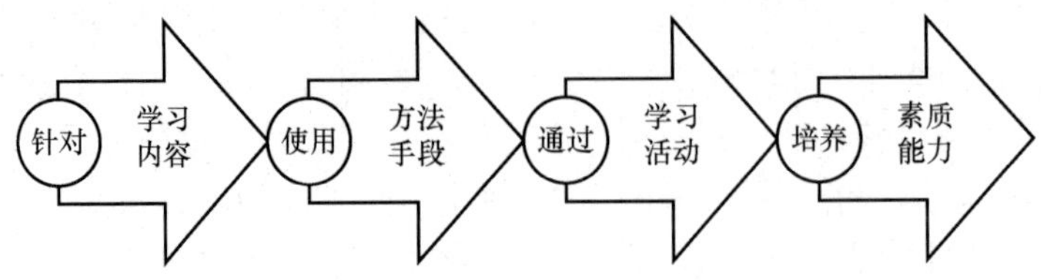

图 1.2　学习指导过程

基于这样的学习指导过程，以中学二年级理科课程所学的电流与电压的关系为例，如何培养核心素养（21 世纪型能力）呢？在考虑中学生的思维能力的同时，教师应尽可能参照“各发展阶段需要培养的思维能力（草案）”进行学习指导过程的设计。下面以电流与电压这一课为例进行介绍，如表 1.2 所示。

表 1.2　电流与电压的关系学习指导过程

	学 习 内 容	学 习 活 动	方 法 手 段	核 心 素 养
导入	通过调节电压与电阻、电流的数值，来探究灯泡亮度的决定因素	准备不同种类的灯泡和电池，发现灯泡亮度的差别（小学五年级课程）	分类比较	根据已有的知识做出假设，能够看清楚问题
展开	电流与电压的比例关系	针对电压与电流的关系，使用不同种类的导线、电流表、电压表、电源让电压产生变化，并测定电流	条件限制 建立关系 发现规律	能够预测结果，能够把握规律
总结	电流、电压、电阻有各自的规律性，它们与灯泡的亮度有关	根据结果制作表格，或通过其他方式得出结论；利用依据对结论进行阐述	建立关系 发现规律	能够利用逻辑的、实事求是的方法和手段进行思考；根据推理判断预测结论的正确性
回顾		对不同状况的重现性和妥善性进行说明	建立关系 多角度观察	把握主旨与主张，把握现象间的联系

可以看出，以核心素养为本的课程改革在实施过程中，不仅要求教师能够丰富教学内容，更要求教师能够挖掘深藏于知识形态下的核心素养，以此来进行教学设计。

总而言之，在以核心素养为本的课程改革中，在课程实施过程中给予了教师更多的创造空间，从教学内容的选择和开发、教学过程的设计到教学活动或学习活动的展开、教学评价任务的设计等，教师都可以围绕促进学生“核心素养”发展的这一目标来进行创新，从而真正实现课程改革的目标。

4. 课程评价内容与形式的变革

课程改革的成功与否最终要看学生学习的质量，因而以核心素养为本的课程评价的内容与形式也必须根据核心素养目标进行变革。值得一提的是，核心素养不仅可教可学，而且具有可测量性，即可以进行评价。根据国际组织、各国及地区的经验，已有的学生学业质量评价指标需要根据核心素养指标体系进行相应的调整，包括测评内容和测评手段的改革。

首先，变革评价内容是最直接的改革路径。以经合组织为例，在 DeSeCo 项目（一项学术和政策导向兼具的研究项目）提出核心素养指标体系之后，国际学生评估项目（PISA）在此基础上对阅读、数学及科学素养进行了新的界定，同时也发展了已有的评估内容和手段。修订后的素养概念界定如表 1.3 所示。

表 1.3　修订后的素养概念界定

阅读素养	为了实现个人目标、发展个人知识与潜能、增进社会参与而理解、运用和反思文本的能力
数学素养	认识和理解数学在现代社会生活中的地位，做出有充分依据的判断，有效地运用数学以满足一个具有建构性、反思性的热心公民的生活需求
科学素养	运用科学知识、发现科学问题并得出有证据的结论，从而帮助我们理解自然界，对其做出决策，并通过人的活动对其进行改造

基于这一最新的素养概念，PISA 项目组正在开发一系列新的测评体系。

其次，根据核心素养变革评价方式也不失为一种有效的手段。例如，英国将核心素养水平化，而后阶段化，并采用资格证的形式来激励核心素养的发展。

（四）基于学生素养的学校课程建设水平划分

笔者对上海市 200 多份中小学的课程规划进行分析后，了解了学校课程规划的现状与困境。近些年，基于笔者在上海市校长课程领导力项目、新优质学校推进项目中的相关课程研究，在此呈现一种基于学生核心素养的结构化的思路，这种思路更清晰地展现了不同学校课程建设之间的差异（这里所说的“学校课程”即校本课程，下同）。基于这样的考虑，特提出衡量学校课程建设品质的三个核心标准：第一，课程是否围绕学生的核心素养展开；第二，是否能够在学生的核心素养和学校课程框架之间建立实质性的连接；第三，是否能够保证每一门课程的质量都为学生的核心素养服务。

1. “无关联的单一课程”水平

处于这一水平的学校课程最核心的问题就是没有学校课程，更不用说基于学生的核心素养课程。我们可以很容易地辨认这一类学校，它们的课程核心聚焦于考试学科，学校没有整体的课程规划，课程种类单一，数量很少。课程间没有相互关联，学校不思考为何而开设课程。这一水平的学校几乎没有开设任何校本课程或活动，甚至会削减国家课程中的音体美课程、综合实践活动课程等。这些学校的学生只有极少的课程机会，他们的核心素养只是应试能力，在未来社会所需要的核心技能上，他们缺少课程视野和锻炼的机会。

2. “无关联的碎片课程”水平

处于这一水平的学校课程最核心的问题就是课程没有基于学生的核心素养。这一类学校也很容易辨认，它们拥有很多课程，更准确地说是有很多各式各样的活动，但是这些活动间呈现碎片状态，没有相互关联。学校很容易就开设一门课程或关闭一门课程，很少经过谨慎的思考，主要是根据学校或教师的方便程度来定。自二期课改以来，上海市提倡“丰富学生的学习经历”，处于“无关联的单一课程”水平的学校逐渐减少，而处于本水平的学校逐渐增多，学校将开设课程的数量作为“丰富”的重要指标。这种做法引发了当下学校课程的“碎片化”问题。

造成这一问题还有诸多原因：来自各个行政部门的课程要求，京剧、卫生、经济都想在学生的课程中占据一席之地；学生的课程需求多样且复杂，学校往往难以抉择；对办学特色、教育特色项目的追求让学校过度依赖课程，由此不断增加新的课程。此外，在一些历史悠久的学校里，传统活动也不能删减，而新增的活动越积越多。这些都导致了课程的“碎片化”，但碎片化的课程不能给学生带来集中而深刻的体验，反而让学生的学习生活变得凌乱而破碎。

3. “表面关联的课程”水平

处于这一水平的学校往往有较完整的课程规划文本。不过，如果仔细思考课程框架和学生素养之间的关联就会发现，它们之间只有表面关联，只从表面逻辑上思考为何而开设。比如，有一所学校认为自己是“树课程”，建立了“树根课程”“树枝课程”“树叶课程”。每一类课程都有不同的功能，看上去很有逻辑，但里面的课程相互之间却没有实质性的关联。很多学校构建了多维的课程目标，涵盖范围很广，如民族精神、现代意识、生命价值、创新精神、实践能力、团队精神……但是，后续的课程结构往往并不能支撑这些目标，甚至有的背离了目标。不可否认，这一类学校的课程规划往往带有鲜明的个性色彩，用本土而充满温情的话语概述自己的课程哲学，如“关注个体差异，使每一个生命个体都得到充分的发展”“让每一位学生拥有一片希望的蓝天”“不一样的学生，不一样的课程”等。这些学校开始思考课程的逻辑问题及课程的定位和意义，但是，如何将课程与更大层面的育人目标结合起来进行思考，还有待深入反省与行动。

4. “实质关联的课程”水平

处于这一水平的学校有完整的课程规划，通过学校的课程架构能够让人看到课程元素间清晰的一致性。它的目标建立在对自己的课程历史及优劣势的分析上，体现清晰而独特的学生核心素养；它的结构建立在清晰的目标上，课程设置与课程目标间有实质关联，不同的课程类型通过实现特定的核心素养而产生实质关联，而它的实施和评价又是适应课程目标类型、课程内容的。这一类型的学校会深入思考某一类型的目标，设计怎样的课程结构、选择怎样的课程内容更有价值，学校总体课程目标与不同年级所承担的责任，不同类型的课程、不同的学习领域之间如何连接，这种连接不仅是与学校科目的连接，同时也要与教授课程的教学方式、学习的物理环境、体现社会和人际关系等的隐性课程连接。但是，处于这一水平的学校课程的问题在于，虽然能保证学校层面的课程架构的品质，却不一定能保证教师层面具体课程的质量。如果不能激发每一位开设课程的教师在课堂中实践学生的核心素养，就不能保证课程产生一致的学习结果。

5. “部分实质关联的课程”水平

处于这一水平的学校通过某一门有质量的课程建立与学生核心素养的连接。处于这一水平的学校不一定有完整的课程规划，但对学生有非常明晰的核心素养的期待，这一期待可能并不完善，也不能涵盖所有的学生素养，但在其学校课程中却有一门高品质的课程能够实现这一素养。也就是说，这一素养和某一门课程之间的关联是很密切的，教师的课程实施品质能够保证实现学生有质量的学习结果。这一类学校往往有一门非常核心且坚守了很多年的课程，这门课程往往又对学生有强烈、明晰的期望并能惠及绝大多数学生。例如，杨浦区六一小学的“儿童哲学”课程，虽然它的核心素养边界比较窄，旨在提升学生的思维品质，但很清晰。在二十年的课程之路上，通过所有教师参与课程的实践，建立起这一核心素养和这一课程的连接，并能迁移到基础型课程中。在这样的学校中，课程建设与学生核心素养建立了部分实质关联。

6. “有质量的素养课程”水平

处于这一水平的学校课程不仅在框架和单门课程上建立了连接，更重要的是能够保证学校所提出的核心素养是适切的，学校中的每一门课程都指向学生的核心素养。在目前的课程实践中几乎没有处于这一水平的学校。处于这一水平的学校其课程是丰富的，对特定年龄段学生的课程需求、学习兴趣、学习风格和特点进行了调查和研究，这种丰富体现为课程类型上的多样化，而不是同一维度上课程数量的增加；处于这一水平的学校，其课程是统一的，一门门有质量的课程超越孤立的课程，建立起关联，帮助学生看到事物之间的联系和规律，并把所学知识与实际生活联系起来。不管是“部分实质关联的课程”水平还是“有质量的素养课程”水平，学校都需要相当长时间的积淀和努力才有可能达到，因为这涉及所有参与课程建设的教师对课程的理解、评估与调整，教师只有与课程一起成长，才有可能达到这两个水平。

第五节 媒介素养的内涵及意义

一、媒介素养的内涵

（一）媒介素养概念的提出

媒介素养（Media Literacy）的概念来源于西方，属舶来之物。在学术界，媒介素养的概念最先由欧洲学者提出。1933 年，英国学者利维斯和汤普森发表了关于媒介素养的开山之作《文化与环境：批判意识的培养》。我国学界关于媒介素养的研究起步很晚，始于 21 世纪初，距今仅仅发展了 16 年。但是，随着大众媒介对人们生活的影响越来越大，媒介素养越来越受到人们的关注和重视。1997 年，中国社会科学院新闻研究所研究员卜卫发表的论文《论媒介教育的意义、内容和方法》是我国媒介素养研究的首篇文章，在该文中首次提到了媒介素养的概念，介绍了国外媒介素养的起源与发展。之后，便如星火燎原般燃起了媒介素养研究领域的火焰，目前在我国已经形成了许多媒介素养相关的研究性成果。

（二）媒介素养的定义

媒介素养是一种全新的概念，关于其定义，一直没有统一的定论，其中“素养”一词是英语 Literacy 的翻译，而 Literacy 的直译是识字、有读写能力，和中文“素养”的含义还是有一定差别的。目前，国内关于“素养”一词的研究十分热门，认为“素养”和“素质”既有相近的含义，又有不同的意义。

在国际学术界，媒介素养的定义被分为狭义和广义两种。狭义的媒介素养是指让人们成为具有批判意识的媒介思考者和有创造力的生产者，成为媒介公民。广义的媒介素养是指人们对传播泛滥的一种回应，用来优化媒介环境的一种文化现象。本书所研究的媒介素养范畴指的是狭义的定义，主要侧重于对各种媒体信息的解读和批判能力，以及将媒体信息应用于个人生活、社会发展的能力，具体包括对媒体信息选择、理解、评价、质疑、创造和批评的能力。

总之，媒介素养是通过媒介观察、认识世界的方法，是使用媒介、辨析信息的能力，是解读、分析和批判媒介的观念，也是当代公民必须具备的素质和修养。

（三）媒介素养的核心层次

媒介素养可以从三个层次来分析解读，分别是接触和使用媒介、解读和批判媒介、利用和驾驭媒介。媒介素养最为核心的内容体现在第二个层次，即解读和批判媒介。

解读和批判媒介传播的信息，思考每天接触的新闻、消息、电影等媒介的客观性、真实性，思索背后所隐藏的意识形态和价值观，从客观的角度来看待虚拟环境，分清虚拟与现实。总之，要端正对媒介的态度，要用批判、学习的态度来对待媒介，培养批判意识。对于当今大学生来讲，媒介素养核心内容的培养是非常重要的。在接受媒介所传输的信息和资讯时要随时保持主动意识，培养自我分析的良好素养。

（四）媒介素养包含的内容

我们把能够表达意义的符号系统（文字、声音、图像等）、技术手段（录像、录音等）、专门进行信息生产的部门和机构（广播电台、电视台、报社等）称为媒介。媒介素养包括下列五个部分。

（1）了解媒介的技术特征和传播特点。正如前面所说，任何一种媒介都有其独一无二的特点，不同的媒介在信息的传达过程中会有各自的优势和劣势。例如，文字传播是线性的，相对较为单调，但是信息传递准确，不容易产生信息失真，还能提高人们的想象力；此外，声音也是线性传播的，它的感染力更强，但是传播时容易产生信息失真和歧义；图片是二维结构的。信息传播具有逼真的优点，缺点是容易导致以偏概全。影像传播是现今最多维、最逼真的媒介，但它容易把虚幻和现实混淆。通过这些媒介可以传达各自的信息。任何具有媒介素养的专业人士都应充分了解每种媒介的特点，进而根据环境的特点选择适合的媒介。

（2）了解媒介组织的政治、经济属性及其对媒介内容的影响。当今社会，媒介已经成为专门向人们提供信息和服务的专业组织。具有媒介素养的人应该认识到：媒介必然受到政治、经济环境的影响。我们所看到的媒介产品都是经过专门筛选、组合和包装的，这必然会掺杂政治和商业因素，展现和表达着特定的世界观、价值观。只有认识政治和经济的大背景，才能领悟媒介结构的运作逻辑。

（3）反思媒介与受众的关系，做积极主动的阅听人。媒介技术和媒介产业在不断地发展，每个人都是直接或间接的参与者。具有媒介素养的人必定不是被动参与者，他们会积极思索各种媒介对自己的影响，把握自己在媒介关系中的主导地位，而不是沦为新科技、新产品的跟随者，被它们牵着鼻子走。此外，具有媒介素养的人总能时刻感知到自己在媒介产业中的地位，了解自己的权益，从而更好地保护自己的权益不受侵害。

（4）影响和使用媒体，勇于实践个人的传播权。随着媒体发展的多元化，专业的传媒机构对传播权利的垄断被打破，个人享有传播权的自由度越来越大。随着互联网的发展，任何人只要开一个博客，就相当于有了一套自己的出版系统，可以便捷地向世界传递文字、声音、图片、影像等各种信息。具有媒介素养的人不仅接受别人传播的信息，而且利用各种方法，通过各种途径表达自己的思想和观点。此外，具有媒介素养的人还会利用自己的权利监督其他人传播信息的合法性和正当性，从而保护自己和大家的利益。

（5）积极构建并实践现代传播礼仪和伦理，为改善媒介环境做贡献。随着技术的发展，个人的传播能力越来越强，相应的伦理和道德问题也随之而来，如网上传递虚假信息、恶意攻击人身等。具有媒介素养的人知道权利不能为所欲为，任何权利的实现都应该以尊重他人为前提。

（五）媒介素养的分类

1. 媒介使用素养

首先，媒介使用素养体现为对媒体的操作，掌握媒体特别是新媒体平台的操作，是应用各种社会化媒体的前提。而新媒体包括智能手机、平板电脑、智能电视等基于 Web 2.0 应用的各种智能终端，需要使用者具备一定的技术基础。其次，媒介使用素养包括对新媒体的认识与理解。青少年对新媒体及其应用的认识不应局限于娱乐功能，还应进一步了解其工具性、社会性、发展历史、与传统媒体的区别等。在对新媒体及其应用深刻认识的基础上，要形成良好的媒体使用习惯，提高媒体使用功效。

2. 信息消费素养

新媒体时代，众多的媒体资源提供了海量的信息，开放的网络环境和丰富的社交媒介的应用使得信息来源多样化、复杂化，作为信息消费者的我们面临着前所未有的选择困境。面对这一挑战，我们需要提高自身对信息选择、分析与批判的能力。

（1）信息选择能力。无论是在 Web 1.0 时代还是在 Web 2.0 时代，专业媒体与门户网站都以其专业化和高可信度成为人们信息选择的重要来源。除此之外，在 Web 2.0 时代还有两种渠道可以进行信息选择：一是搜索引擎，这就需要我们不仅要了解常用搜索引擎的种类、功能与特点，还要掌握不同搜索引擎的基本使用方法与技巧；二是社会化媒体中的社会网络，这需要我们考虑信息的来源是个人还是媒体，对于来源是个人的信息要谨慎对待。

（2）信息分析与批判能力。社会化媒体环境下的信息构成极为复杂，要进行全面、客观的认知较为困难。首先，媒体信息并不一定是一种客观存在的真实信息，而是由媒体构建出来的虚拟“真实”，在传播过程中会受到各种因素的影响，从而导致传播的偏向性。社会化媒体时代，传播主体多元化和传播渠道多样化等特征使得媒体信息的构成更加复杂。其次，人们对媒体信息的认识很难保证全面、客观。一方面，众多个人化的信息来源与碎片化的信息形式使得人们很难建构对信息环境的完整认知；另一方面，人们对信息的选择与解读不可避免地受到所属社会化网络的影响，这种群体的干扰会让人们对信息的选择与辨别带有倾向性。这就要求我们要具有信息分析与批判能力，在信息消费中能够对信息的真实性、时效性、来源的权威性等进行分析、辨别和解读，并能够主动借助大众媒体与官方媒体作为认知参考。

3. 信息生产与传播素养

社会化媒体的广泛应用为公民新闻的普及提供了基础，公众在信息传播过程中充当的角色不仅仅是信息消费者，其作为信息生产者的作用愈发重要。传统媒体的信息传播对传播内容和传播者都有严格的要求，但是大部分的信息生产者都缺乏专业训练，导致信息产品质量参差不齐，部分内容甚至是道听途说、胡编乱造的，以致扰乱了网络传播秩序，造成了严重的后果。因此，过去仅针对媒体从业者开展的相关原则与技能教育也应该普及大众，使其具备信息生产与传播的素养。首先，大家需要对自己生产的内容进行严格的把关，既要保证信息的真实性，也要对信息的社会影响进行评估，以避免可能带来的负面影响。其次，我们要了解信息再传播的机制，意识到再传播可能带来的后果，谨慎对待再传播行为。

4. 社会交往素养

社会化媒体的运行与信息传播机制为人们拓展青少年社会网络的广度与深度提供了前所未有的可能，但是能否将其转化为现实，还取决于人们运用社会化媒体进行交往的能力。我们应该认识到，利用社会化媒体进行人际交往是一种平等的互动，个体拥有相同的知情权与传播权。在此基础上，我们要了解新媒体环境中的文明礼仪与道德规范，懂得尊重与保护他人的表达权、知识版权、肖像权和隐私权等。同样，大家也应该注意信息安全，做到谨慎交友。在互动交往过程中应做到熟悉网络文化，了解如何选择交往对象，掌握一定的交流技巧，重视社会网络的维护。

5. 社会协作素养

社会协作素养应成为社会化媒体时代人们必备的素养。这种素养主要包含明确并统一协作工作目标的能力、根据自身特点定位角色的能力、履行协作工作角色的能力、评价的能力、与协作成员沟通交流的能力和对协作成果进行评价的能力。

二、开展媒介素养教育的意义

（一）提升公民整体素质

对每一位生活在当代的公民而言，大众媒介意味着知识、信息、主流文化甚至是权利。媒介素养是公民整体素养的有机组成部分。媒介素养的提升意味着公众解读和利用媒介能力的提升，通过大众传媒，人们可以获取更多的信息，因此传媒就成为人们提高其他素养的一个有效工具，从而更有力地促进个人整体素养的提升。

（二）促进良好媒介文化的形成，推动传媒产业进一步发展

在全社会范围内普及良好、健康的公民媒介素养教育，有利于促进良好的舆论与传媒文化的形成和推动新闻事业的改革与发展，促进大众传媒影响力和社会效益的提升。同时，受众媒介素养水平的提升还可以推动传媒产业进一步发展。一方面，媒介素养的提升意味着大众利用和影响媒介水平的提高，受众会以更积极的心态参与媒介活动，大众媒介就可以得到及时、准确的受众反馈，并据此对自己的媒介内容进行调整和改进，从而提高媒介产品的质量，推动传媒产业的发展；另一方面，通过有效的媒介素养教育，受众对媒介信息的鉴赏能力和期待值会有所提高，这就要求媒介组织采用更先进的传播技术，提高组织管理水平和媒介从业人员素质。受众越倾向于选择运作水平高的传媒，这些传媒的经济效益就会越好，如此就会形成良性循环。因此，提高受众的媒介素养，也能促进传媒领域的深度企业化改革和产业化发展。

（三）提升整个社会的文明程度

社会文明既是人类历史发展的产物，又是衡量社会进步的标志。社会文明分为物质文明和精神文明，它们分别是社会进步程度和水平在物质方面及精神方面的结晶与标志。社会文明在个人身上的集中反映就是个人的素养，而素养具有深刻的社会性，媒介素养更是现代社会成员必备的素养之一。

第二章　在线学习的理论基础

第一节　学习分析理论

一、学习分析相关概念的界定

最早的学习分析定义源于美国高等教育信息化协会（EDUCAUSE）的“下一代学习挑战”，其中将学习分析定义为“使用数据和模型预测学生收获和行为，具备处理这些信息的能力”。在 2011 年 2 月的学习分析与知识国际会议上对学习分析做了比较权威的定义，即“学习分析是以理解和优化学习及其发生的环境为目的，对学生及其所处情境的数据进行的测量、收集、分析和报告”。美国学习分析研究协会（SoLAR）也使用了这一定义。在 2011 年的《地平线报告》中阐释了学习分析的定义，认为学习分析是以评估学业成就、预测未来表现、发现潜在问题为目的，对学生产生和收集的大量数据进行阐释的过程。

学习分析被认为数据分析技术在教育领域中的应用。溯源学习分析可以得知，虽然学习分析的前身涉及多种不同领域中的分析技术，但是，目前与之相近的在教育领域中的分析技术主要有教育数据挖掘、学术分析、行为分析等。

（一）学习分析与教育数据挖掘

Bienkowski 等对教育数据挖掘和学习分析做了详尽的区分，教育数据挖掘主要是寻找数据新模式、开发新算法和新模型，而学习分析则是将已知的预测模型应用到教学系统中。教育数据挖掘侧重于将学习分解成可被软件分析和影响的小块，使之产生自动反应，适用于学生学习；而学习分析则强调理解整个系统，产出的是适应性教学内容、学生危机干预和反馈等适应及支持决策。表 2.1 所示是对学习分析与教育数据挖掘在历史来源、学科来源、数据来源、目的、技术方法 5 个方面的区别。

表 2.1　学习分析与教育数据挖掘的区别

项　目	学习分析	教育数据挖掘
历史来源	学术分析、行为分析、预测分析	计算和心理学方法及研究
学科来源	信息科学、社会学、心理学、统计学、机器学习、数据挖掘	统计学、机器学习、数据挖掘
数据来源	教育管理和服务、教与学	教与学
目的	创建直接影响教育实践的应用	检测学习理论，报告教育实践
技术方法	预测、集群、关系挖掘、精化人类判断、用模型发现、社会网络分析、社会/“关注点”元数据	预测、集群、关系挖掘、精化人类判断、用模型发现

（二）学习分析与学术/行为分析

Long 和 Siemens 对学习分析和学术分析的区别进行了界定。学术分析侧重于商业智能在教育领域中的应用，强调的是机构、区域、国家/国际层面上的分析；而学习分析则比学术分析更具体，主要关注点在于学习过程，强调的是在课程、部门层面上的分析。因此，我们可以认为，学习分析更多的是面向个体和底层学习层级的，学术分析则主要关注的是顶层机构层面的分析和决策，以及高级别机构层面的政策决定。一般将学习分析和学术分析两者融合进行分析和使用，而行为分析的关注点也是机构层面，它可以被认为是更综合的学术分析。因此，有些学者也将学术分析和行为分析视为同一范畴内的分析技术。

（三）学习分析相关概念粒度

弗格森（Ferguson）认为，当今学习面临着技术、教育、政治/经济三大挑战，而教育数据挖掘主要关注的是“如何从教育大数据集中提取有用信息”这一技术挑战，学习分析则主要关注“如何优化在线学习机会”这一教育挑战，学术/行为分析则关注“如何在国家或国际层面上最大限度地改进学习机会和教育结果”这一政治/经济挑战。因此，我们发现，与学习分析相关的这几大概念在分析面向对象粒度方面存在较明显的区别。教育数据挖掘将学习分解成组块进行分析；学习分析则主要面向个体的学习，涉及部分机构层面的内容；学术/行为分析则主要关注机构层面。因此，根据分析面向对象粒度的区别，可以将学习分析的相关概念做一个区分和界定，具体如图 2.1 所示。

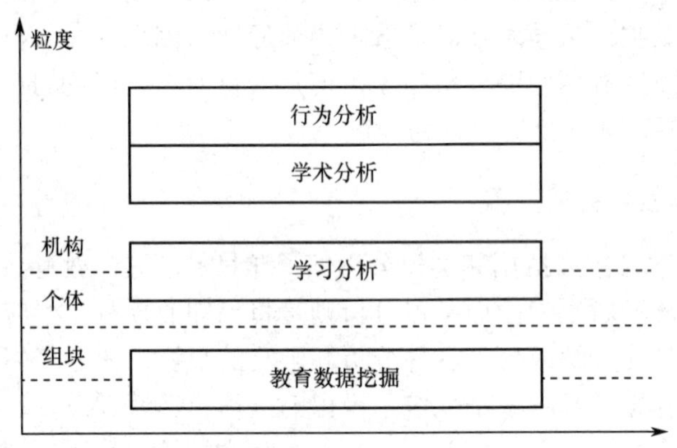

图 2.1　学习分析相关概念粒度

二、学习分析的研究目标

（一）学生知识建模

为了描述学生知识和技能的掌握情况，研究者从课程、知识单元和知识点等多个层面，抽取在线学习系统中学生的交互数据，构建学生知识模型。学生知识模型主要应用于自适应学习系统和智能教学系统等，体现了学生的过程性知识和高阶思维能力，便于系统在恰当的时间采用恰当的学习方式推送恰当的学习内容。例如，弗格森基于线索词匹配和 k–近邻聚类技术，利用语篇特征和局部特征相结合的方式，构建了学生知识模型。

（二）学生情绪建模

为了检测学生无聊、沮丧、兴奋等不同情感状态对学习积极性和学习进展的影响，研究者利用心脏速率监视器、视觉跟踪器等多种可穿戴技术，收集和分析学生心跳速率、微笑次数、专注时间等身体活动数据，分析情绪对学习成绩的影响。例如，瓦特拉普（Vatrapu et al.）通过技能测量、微笑等 9 个指标描述学生的学习状态。视觉追踪研究表明，较高的情绪容易促进学生的学习积极性。

（三）学习行为特征抽取

为了研究不同学习行为范式和学习成绩之间的关系，研究者收集在线学习系统的网页点击次数、点击顺序、停留时间等信息，抽取学习行为范式或形成的网络结构特征，并研究其与成绩之间的联系。例如，加拿大萨斯喀彻温大学（University of Saskatchewan）的布鲁克斯（Brooks）通过获取在线学习系统中学生的交互数据，采用非监督机器学习技术，抽取 5 种学生行为范式，包括活跃型、早期型、及时型、最少活动型和延期型，指出活跃型对提高学习成绩并无显著性影响。吴怀等对学生图示化学习过程开展序列分析，发现具有“概念建构—假设提出—推理论证”学习行为模式的学生比较容易取得好成绩。

（四）学习活动跟踪

为了展示学生当前的学习状态，研究者收集在线作业完成情况、教学视频学习时长、在线测评得分、论坛参与等信息，以可视化的形式呈现知识建构过程和个人在小组学习中的贡献情况，有助于学生调整学习计划和学习进展。例如，有学者针对可汗学院在线学习平台上的大量学习活动数据，基于分类器将全体学生的学习状态进行等级划分，然后利用个体可视化工具查看个体学习状态在班级平均学习状态中所处的位置。

（五）学生建模

为了聚类学习特征相似的学生，研究者通过分析个人基本信息及相关数据，如人口统计、学习风格和学习偏好、学习目标、学习背景等数据，构建描述个人学习特性的学生模型，并运用该模型将学生分组，来提供有针对性的个性化学习环境，从而提高学习效率。例如，希腊开放大学针对在线论坛中学生的讨论内容，利用文本挖掘和社会网络分析技术探索学生的参与模式，并使用统计软件 R 和数据挖掘工具 Weka 将学生按照特征分类。北京师范大学的武法提教授等分析电子书包中电子档案系统记录的数据，从学习内容、学习活动、学习方式和学习评价 4 个方面构建学生个性化模型。

（六）学位获取分析

为了探究学习群体信息与学位获取之间的关系，即学生保持率或毕业率，研究者通过采集入学信息、生源信息、完成情况、学位信息等数据，从课程、学校和政府 3 个层面探索其中蕴含的序列模式或规律。例如，美国纽约州立大学的谢伊教授等选取弗吉尼亚州和华盛顿州的入学信息和最终学位获取数据，发现参与远程教育课程的学生比接受传统课程的学生更易获得学位。

（七）教学资源和教学策略优化

为了帮助教师完善在线课程，研究者通过收集在线学习系统中的学习行为和成绩，评估课程设计效果，找出能够有效促进学习的教学实践类型。例如，列文提出基于人工智能的框架，从有效性、可用性和效率 3 个方面评估教学大纲质量。北京师范大学的沈欣忆教授等通过分析 MOOC 学习的不足，提出 12 种网络课程教学策略，以提高学生的在线学习参与度。

（八）自适应学习系统和个性化学习

为了实现网络环境下学习行为的自动化反馈，研究者综合运用学生知识模型等，获取学习偏好、学习效果等信息，结合预定义的教学策略和学习路径，为学生提供个性化学习建议，从而调整和改善学生的学习体验。例如，德国杜伊斯堡–埃森大学（University of Duisburg-Essen）的哈金通过在学习管理系统中增加操作日志服务、通知代理、分析服务和人工制品检索服务四大服务组件，实现了基于上下文的学习内容的个性化推荐。中国深圳大学曹晓明等提出使用智能 Agent 技术构建“一对一”的泛在自主学习系统。

（九）在线学习影响因素分析

由于各级教育机构问责制的加强，教育机构需要解释在线学习过程和学习效果，部分学者以调查问卷的形式分析在线学习影响因素。例如，加拿大西蒙弗雷泽大学的阿里等指出在线学习工具的易用性和实用性将影响在线学习效果；中国中山大学的舒忠梅指出多元能力的培养氛围、学习资源的丰富程度、教师授课水平及相关系统支撑度是在线学习满意度的关键影响因素。

三、学习分析的技术策略

（一）学习分析的技术手段

学习分析是结合技术、算法、教学理论等来完成对数据的分析的。其中，教学理论催生的学习系统体现了算法的有效性，而算法需要深度技术知识的支撑。技术是学习分析的实现手段，学习分析采用了一些技术手段，如预测、集群、关系挖掘、社会网络分析等，因此该技术完成了学习分析的整个数据分析和呈现的过程。学习分析采用的技术手段源于对教育数据的挖掘，以及利用电子文件管理（EDM）的信息检索技术优势并结合其他相关技术手段（如社会网络分析、自然语言处理等）来完成学习分析的整个过程。目前，常用的学习分析技术手段包括社会网络分析、话语分析、内容分析等。一些新的学习分析技术手段也在不断涌现，例如，韩国檀国大学的教师研究出了一种多维分析法，它主要整合了常用学习分析技术手段，并结合在线交互可视化，从多个维度对学习数据进行分析。与此同时，可视化数据分析技术也成为学习分析的重要技术手段。作为 2010 年《地平线报告》推荐的主流趋势，可视化数据分析通过将高级计算方法和复杂图形引擎相融合来呈现复杂图像的优越性，并协助学习分析系统实现报告的可视化。可视化数据分析技术已经发展得比较成熟，目前完全可以实现变量的实时交互操作。作为学习分析报告呈现的必然趋势，可视化数据分析正向更好地展示学习过程、社交进程等各种学习情况的方向发展。

Bienkowski 等将学习分析的应用领域分为用户建模（知识、行为、体验）、用户建档、领域建模（关键概念、知识组分）、趋势分析等几类。这些不同领域学习分析的实现需要不同的数据来源和类型，同时也要依靠不同的技术手段。例如，用户建档强调构建个性化和自适应的学习环境，就需要以用户分类技术和集群技术为依托进行用户基本信息、学习习惯、学习偏好等的分析。而在个性化和自适应过程中，对学生进行预测之后，行为的趋势分析技术和序列分析技术也起到了至关重要的作用。

（二）学习分析系统的技术特征

通过前面对学习分析利益相关者的分析，以及对学习分析相关技术手段的概述，我们对学习分析系统的架构、包括的内容等，都有了一个大体的认识。我们认为，学习分析从技术策略上来说，应该不局限于专用和通用分析工具的使用，而应该扩展到整合各种分析模块的系统层面上去。

Wolfgang 等提出了一个通用学习分析服务设计指导框架，为建设学习分析系统提供了思维蓝图。SoLAR 的学者们设计了一种整合式模块化学习分析系统，如图 2.2 所示。系统的核心分析工具（引擎）包括分析引擎、自适应内容引擎、干预引擎（推荐、自动化支持）、仪表盘、报告和可视化工具。在该学习分析系统中，分析引擎是核心，它是一个整合了多种分析模块的分析框架，应用社交网络分析、话语分析等多种技术辨识和处理数据。自适应内容引擎重点关注学习适应和个性化，在出版商等开发者的帮助下，对学习内容等进行适应性和个性化定制与推送。干预引擎主要使用分析引擎产生的预测模型，进行学生进程追踪和自动化及人工干预。整个系统依靠一个仪表盘输出，根据用户角色的不同，内容主要以可视化、图形化的形式呈现。

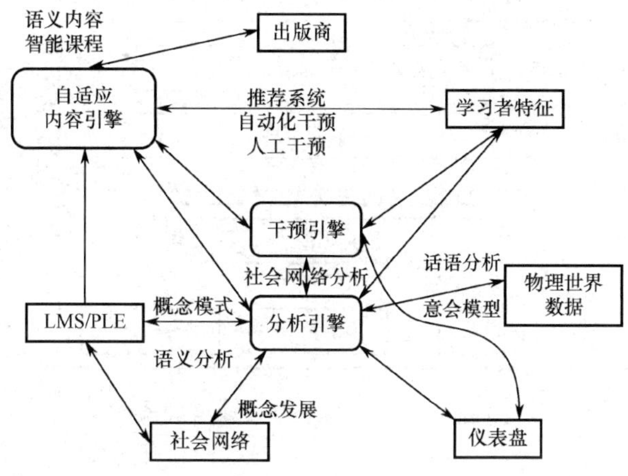

图 2.2 整合式模块化学习分析系统

学习分析系统应该具有以下几种技术特征。

1. 功能模块化

单一的学习分析工具无法满足智慧学习环境建构中对学习分析的多样化要求。学习分析系统要满足利益相关者的各种需求，就要强调对于多种工具、引擎等的模块化聚合。不同功能和特征的模块集成为一个学习分析系统，模块内高内聚，不同模块间低耦合，针对不同结构的数据采用不同模块进行处理和分析。系统内模块可以有工具集、插件、微件等多种形式。

2. 报告可视化

学习分析结果面向的主要对象一般是学生和教学者，这就要求学习分析结果报告应是易于理解的，因此，可视化呈现是学习分析报告的必然结果，这就催生了仪表盘这一概念。仪表盘显示的是可视化的学习分析结果，根据面向对象的需求，可显示不同界面，如学生界面、教学者界面、管理者界面等。不同的界面所显示的报告和内容虽是不同的，却是相关联的。报告可视化技术目前已经发展得比较成熟，一些优秀的学习分析可视化工具，如梯度学习分析系统——GLASS 就可以提供优质的学习分析可视化报告。

3. 数据多源化

学习分析系统的数据来源已不再局限于各类数据化学习环境，如 Sakai、Moodle 等，其超越了学习管理系统（Learning Management System，LMS）尝试对多种来源的教育数据进行处理。这些数据来源可以是正式学习环境下的 LMS 数据、机构管理系统数据（学生档案、学生基本信息等），也可以是非正式学习环境下的各种学习行为痕迹采集，如学生社交网络关联等，同时也期待可以对物理学习环境中的数据进行获取和处理。

因此，根据学习分析系统应具备的技术特征及学习分析过程，结合利益相关者的相关需求，参考 SoLAR 学习分析系统图示，我们从学习分析系统输入、输出层级角度将学习分析系统归纳为如图 2.3 所示的系统信息建模，分为数据层、分析层、报告层和干预与适应层四层。数据层主要获取学生相关学习数据，送入分析层由分析引擎进行数据分析，之后在仪表盘上按学生、教学者、管理者三大利益相关者的需求产生可视化报告，并在此基础上对学生进行干预，完成自适应过程。

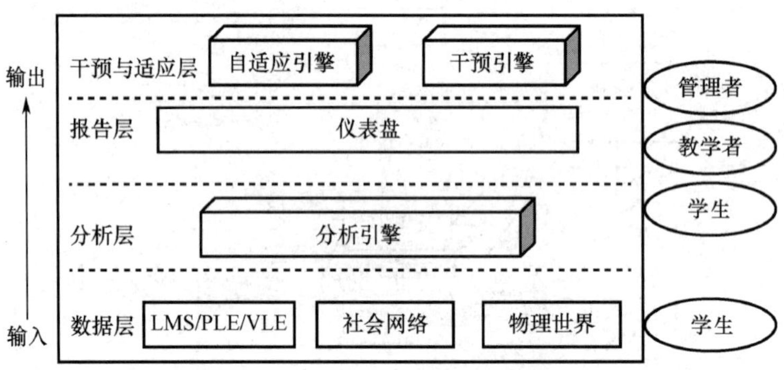

图 2.3 学习分析系统信息建模示意图

四、学习分析的未来愿景

（一）作为“三通两平台”的构建基石

2012 年 9 月，教育部杜占元副部长在全国教育信息化工作电话会议上提出，将“三通两平台”的建设作为未来两年教育信息化的重点工作。对学校、区域、国家各个层面的教育数据进行统筹挖掘，对学习管理系统、学生信息系统等各类系统学习数据进行整合分析。从学习分析中攫取高度科学和实践性的教育信息，可以更好地促进“三通两平台”的构建和实现。与此同时，“三通两平台”的构建也为学习分析提供了强有力的数据支撑，构建平台时就考虑到后期学习分析的可操作性和整合性，以进一步提升学习分析的科学性和有效性。

（二）作为电子书包的优势支撑

电子书包系统包括电子课本、学习终端、虚拟学具和学习服务等部分。其中，虚拟学具和学习服务支持被认为是电子书包用于信息化教育的优势所在。而学习服务中所提供的学习进度、评价服务、智能学习/代理功能等，都需要学习分析技术的支持。学习分析为学生、教师、家长等提供各具特色的报告、干预、推荐和建议等，特别是根据学习分析的结果为学生提供个性化和自适应的关联推送，为教师提供实时学生状态报告和干预建议等服务，都将从一定程度上解决电子书包目前存在的问题和挑战。作为关键技术的学习分析也从整体上为电子书包的建构提供了科学支撑，能够更好地服务于国家电子书包的标准研制、产业发展和教育创新应用。

（三）作为智慧教育云的核心组成部分

智慧教育云服务强调在统一的智能开放架构云计算平台上按需向用户提供服务，实现统计教育信息与数据、形成科学决策、实施教育评价等系列活动。智慧教育云要求可以进行服务情景识别及智能信息提取、处理、检索、推送等功能，这些过程即学习分析技术的研究范畴。学习分析是教育云平台的核心组成部分，教育云平台的构建也在一定程度上为运用学习分析技术进行数据分析提供了便利。同时，教育云服务高度嵌入的智慧学习环境也强调对学习情境、学生特征等的全面感知。

学习分析对智慧教育的进步和发展起到了至关重要的作用，其潜力和价值也已经逐渐被人们所熟知。尽管学习分析面临着诸多挑战，但是研究者却已通过不断地努力来直面挑战。移动设备、云计算等技术的快速发展，使得学习分析中的一些难题正在逐步得到解决。目前，学习分析系统设计与开发、学习分析相关标准的研制、学习分析应用等研究都在稳步开展，相信其会进一步促进教育信息化的发展。

第二节 自主学习理论

一、自主学习的相关概念

（一）自主学习

由于研究者的理论立场和研究方法的不同，使得人们对自主学习概念的理解也不尽相同。总的来说，大致有以下 3 种观点。

第一种观点认为自主学习是一种学习模式或学习方式。如丁兴富教授等认为自主学习是与传统的接受学习相对应的一种现代化学习方式，是以学生作为学习的主体，由学生自己做主，不受别人支配、不受外界干扰的一种行为方式。余胜泉教授认为自主学习有以下三方面的含义：一是自主学习是由学生的态度、能力和学习策略等因素综合而成的一种主导学习的内在机制，即学生指导和控制自己学习的能力；二是自主学习指学生对自己的学习目标、学习内容、学习方法以及使用学习材料的控制权，也就是学生对这些方面的自由选择的程度；三是自主学习是一种模式，即学生在总教育目标的宏观调控和在教师的指导下，根据自身条件和需要制定并完成具体学习目标的学习模式。

第二种观点认为自主学习是一种主动的、建构性的学习，是学生自己确定学习目标，自我监督、调控学习进度的行为。他们把自主学习定义为一种自我调节的学习过程。自我调节学习是指学生为了提高学习效率，达到学习目标，主动运用与调控元认知、动机与行为的过程。具有自我调节能力的学生在获得知识的过程中能自己确定学习目标、选择学习方法、评价学习结果。

第三种观点主张从横向和纵向两个维度来定义自主学习。从横向即学习的各个方面来定义，自主学习的动机是自我驱动的，内容是自我选择的，策略是自我调节的，时间是自我管理的，学生还能主动营造有利于学习的物质环境和社会环境，并能对学习结果做出自我判断和评价；从纵向即学习的整个过程来定义，自主学习是指学生能自己制订学习目标和学习计划，做好学习准备，在学习活动中能够对学习进展、学习方法进行自我监控、自我反馈、自我调节，能够对学习结果进行自我检查、自我总结、自我评价和自我补救的学习。

综上所述，虽然研究者对自主学习的定义不同，但其本质含义是一致的。综合研究者的观点，自主学习既可以理解为由学生自己选择学习内容、学习方法、学习强度、学习结果评价的学习方式，也可以理解为学生能够指导、控制、调节自己学习行为的能力与习惯。

（二）网络自主学习

计算机网络的发展和普及带来教育方法和学习方式的变革，以课堂为背景的传统自主学习已经跟不上时代发展的步伐，将网络融入自主学习过程中才是符合时代需求的新型自主学习。相较于自主学习，关于网络环境下自主学习的概念界定比较单一。世界知名远程教育专家 Desmond Keegan 如此界定网络自主学习：师生在准分离状态下，依靠学习支持服务系统，以个体自主性学习为表现形式，通过网络进行双向通信，并从中受益的学习方式。

与传统的自主学习相同，网络环境下自主学习的侧重点依旧是自主学习过程中学生的主动性。两者的不同之处在于，传统的自主学习是以传统的课堂环境为背景的，而网络环境下的自主学习则是以计算机和互联网技术为依托的。前者受到学生自身、学习内容、课堂环境和教师的影响，后者注重学生、网络环境、网络学习资源以及教师的相互作用。在传统的自主学习过程中，学生并不能完全做到自主，在大多数情况下学生的学习任务是由教师制定的，学习内容可能也是由教师提供的，学习环境通常就是教室。而在网络环境下的自主学习过程中，学生本身是绝对的主导者，教师只是作为引导者为学生提供适时的指导和协助，学生利用丰富多样的网络学习资源开展自主学习，而且学习环境也不再局限于传统的教室，而是可以在任何可以联网的地点。

1. 网络自主学习的优点

1）学生的主体性强

学生是自主学习的核心，在整个学习过程中占有主体地位，网络环境下的自主学习更加凸显了学生的主体性。在网络环境下，学习氛围和学习环境相较于传统的自主学习更为宽松，此时学生的主体地位得到凸显，从而使得学生能够产生独立意识，进入自主的能动状态，从而更加充分地发挥其主动性和创造性。

2）学生的自由度大

计算机网络是一个开放的共享网络，学生在开展网络自主学习时，可以根据自身的学习需求、学习兴趣及学习任务，在不受时间和空间限制的情况下任意选择网络学习资源、安排学习时间、调整学习策略。学习过程中的沟通交流对象也不再是固定的导师，而可以是网络世界中的任意对象。

3）学生与外界的合作度高

自主学习并不是学生独自进行的孤立的学习行为，它需要学生在学习过程中与教师或者其他对象进行交流，从而解决在学习过程中遇到的困难和问题。网络自主学习更是如此，因为除了学习中可能出现的问题，学生在进行网络自主学习时，还可能遇到计算机硬件问题、网络问题等，这时候与外界的沟通和合作就更为关键了。此外，学生可以利用网络寻找具有相同学习目标的其他学生进行相互交流，从而更好地完成学习目标，同时提高团队意识和协作能力。

2. 网络自主学习的缺点

1）学习过程中的不可控性高

与传统的自主学习相比，网络环境下的自主学习更加灵活，学生的自由度更大、自主空间更多，学生需要独自面对海量的学习资源，掌控学习过程，实现学习目标。然而，在通常情况下，进行网络自主学习的学生无论是在认识水平还是分辨能力方面都有所欠缺，其价值观、人生观和道德观还不够成熟，面对网络环境下纷繁复杂的网络资源可能很难做出正确的选择和判断。除此之外，部分学生的控制力较低，面对不良网络资源无法抵制诱惑，容易造成学生信仰的缺失，误入歧途，有的甚至会对学生人生观和价值观的形成产生负面影响。

2）网络自主学习的学习效率低下

学生在开展网络自主学习时具有诸多不可控因素，这种现象必然会使学生的学习效率受到影响。一方面，丰富的网络资源为学生的学习提供了良好的学习条件；另一方面，信息超载会使学生丧失选择能力，陷入迷茫。同时，网络资源的同质化和无序性都增加了学生选择和判断的难度，造成学习时间的浪费，从而降低了网络自主学习的学习效率。不仅如此，开放的、交互性的计算机网络能够使学生快速实现与外界的交流，也使得学生暴露在网络环境中，容易受到外界的干扰，无法专注地进行学习。

二、自主学习的理论观点

（一）操作主义观

以斯金纳为代表的操作主义学派认为，自主学习本质上是一种操作性行为，它是基于外部奖赏或惩罚而做出的一种应答性反应。自主学习包含 3 个子过程：自我监控、自我指导和自我强化。自我监控是指学生针对自己的学习过程所进行的一种观察、审视和评价；自我指导是指学生采取的一些致使学习趋向学习结果的行为，包括制订学习计划、选择适当的学习方法、组织学习环境等；自我强化是指学生根据学习结果对自己做出奖赏或惩罚，以利于维持或促进积极的学习状态。

（二）人本主义观

在 20 世纪 80 年代以后，一些人本主义心理学家对自主学习的内在心理机制进行了系统、深入的分析。McCombs 认为，自主学习是个体自我系统发展的必然结果，自主学习受自我系统的结构和过程的制约。影响自主学习的过程包括计划、设置目标、选择学习策略、自我监控和自我评价等，它们的发展水平直接影响到自主学习过程的质量。自主学习的过程由 3 个阶段组成，其中目标设置和计划以及策略的选择是第一阶段，后面两个阶段则分别是对前一个阶段所制订计划的执行和评价。如果要加强学生的自主学习，就需要双管齐下，一方面协助学生正向地识别自身所具有的能力，另一方面则必须加强对自我过程的训练。

（三）信息加工观

自主学习的信息加工理论是以意大利心理学家 S.H.Winne 为代表的一些研究者提出的，该理论用信息加工的控制论来解释自主学习。它认为，自我信念是自主学习动机的来源，而结果预期、归因、效能评判和价值观等都是自我信念的一部分，它们与外界信息相同，个体在无数次循环检测中对其进行反复加工，从而对个体的学习起到积极的调节和促进作用。该学派认为，应该有效利用计算机辅助教学，为学生提供信息和反馈，以提高其自主学习能力。

（四）社会认知观

以班杜拉为代表的一些研究者提出的社会学习理论从行为、环境、个体的内在因素三者之间的交互作用来解释自主学习。该理论认为，自主学习本质上是学生基于学习行为的预期、计划与行为现实之间的对比、评价来对学习进行调节和控制的过程。自主学习包括 3 个具体的过程：自我观察、自我判断、自我反应。自我观察是指学生对自己的学习行为的观察和了解；自我判断是将观察到的学习结果与学习标准相比较而做出的判断和评价；自我反应是基于对学习的自我判断和评价而产生的内心体验或行为表现。

（五）自主意志观

自主学习的意志理论是由德国心理学家 J.Ku-hl 和美国心理学家 L.Corno 等提出的。该理论认为，学生的自主学习实际上是一种意志控制过程，强调学生作为主体的一面，是行为活动的执行者。也就是说，学生在自主学习过程中依靠意志的力量克服其所遇到的一切困难，从而完成学习过程。Corno 将自主学习过程分为内隐的自我控制（包括认知监控、情绪监控与动机监控）和外显的自我控制（包括学习环境中的事物控制与任务控制）。

（六）言语指导观

以维果斯基为代表的维列鲁学派认为，自主学习本质上是一种言语的自我指导过程，是个体利用内部言语主动调节自己学习的过程。他们把儿童的言语发展分为外部言语、自我中心言语、内部言语 3 个由低到高的阶段，并指出，就儿童的学习活动来说，在外部言语阶段，主要由外界社会成员的言语来指导和控制；在自我中心言语阶段，主要靠他们对自己的出声言语即自我中心言语来调节；而在内部言语阶段，主要由他们的不出声的内部言语来指导和控制，因此自主学习实际上是儿童言语内化的结果。

（七）认知建构主义观

以弗拉维尔为代表的认知建构主义学派认为，自主学习实际上是元认知监控的学习，是学生根据自己的学习能力、学习任务的要求，积极主动地调整学习策略和努力程度的过程。学生应该是信息加工过程的主体，是知识意义的主动建构者，自主学习要求个体对为什么学习、能否学习、学习什么、如何学习等问题有自觉的意识和反应，学生在内在学习动机的驱使下，主动利用资源，根据自身需求建构知识，实现学习目标。

三、自主学习的理论基础

自主学习模式的兴起与教育心理学的发展分不开。当代教育心理学的三大主要流派——人本主义、认知主义和建构主义都强调教育必须以学生为中心，而自主学习理念正是在这些理论背景下形成和发展起来的。

（一）人本主义学习理论

人本主义心理学是20世纪60年代兴起的一个心理学流派。马斯洛（Maslow）对心理学的重大贡献之一是他的基本需要理论。人本主义的另一代表人物罗杰斯（Rogers）更加强调发挥人的学习潜力。他认为，只有当学生感觉到所学内容与他个人相关并积极参与时，学习才是有意义的，这样的学习才能持久、深入。他还指出，人的学习以自主学习的潜能的发挥为基础，学习的目的是学会自由和自我实现。

人本主义学习论者认为，学习是具有独特品质的人的学习；学生的需要、情感、意愿必须得到充分重视与满足。尽管人本主义思想也受到了不少的批评，但其重视学生情感因素的学习观点还是正确的。由此可见，学生自主理念始于人本主义学习理论，以个人为中心的自主学习策略是人本主义思想的最直接体现。

（二）认知主义学习理论

认知主义学习理论有早期认知主义学习理论与现代认知主义学习理论之分。早期认知主义学习理论有苛勒（Kohler）等的“顿悟说”，又称格式塔（Gestalt）理论，还有托尔曼（Tolman）的“认知—期待说”。由于这些理论建立在动物心理学的研究基础上，他们阐述的实际上是知觉水平的认知，所以对实际教学的意义不大。现代认知主义学习理论有许多流派，其中布鲁纳（Bruner）的“认知—发现说”、奥苏泊尔（David P. Ausubel）的有意义言语学习理论及加涅（Gagne）等的信息加工理论等是主要的认知主义学习理论。

现代认知心理学对学生自主理念的启示在于：首先，强调教学必须以学生为中心，教学研究的主要任务由研究“如何教”到研究“如何学”；其次，布鲁纳的“认知—发现说”则比较强调学生通过教师指导自主地发现事实、理解概念和原理。当然，现代认知主义学习理论同样重视教师如何给学生以有意义的教学指导、如何结合信息加工理论设计更合理的教学大纲等。从这个意义上来讲，它对学生自主理念的影响相对小于其他两大学习理论。

（三）建构主义学习理论

建构主义学习理论是目前教育心理学的热门理论之一。建构主义是受皮亚杰（Piaget）的认知发展心理学（Cognitive Developmental Psychology）和维果茨基（Vygotsky）的社会互动理论（Social Inter-actionism）的启发而发展起来的新兴的教育心理学流派。Williams和 Burden 吸取人本主义、认知主义以及社会互动理论思想精华提出的社会建构主义理论可能是迄今为止最完善的建构主义理论。他们提出的社会建构主义的教学模式包含 4 个关键因素：教师、学生、任务和环境，其中任何一个因素都不可能孤立于其他因素而存在，它们之间的交互是一个动态的、发展的过程。在这一过程中，教师设置体现自己教学理念的教学任务，学生作为个人理解这些任务的意义和相关性，任务则成为教师和学生的连接界面。

（四）三个理论基础之间的关系

自主学习是现代教育心理学尤其是人本主义、认知主义、社会建构主义学习理论的结晶。它吸取了人本主义必须重视人的情感因素的思想，强调在教师的指导和帮助下学生参与甚至决定整个教学过程；它采纳了认知主义的“认知—发现说”，强调知识的获得主要是通过学生自己发现的；它又及时借鉴了建构主义特别是社会建构主义思想，强调学生是教学过程中的主体，教师是组织者、指导者、帮助者和促进者，强调学习环境（如自主学习中心）与社会互动（如合作学习）的重要性。可以说，自主学习是一种起源于人本主义，随着认知主义、建构主义的兴起而逐步发展、成熟起来的新的教学理念。

四、自主学习的试验研究

（一）自我效能感在自主学习中的作用

社会认知理论认为，自我效能感是影响学生自主学习的一个重要变量。大量实验研究证实，学生的自我效能感与学习策略的运用，以及对策略运用的自我监控有着密切的联系。效能感高的学生比效能感低的学生能更多地使用学习策略，对学习结果有更多的监控。“学业自我效能感通过影响学生的目标等级，直接或间接地影响学生的成绩。”“自主学习的自我效能感对学生的动机性信念和体验到的学业成功都具有一定的积极影响。”马尔顿（Multon）等对一项研究做了元分析，研究了自我效能感与学业成绩之间的关系，结果发现，自我效能感与学业成绩之间的相关系数为 0.38，表明有 14%的学业成绩的变异可以归因于自我效能感。

（二）学习目标在自主学习中的作用

自主学习本质上是一种自我调节的学习，即个体主动选择、调节、控制自己的学习的过程。要对学习进行自我调节，就必须有用于引导行为的参照点。因此，目标被看成自主学习的核心构成成分。Pintrich 将人的学习目标分为两个维度、四种形式，即追求——掌握性目标，在这样的目标下，个体关注的是掌握知识和技能及自我提升；追求——表现性目标，个体关注的是胜过他人，显示自己的能力；回避——掌握性目标，个体关注的是避免误解，不能完成任务；回避——表现性目标，个体关注的是避免产生自卑感，让别人看不起自己。研究发现，学生具有不同的学习目标会影响其学习任务的选择、完成任务的坚持性和付出努力的程度。Pintrich 研究证实，采用掌握学习目标的学生与采用其他目标的学生相比，表现出更多的深度认知加工，更多地使用自主学习策略。Pintrich 研究还发现，“具有掌握性目标的学生比拥有表现性目标的学生更倾向于使用深加工策略，付出更大的认知努力，并对学习具有积极的情感”。

（三）归因倾向在自主学习中的作用

归因理论认为，学生把学业的成功与失败归因于能力、努力、任务难度、运气等因素，并提出归因的可控性、内外部、稳定性 3 个维度。学生所采取的归因方式会影响其对未来成功的期望、情绪反应、任务选择、努力程度、坚持性以及学业成绩。研究表明，个体的归因对其自主学习有重要的影响。一般来说，如果个体把自己的学习成功归因于能力，把学习失败归因于努力不够，就更容易激发其进行自主学习；如果个体把自己的学业成功归因于外部不可控的因素，把学业失败归因于自身能力不足，就会影响其学习的主动性。那些把学习失败归因于稳定的内部原因的学生，在学习过程中会表现出消极、焦虑、低自尊。学习比较自主的学生倾向于把自己的学业失败归因于可以弥补或纠正的原因，把自己的学业成功归因于自己的努力。

（四）意志控制水平在自主学习中的作用

意志控制是以 Corno 为代表的意志学派极为强调的一种自主学习品质。他们认为，在学习过程中，学生难免会遇到这样或那样的学习困难和干扰，如一时难以理解的问题、身心的疲惫、情绪的烦恼等，这时就需要学生用意志努力来控制自己，坚持进行学习。正是有了较强的意志控制力，学生自主学习时才能够顽强地克服学习过程中的困难，排除学习过程中的外界干扰，实现自己的学习目标。

（五）情绪因素在自主学习中的作用

情绪因素（喜悦或焦虑）也能影响学生的自主学习。学习中最重要的情绪因素是考试焦虑，许多研究都表明，考试焦虑与学生自主学习策略的有效运用呈负相关。Hill 和 Wigfield 的研究证实，高焦虑情绪的学生比低焦虑情绪的学生更少使用自主学习策略，有更低的任务坚持性。

第三节 终身学习理论

一、终身学习的内涵及其特征

（一）终身学习的提出背景

终身学习理念源远流长，我国早在古代就有“活到老，学到老”的淳朴而又深刻的生活和学习思想。著名教育家富尔在 20 世纪 70 年代指出，在变化急剧的当代社会，人们不应该成为教育的对象，而应该成为教育的主体。可以说，教育的重心应当从传统的讲授式教学转变为培养学生的自学能力。也就是说，创造性的教育理念在于使学生成为学习的主人和创造者。

联合国教科文组织在 1996 年提出终身学习的 4 个要点：“学会认知”（Learning to know）、

“学会做事”（Learning to do）、“学会合作”（Learning to live together）、“学会生存”（Learning to be）。终身教育要围绕这 4 个要点展开。终身学习理念在国际社会广泛流行，被人们普遍接受，成为国家教育的基本战略。

欧洲在 2002 年提出终身学习的 4 个质量指标：一是与个体相关的“技能、能力和态度”；二是与个体发展息息相关的制度；三是作为基础的“终身学习的资源”；四是终身学习的方法与策略。欧盟在 2007 年提出终身学习的主要定位有 3 个：一是建设一个包容性的社会；二是改变教育和培训的方法；三是激励人们都参与到现代公共生活中。

在知识飞速发展的今天，终身学习强调自学的重要性，并鼓励学生独立地进行学习。终身学习是终身的、连续的过程，这意味着知识经济时代的学习观念将发生根本性的改变，即把学习从单纯接受学校教育的学习中扩展开来，从少数人的行为扩展到所有人的行为，从阶段性学习扩展到人的终身学习。

（二）终身学习的内涵

早期的终身学习与终身教育关系较为紧密，它们在历史进程中几乎是被同步提出的，它们的含义也几乎相同。从教育界的角度来看，两者之间最明显的区别是，终身教育侧重于从教育实施者的角度提供教育，希望改革或者改变现有的教育体系；终身学习主要从个人学生的角度出发，目的是强调学生的主体地位。终身教育提供的教育机会可转化为终身学习的自主学习机会。终身学习思想是终身教育思想的延伸和发展，是终身教育体系的终极目标和最高境界。在终身学习的不断发展下，相比终身教育，两者出现了更为明显的不同特征，终身学习可以与人力资本投资和学习的经济利益更紧密地联系在一起，并且开始强调并逐步增强个体的主体作用与责任担当。

“终身学习”是 20 世纪 60 年代终身教育理论提出以后的一种概念延伸和拓展，是指社会每个成员为适应社会发展和实现个体发展的需要，贯穿于人的一生的持续性的学习过程，它具有终身性、全民性、广泛性等特点。终身教育（Life-long Education）的概念最早出现于 1919 年，当时英国将这个概念放到了现代教育体系之中。在中国古代的传统教育理念中，也早就有针对孩童的“及早管教”与针对成年人的“活到老，学到老”的说法。终身学习从另一个角度深化与发展了终身教育的内涵，同时也凸显了人们对终身教育理念的认识由量变向质变转化的深入过程。而这一过程又与社会的转型、人口结构的变化、经济科技的发展与竞争以及现代人类的文化生活的变迁等社会条件的变化及所产生的深刻国际背景有着密切关系。换言之，终身学习理念的形成是建立在终身教育思想的基础之上的，而终身教育作为推动现代社会发展的一股强大的教育思潮，已经被世界各国导入并推崇。

（三）终身学习的特征

就目前的状况来看，学术界对终身学习的特征已经达成以下几点共识。

1. 强调终身教育的主体转换

终身学习凸显了学生的作用与地位，强调其学习的自主性与主动性，并主张教育的核心问题是学习而不是教育。随着社会的发展与进步，以及生产型需求向消费型需求的转变，人们越来越认识到：“学习”将是学生在一生中出于各种原因而自主、自愿地进行的活动，因为只有积极而主动的学习活动才是有效和长久的，所以也只有学生自身才是学习活动的真正主体。

2. 强调学生个体的学习权利

学习已经不再是过去精英时代个别人才能享有的特权，它已经成为每一个人的基本权利之一。换言之，它指的是社会中的每一个成员都应公平地享有学习机会。诚如终身学习的概念所指出的，它蕴含着人们普遍享有学习机会的共同期望。所有公民在其一生中，无论年龄、性别、职业、收入、种族、地域等存在何种差异，只要某人自身有需要，这个政府或社会就应该在可能的情况下，为其提供适合他学习的机会和场所。简言之，终身学习理念注重的是保障公民的学习权，尤其是弱势群体的受教育权，因此，一个民主的政府或社会都应对这一基本权利的实现给予法律层面的保障。

3. 重视学生个体的参与意识

终身学习的主要特征之一是个别化和个性化的学习。换言之，它注重学生的个性，同时旨在满足学生的多种学习需求。由于每个人都是具有生命的个体，因而都具有其独特的个性、特长与爱好。又由于每个人在社会上需要扮演各不相同的多重角色并承担多种责任，所以不同的人会在不同阶段、不同场合产生不同的学习需求。而终身学习的特殊使命就在于满足这种多样性、多元化及个性化的学习需求。

正是在上述终身学习理念的推动下，社会的教育功能及人才培养方式才随之发生变革。而高等教育作为教育体系中的重要组成部分，它在培养社会需要的创新型人才方面，也得益于终身学习的启发，而在促进内部结构改革及实现个体终身发展的过程中取得了重大突破。

二、终身学习的特点

（一）终身性

这是终身教育最大的特征，这不仅是一个时间上的终身过程，而且是一个从自身出发的随时学习的过程，这就要求学生在其生命历程中进行学习的全过程是一个横纵向相交融的、可持续发展的学习过程。它突破了正规学校的框架，把教育看成个人一生中连续不断的过程，是人们在一生中所受到的各种培养的总和，实现了从学前期到老年期的整个教育过程的统一。它既包括正规教育，又包括非正规教育。它涵盖了教育体系的各个阶段和各种形式。

（二）全民性

终身教育的全民性是指接受终身教育的人包括所有的人，无论男女老幼、贫富差距、种族性别。联合国教科文组织汉堡教育研究员达贝提出终身教育具有民主化的特色，反对教育知识为所谓的精英服务，使具有多种能力的一般民众能获得平等的教育机会。事实上，当今社会中的每一个人都要学会生存，而要学会生存就离不开终身教育，因为生存与发展是时代的主流，学会生存必须学会学习，这是现代社会给每个人提出的新课题。

（三）广泛性

终身教育既包括家庭教育、学校教育，也包括社会教育。可以这么说，它包括人的各个阶段，是一切时间、一切地点、一切场合和一切方面的教育。终身教育拓宽了学习天地，为整个教育事业注入了新的活力。

（四）灵活与实用性

现代终身学习具有灵活性，对于学习的形式是不作限定的，表现在任何需要学习的人都可以随时随地接受任何形式的教育，不仅包括传统意义上的校园教育，而且包括社会上各类非正式学习活动，学生可以根据自己的学习目的与实际需求选择适合自己的学习时间、地点、内容、方式等。

第四节　建构主义学习理论

一、建构主义学习理论概述

（一）建构主义学习理论的内涵

建构主义学习理论认为，学习是一种学生在社会文化互动中基于原有的知识经验生成意义、建构理解的过程，其强调学生的主动性，是一种关于知识与学习的理论。以学生为中心，是基于建构主义新模式的本质思想。

（二）相关概念

1. 图式

图式指个体对世界的知觉理解和思考的方式，也可以把它看作心理活动的框架或组织结构，其是认知结构的起点和核心，或者说是人类认识事物的基础。

2. 同化

同化指学习个体对刺激输入的过滤或改变过程，也就是个体在感受刺激时把它们纳入头脑中原有的图式之内，使其成为自身的一部分。

3. 顺应

顺应指学生调节自己的内部结构以适应特定刺激情境的过程。当学生不能用原有图式来同化新的刺激时，便要对原有图式加以修改或重建，以适应环境。

4. 平衡

平衡指学生个体通过自我调节机制使认知发展从一个平衡状态向另一个平衡状态过渡的过程。

（三）建构主义学习理论的特征

建构主义学习理论的特征主要包括以下几个方面。

（1）强调学生是知识的主动建构者，学生需要把外界传递的信息通过主动的建构变成自身的知识。在教学过程中教师扮演着组织者、指导者、意义建构的帮助者、促进者的角色，在学生的学习过程中起着中介作用。

（2）强调创设良好的学习情境。在新模式下，需要为学生进行知识互动提供具有良好体验的学习情境，这种学习情境不仅能满足学生的学习需求，而且能为学生创造真实的交流互动环境。

（3）强调协作学习的重要性，认为协作学习对知识建构的作用是十分关键的。在新模式下，协作学习不仅包括教师与学生之间的交流协作，而且包括学生与教学资源及教学环境之间的相互联系。

（4）强调创设互动的学习环境。在新模式下的知识互动过程中，教学平台和教师需要为学生提供多样的教学媒体、教学资料、学习环境等，培养学生的主动探索精神，为学生的知识建构提供支持服务。

二、建构主义学习理论的基本观点

建构主义学习理论是近年来在西方国家兴起的一种新的学习理论，是认知学习理论的一个重要分支，其最早提出可追溯到瑞士心理学家皮亚杰创立的儿童认知发展。建构主义教学遵循两条基本原理：一是知识不可能被动接受，只可能被主体所创造；二是认知功能具有适应性，并适应于经验世界的构造。经历了对布鲁纳、维果茨基、维特罗克等的早期建构主义思想的不断发展，现代建构主义学习理论认为个体的认知发展与学习过程密切相关，同时伴随着对认知心理学的批判和发展。

建构主义学习理论认为，学习是学生从原有经验出发，通过调整或改组，与新经验发生交互，从而建构起的新结构。该理论强调以学生为中心，把学生看作知识意义的主动建构者。在教学过程中，学生将新知识与自身原有经验发生有意义的关联，与旧知识相互作用，以改组或调整的形式来丰富并建立新的认知结构。以上的知识建构过程，在外部同侪或教师的“会话”支持下，组建学习共同体，发生实践活动，能够更好地完成对学习内容的加工。

建构主义强调学生对知识进行主动地探索，发现新知识与旧知识的内在联系。影响建构主义的因素主要有“情境”“协作”“会话”“意义建构”。“情境”是指在开始学习之前，教师要通过教学设计，创设出有利于学生进行“意义建构”的情境，该情境可以有效地刺激学生对原有认知的回忆，并通过知识之间的内在联系对新知识加以吸收和理解。“协作”发生在学习活动的全过程，是师生、生生之间的相互协作，包括对学习资料的收集与整理、对提出的假设进行验证。“会话”是指学习群体之间的交流互动，是资源的分享过程。“意义建构”是学习活动的最终目标，是对知识本质的掌握，是对规律以及事物之间内在联系的了解。

（一）对学习性质与学习活动本质的理解

作为一种新型的学习理论，建构主义认为学习是建构内在心理表征的过程。学生获得知识和技能的形成不是通过教师的讲授得到的，而是学生以原有的知识经验和技能为基础，在一定的情境即社会文化背景下，借助其他人（包括教师和学习伙伴）的帮助，利用必要的学习资料（如网上的信息资源、多媒体课件、音像资料、文字材料等），通过“意义建构”的方式而获得的。建构主义学习理论认为，“情境”“协作”“会话”“意义建构”是学习环境中的四大要素或四大属性。它强调“情境”对“意义建构”的作用，认为学习总是与一定的情境相联系的。

（二）对学生的理解

学习的质量是“意义建构”能力的函数，而不是学生重视教师思维过程能力的函数。建构主义提倡在教师指导下、以学生为中心的学习，认为学生是认知的主体，是信息的加工者、组织者、创造者，是知识意义的主动建构者，而不是外部刺激的被动接受者和被灌输的对象。它认为应把学生现有的知识经验作为新知识的生长点，引导学生从原有的知识经验中“生长”出新的知识经验。教学不是知识的传递，而是知识的处理和转换。也就是说，获得知识的多少取决于学生根据自身经验去建构有关知识意义的能力，而非取决于学生记忆和背诵教师讲授内容的能力。

（三）对教师的理解

建构主义学习理论在强调学生认知的主体作用的同时，仍然重视教师的指导作用。它认为教师是学生知识意义建构的组织者、指导者、帮助者、协作者和促进者，而不是知识的传授者与灌输者。在教学中，教师的主要任务是激发学生的学习兴趣，帮助学生形成强烈的学习动机，创设符合教学内容的情境，提供新旧知识之间联系的线索，组织学生开展合作学习。学生在教师的指导下，把当前所学内容与自己已有的知识经验联系起来，使自己成为知识的主动建构者。

三、建构主义的理论基础

（一）建构主义的哲学基础

追溯建构主义的哲学基础，需从维科（Vico）谈起。他被当今激进建构主义者称为“18世纪初建构主义的先驱”，他曾精辟地说道：“上帝了解这个世界，因为他创造了这个世界；人只能了解他们所创造的东西。”在《新科学》一书中，他指出，人类历史的进程是社会文化各个方面相互联系、相互作用的有机进程，“真理就是创造”，认为人类史是人类自己创造的；而建构主义者运动的渊源则可从杜威的“实验学校”中找到线索。杜威（Dewey）把思想、理论和概念都看作人适应环境的手段，真理只是一种有用的假设，“真理就是效用”。

其后结构主义的上升，特别是皮亚杰所提出的发生学结构主义，成为建构主义的直接来源；同时期的西方科学哲学中“历史主义学派”的兴起，特别是库恩（Kuhn）有关认识论的主张，也给建构主义提供了更为稳固的哲学基础。库恩提出“范式理论”，认为科学家认识的世界并不是客观存在的世界，而是主观约定的世界；范式也并不是客观世界的知识，而只是不同科学家集团在不同心理条件下产生的不同信念。因此，“科学家并没有发现自然的真理，也没有越来越接近真理”。从 20 世纪 60 年代开始的后现代主义哲学更是给予建构主义极大的支持，甚至有学者将建构主义本身归于后现代主义理论体系中。后现代主义哲学家罗蒂（Rorty）所提出的反表象主义（Anti-Representationalism）认为，心灵并不能准确地反映实在，因此真正客观、准确的知识并不存在，反表象主义因而成为建构主义主要的认识论。维科的“新科学”、杜威的“实用主义”、库恩的“范式理论”、皮亚杰的“发生学结构主义”及罗蒂的“反表象主义”都为建构主义的产生与发展提供了思想来源，建构主义也正是在这些哲学基础上形成的。

（二）建构主义的心理学基础

建构主义的形成与发展离不开心理学理论的支持，建构主义本身就是认知理论的一种发展。皮亚杰与维果茨基对于建构主义的发展做出重要贡献，皮亚杰的发生认识论与维果茨基的心理发展理论也成为建构主义的重要心理学基础。皮亚杰的发生认识论是在批判旧认识论的基础上建立起来的，认为知识是由主体逐渐建构而成的，而不是先于主体而存在的。儿童主动参与学习的过程，通过“同化”和“顺应”的方式，建立起知识结构。20 世纪 70 年代末，布鲁纳等美国教育心理学家将维果茨基的思想介绍到美国，推动了建构主义思想的发展。维果茨基的心理发展理论认为，人类的行为是发生在文化的脉络中的，发展就是将社会共享行为内化这一转化过程，因此学习和发展是在社会与文化的脉络中得以发生的。

认知心理学也为建构主义提供了心理学基础。认知心理学，尤其是情境认知与学习理论对“处境主义”的重视，强调真实的学习应在有意义的处境中出现，参与基于社会情境的一般文化实践是个人认知的源泉。虽然实用主义所衍生的进步主义运动和改革教学法与欧洲所强调的“社会文化理论”及处境认知有不同的理论取向，但这两者的相同点在于“重建”。

四、建构主义理论下的教学方法

与建构主义学习理论和建构主义学习环境相适应的教学模式为：“以学生为中心，在整个教学过程中由教师发挥组织者、指导者、帮助者和促进者的作用，利用情境、协作、会话等学习环境要素充分发挥学生的主动性、积极性和发扬学生的首创精神，最终达到使学生有效地实现对当前所学知识的意义建构的目的。”在这种模式中，学生是知识意义的主动建构者；教师是教学过程的组织者、指导者，意义建构的帮助者、促进者；教材所提供的知识不再是教师传授的内容，而是学生主动建构意义的对象；媒体也不再是帮助教师传授知识的手段、方法，而是被用来创设情境、进行协作学习和会话交流，即作为学生主动学习、协作式探索的认知工具。显然，在这种场合下，与传统教学相比，教师、学生、教材和媒体四要素有各自完全不同的作用，彼此之间有完全不同的关系。然而，这些作用与关系也是非常清楚、非常明确的，因而成为教学活动进程的另一种稳定结构形式，即建构主义学习环境下的教学模式。

在建构主义的教学模式下，目前已开发出的、比较成熟的教学方法主要有以下几种。

（一）支架式教学

支架式教学被定义为：“支架式教学应当为学生建构对知识的理解提供一种概念框架。这种框架中的概念是发展学生对问题的进一步理解所需要的，为此，事先要把复杂的学习任务加以分解，以便于把学生的理解逐步引向深入。”

支架原本指建筑行业中使用的脚手架，在这里用来形象地描述一种教学方式：儿童被看作一座建筑，儿童的“学”是在不断地、积极地建构自身的过程；而教师的“教”则是一个必要的“脚手架”，支持儿童不断地建构自己，不断地建造新的能力。支架式教学是以著名心理学家维果茨基的“最近发展区”理论为依据的。维果茨基认为，在测定儿童智力发展时，应至少确定儿童的两种发展水平：一是儿童现有的发展水平；二是儿童潜在的发展水平。这两种水平之间的区域被称为“最近发展区”。教学应从儿童潜在的发展水平开始，不断创造新的“最近发展区”。支架式教学中的“支架”应根据学生的“最近发展区”来建立，通过支架作用不停地将学生的智力从一个水平引导到另一个更高的水平。

支架式教学由以下几个环节组成。

（1）搭“脚手架”——围绕当前学习主题，按“最近发展区”的要求建立概念框架。

（2）进入情境——将学生引入一定的问题情境。

（3）独立探索——让学生独立探索。探索内容包括：确定与给定概念有关的各种属性，并将各种属性按其重要性排列。在探索开始时，要先由教师启发引导，然后让学生自己去分析；在探索过程中，教师要适时提示，帮助学生的概念框架逐步完善。

（4）协作学习——进行小组协商、讨论。讨论的结果有可能使原来确定的、与当前所学概念有关的属性增加或减少，各种属性的排列次序也可能有所调整，并使原来多种意见相互矛盾且态度纷呈的复杂局面逐渐变得明朗、一致起来，在共享集体思维成果的基础上达到对当前所学概念比较全面、正确的理解，最终完成对所学知识的意义建构。

（5）效果评价——对学习效果的评价包括学生个人的自我评价和学习小组对个人的学习评价，评价内容包括：自主学习能力，对小组协作学习所做出的贡献，是否完成对所学知识的意义建构。

（二）抛锚式教学

抛锚式教学要求建立在有感染力的真实事件或真实问题的基础上。确定这类真实事件或问题被形象地比喻为“抛锚”，因为一旦这类事件或问题被确定了，整个教学内容和教学进程也就确定了（就像轮船被锚固定一样）。建构主义认为，学生要想完成对所学知识的意义建构，即达到对知识所反映事物的性质、规律以及该事物与其他事物之间联系的深刻理解，最好的办法是让学生到现实世界的真实环境中去感受、去体验（通过获取直接经验来学习），而不是仅仅聆听别人（如教师）关于这种经验的介绍和讲解。由于抛锚式教学要以真实事件或问题为基础（作为“锚”），所以有时也被称为“实例式教学”“基于问题的教学”“情境性教学”。

抛锚式教学由以下几个环节组成。

（1）创设情境——使学习能在和现实情况基本一致或相类似的情境中发生。

（2）确定问题——在上述情境下，选出与当前学习主题密切相关的真实事件或问题作为学习的中心内容。选出的事件或问题就是“锚”，这一环节的作用就是“抛锚”。

（3）自主学习——不是由教师直接告诉学生应当如何去解决面临的问题，而是由教师向学生提供解决该问题的有关线索，并特别注意发展学生的“自主学习”能力。

（4）协作学习——讨论、交流，通过不同观点的交锋，补充、修正、加深每个学生对当前问题的理解。

（5）效果评价——由于抛锚式教学的学习过程就是解决问题的过程，由该过程可以直接反映出学生的学习效果，因此，对这种教学效果的评价不需要进行独立于教学过程的专门测验，只需在学习过程中随时观察并记录学生的表现即可。

（三）随机进入教学

基于事物的复杂性和问题的多面性，要做到对事物内在性质和事物之间相互联系的全面了解和掌握，即真正达到对所学知识的全面而深刻的意义建构是很困难的，往往从不同的角度考虑可以得出不同的理解。为了克服这方面的弊端，在教学中要注意，对相同的教学内容，要在不同的时间、不同的情境下，为不同的教学目的用不同的方式加以呈现。换句话说，学生可以随机通过不同途径、不同方式进入同样教学内容的学习，从而获得对同一事物或同一问题的多方面的认识与理解，这就是所谓“随机进入教学”。显然，学生通过多次“进入”同一教学内容，将能达到对该知识内容比较全面而深入的掌握。这种多次进入绝不像传统教学中那样，只是为巩固一般的知识、技能而实施的简单重复学习。这里的每次进入都有不同的学习目的和不同的问题侧重点。因此，多次进入的结果绝不仅仅是对同一知识内容的简单重复和巩固，而是使学生获得对事物全貌的理解与认识上的飞跃。

随机进入教学主要包括以下几个环节。

（1）呈现基本情境——向学生呈现与当前学习主题的基本内容相关的情境。

（2）随机进入学习——取决于学生“随机进入”学习所选择的内容，而呈现与当前学习主题的不同侧面特性相关联的情境。在此过程中，教师应注意发展学生的自主学习能力，使学生逐步学会自己学习。

（3）思维发展训练——由于随机进入学习的内容通常比较复杂，所研究的问题往往涉及许多方面，因此，在这类学习中，教师还应特别注意发展学生的思维能力。

（4）小组协作学习——围绕呈现不同侧面的情境所获得的认识展开小组讨论。在讨论中，每个学生的观点在和其他学生以及教师一起建立的社会协商环境中受到考察、评论，同时每个学生也对别人的观点、看法进行思考并做出反应。

（5）学习效果评价——包括自我评价与小组评价。评价内容包括：自主学习能力，对小组协作学习所做出的贡献，是否完成对所学知识的意义建构。

五、建构主义学习环境下的教学设计原则

建构主义学习理论强调以学生为中心，认为学生是认知的主体，是知识意义的主动建构者；教师只对学生的“意义建构”起帮助和促进作用，并不要求教师直接向学生传授和灌输知识。在建构主义学习环境下，教师和学生的地位、作用与传统教学相比已发生很大的变化。近年来，教育技术领域的专家进行了大量的研究与探索，力图建立一套能与建构主义学习理论和建构主义学习环境相适应的全新的教学设计理论和方法体系。尽管这种理论体系的建立是一项艰巨的任务，非短期内能够完成，然而其基本思想及主要原则已日渐明朗，并已开始实际应用于指导基于多媒体和互联网的建构主义学习环境的教学设计。建构主义使用的教学设计原则如下。

（一）强调以学生为中心

明确“以学生为中心”，这一点对于教学设计有至关重要的指导意义，因为从“以学生为中心”出发和从“以教师为中心”出发将得出两种截然不同的设计结果。至于如何体现以学生为中心，建构主义认为可以从以下 3 个方面努力：

（1）要在学习过程中充分发挥学生的主动性，要能体现出学生的首创精神。

（2）要让学生有多种机会在不同的情境下去应用他们所学的知识。

（3）要让学生能根据自身行动的反馈信息来形成对客观事物的认识和解决实际问题的方案。

以上三点，即发挥首创精神、将知识外化和实现自我反馈，可以说是体现以学生为中心

的 3 个要素。

（二）强调“情境”对意义建构的重要作用

建构主义认为，学习总是与一定的社会文化背景即“情境”相联系的，在实际情境下进行学习，可以使学生利用自己原有认知结构中的有关经验去同化和索引当前学习到的新知识，从而赋予新知识某种意义；如果原有经验不能同化新知识，则会引起“顺应”过程，即对原有认知结构进行改造与重组。总之，只有通过“同化”与“顺应”才能达到对新知识意义的建构。在传统的课堂讲授中，由于不能呈现实际情境所具有的生动性、丰富性，因而将使学生对知识的意义建构产生困难。

（三）强调“协作学习”对意义建构的关键作用

建构主义认为，学生与周围环境的交互作用对于学习内容的理解（对知识意义的建构）起着关键性的作用。这是建构主义的核心概念之一。学生在教师的组织和引导下一起讨论和交流，共同建立起学习群体并成为其中的一员。在这样的群体中，共同批判地考察各种理论、观点、信仰和假说；进行协商和辩论，先内部协商，再相互协商。通过这样的协作学习环境，学生的群体思维与智慧就可以被整个群体所共享，即整个学习群体共同完成对所学知识的意义建构，而不是其中的某一位或某几位学生完成意义建构。

（四）强调对学习环境的设计

建构主义认为，学习环境是学生可以在其中进行自由探索和自主学习的场所。在此环境中，学生可以利用各种工具和信息资源（如文字材料、书籍、音像资料、CAI 与多媒体课件以及 Internet 上的信息等）来达到自己的学习目标。在这一过程中，学生不仅能得到教师的帮助与支持，而且学生之间也可以相互协作和支持。学习应当被促进和支持，而不应受到严格的控制与支配，学习环境是一个支持和促进学习的场所。在建构主义学习理论指导下的教学设计应是针对学习环境的设计而非针对教学环境的设计。教学意味着更多的控制与支配，而学习则意味着更多的主动与自由。

（五）强调利用各种信息资源来支持“学”

为了支持学生的主动探索和完成意义建构，在学习过程中要为学生提供各种信息资源（包括各种类型的教学媒体和教学资料）。这些媒体和资料并非用于辅助教师的讲解和演示，而是用于支持学生的自主学习和协作式探索。对于信息资源应如何获取、从哪里获取，以及如何有效地加以利用等问题，是主动探索过程中迫切需要教师提供帮助的内容。

（六）强调学习过程的最终目的是完成意义建构

在建构主义学习环境中，强调学生是认知主体、是意义的主动建构者，是把学生对知识的意义建构作为整个学习过程的最终目的。教学设计通常不是从分析教学目标开始的，而是从如何创设有利于学生意义建构的情境开始的，整个教学设计过程紧紧围绕“意义建构”这个中心而展开，不论是学生的独立探索、协作学习还是教师的辅导，总之，学习过程中的一切活动都要从属于这一中心，都要有利于完成和深化对学生所学知识的意义建构。

六、建构主义的学习观与教学观

（一）建构主义学习观

1. 强调学生的经验

建构主义理论认为，知识是主体个人经验的合理化，因而在学习过程中，学生先前的知识经验就变得至关重要；同时学生也不是空着脑袋走进教室的，他们在日常生活中、在以往的学习中，已经形成了比较丰富的经验。而且，有些问题他们即使还没有接触过，没有现成的经验，但一旦接触到，他们往往也会从有关的经验出发，形成对这些问题的某种合乎逻辑的解释。

2. 注重以学生为中心

既然知识是个体主动建构的，无法通过教师的讲解直接传输给学生，那么学生就必须主动参与到整个学习的过程中，并且根据自己先前的经验来建构新知识的意义，这样，传统的老师“说”、学生“听”的学习方式就不复存在了。

3. 尊重个人意见

既然知识并不是说明世界的真理，只是个人经验的合理化，因而建构主义理论主张不以正确或错误来区分人们不同的知识概念。

4. 注重互动的学习方式

建构主义理论认为，知识是个体与他人经由磋商而达成一致的社会建构，因此，科学的学习必须通过对话、沟通的方式，经由大家提出不同看法来刺激个体反省思考，进而在交互质疑辩证过程中以各种不同的方法解决问题，澄清所产生的疑虑，逐渐形成正式的科学知识。

（二）建构主义教学观

1. 从学生的经验出发

教师在传授科学知识之前应认真考虑学生先前的（原有的）知识经验，使要学习的科学知识落在学生可能的建构主义范围之内，并与学生的经验紧密结合。只有这样，才能使学生进行有意义的学习。

2. 角色的调整

教师在教学过程中不再是知识的提供者，而是一个“协助者”，因此要适时给予学生机会，由学生自己去组合（Combine）、批判（Criticize）和澄清（Clarify）新、旧知识的差异，进而搭建起自己新的认知结构。

3. 布置良好的学习情境

教师是学习环境的建构者，在教学活动中应注重调整现有的教学材料，布置适当的问题情境，制造学生在认知上的冲突以引起学生的反省并思考出解决问题的方法，不能只是照本宣科去教学。

4. 鼓励学生反省和思考

以建构主义理论为指导的教学应该鼓励学生对过去一直被认为是理所当然的知识进行再

思考，具体体现在教学中则是要提供适合学生经验背景的教学顺序来促使学生对学习内容有建设性的理解。

5. 重视合作的学习方式

以建构主义理论为指导的教学方式应该是通过师生之间、同学之间充分地沟通互动、辩证协调、澄清以及再建构的过程来使学生非正式的先前经验更接近正式的科学知识，尽管整个教学过程可能要花费相当多的时间让学生自己去建构知识。

综上所述，在以建构主义理论为指导的教与学过程中，学生必须自己通过主动的、互动的方式学习新知识，教师不再是以自己的看法及课本上现有的知识直接教给学生，而是根植于对学生的先前经验的教学；而且，在建构主义理论教学活动中，知识的建构并不只是发生在学生身上，教师同时也在建构自己的知识，在整个教学过程中，教师必须随着教学情境的变化改变自己的知识和教学方式以适应学生的学习，此间，师生之间的情感、心智的学习活动彼此交融着。因此，以建构主义理论为指导的教师本身除了是教学者，同时也是一位学生，这与我国教育传统上所说的“教学相长”的观点不谋而合。

第三章　在线课程资源

第一节　MOOC

一、MOOC 概述

（一）MOOC 的定义

MOOC 是 Massive Open Online Courses 的缩写，中文名为慕课，是一种大规模在线开放课程教育平台，由加拿大爱德华王子岛大学网络传播与创新主任 Dave Cormier 和美国国家人文教育技术应用研究院高级研究员 Bryan Alexander 于 2008 年联合提出。

（二）兴起与发展

MOOC 于 2008 年由加拿大的 Dave Cormier 和美国的 Bryan Alexander 两位学者首次提出，2011 年秋，斯坦福大学创办在线课程平台——Udacity（在线大学），MOOC 于 2011 年秋天被誉为“印刷术发明以来教育界最大的革新”。2012 年 4 月，哥伦比亚大学、杜克大学和普林斯顿大学等 87 所名校联合推出网站——Coursera；2012 年 5 月，麻省理工学院（MIT）和哈佛大学联合推出 edX。Coursera 与 edX、Udacity 并称 MOOC 教育的“三驾马车”，并且在很短时间内，超过 100 万人次的学生注册三大 MOOC 平台学习免费的在线课程。《纽约时报》曾将 2012 年称为“MOOC 元年”。

2012 年，一场由哈佛大学及世界顶尖名校掀起的教育风暴，震动了整个高等教育界。无独有偶，在基础教育界，借助于数字化技术，一场以“翻转课堂”为手段的变革也迅速到来。华东师范大学的陈玉坤教授敏锐地意识到，信息技术催生的这些实践对于满足学生的个性化学习需求、激发学生的学习主动性等会有重要帮助。

2013 年，我国高校也纷纷启动了 MOOC 进程，如香港中文大学、香港科技大学及北京大学、清华大学分别在 Coursera 平台上开课或加入 edX 和 Coursera。截至 2013 年，北京大学已在 edX 和 Coursera 两个平台上投放了 10 余门中文课程，受到了广泛关注；清华大学利用本校技术优势，开发了基于 edX 的共享课平台——“学堂在线”，推出了中国本土的全球首个中文版“慕课”平台，已投放了 23 门课程，吸引了 4 万人次的学生注册学习；上海交通大学、复旦大学于 2013 年 7 月 8 日同时加入 Coursera。

2014 年 6 月，鉴于更多的学校有志于从事 MOOC 和翻转课堂的教学改革实践，上海市静安区教育局、广州市教育局、苏州市教育局与华东师范大学 MOOC 中心协商，联合发起成立 C20 MOOC 联盟。该联盟旨在共同探讨“MOOC+翻转课堂”的教学模式，以实现我国基础教育从知识本位向综合素质本位的转化，推动教育公平，实现优质教育资源的共享，全面提升我国的基础教育质量。该倡议很快得到了众多地区教育部门的响应，目前已有 20 家地市教育局加盟，共同参与“MOOC+翻转课堂”教学模式的改革试验。

2016 年 9 月，教育部印发的《关于推进高等教育学分认定和转换工作的意见》指出，各类高校学生除学习本校课程获得学分外，还可以通过学习校外课程、转换非学历学习成果等方式获得学分，鼓励学生在外校或基于互联网学习平台选修课程，推进高等教育学分认定和转换工作，将坚持以学生为中心、坚持高等学校为主体，坚持实质等效并规范有序。

MOOC 集名校、名师、名课于一身，拥有先进的师资力量，吸引着大规模的学生参与学习，很多学生实现了跟随名师、名校进行学习的梦想。同时，MOOC 集成了学生选课、听课、测验、作业、参与讨论、参加考试、获得证书等一系列完整的课程学习行为。MOOC 不受时间和空间的限制。在传统的课程教学中，最优秀的师资难以同时为数万人共享。MOOC 处于一种时空分离的状态，学生可以不受时空的限制，随时随地通过观看视频、参与讨论、阶段测验等过程完成课程学习，摆脱了传统教室的物理空间限制。MOOC 实现了知识的高效传播。MOOC 的课程信息系统是面向全世界开放的，使得不同专业领域中最新的知识被全世界的学生同时共享，实现了知识的高效传播。

二、MOOC 的教学形式

（一）教学形式

MOOC 是一种在线的教育模式，能将一门课程通过引入知识点、疑点、难点等方式连接整门专业课程的知识结构，突破传统章节目录形式的刻板知识组织结构，有利于学生有针对性地进行学习。对于国内而言，MOOC 有如下 3 个特点。

（1）课程范围：覆盖广，不提供学分。

（2）授课形式：将分布于世界各地的授课者和学生通过某一个共同的话题或主题联系起来，通常包括每周一次的讲授、研讨问题等。

（3）小测验：每门课都有频繁的小测验，以及期中、期末考试。

（二）教学形式的特征

作为 MOOC，它实际上是在尽可能地还原线下教学，被看作“网络中的课堂”，越来越重视给学生提供完整的学习体验。MOOC 脱胎于传统课堂，其与传统课堂最大的不同在于它是线上的，而不在实际的物理教室里。它可以不受物理教室大小的局限而容纳更多的学生。因此，从设计理念到课程的教学设计、平台管理，再到课堂教学、学习管理、学生反馈和评价，MOOC 与传统的面授教学都存在差异。

1. 以自我学习为主的课程教学理念

MOOC 更强调学生进行自主学习。MOOC 面向所有人开放，学生群体规模庞大，老师和助教没有办法做到与所有学生一对一交流，即便在传统线下课堂也不能保证照顾到每一个学生。MOOC 主要是搭建平台，提供优秀教师和优质资源，引导有心的学生按照自己的步调进行学习。在整个学习进程中，学习任务的完成主要依靠学生的自我管理和自我监督。

2. 选择与组织短小精悍的课程内容

视频是呈现 MOOC 内容的主要载体，其时长大多在 10 分钟以内。每一小节课包含几个短小的课程视频和相关学习资料，因而对课程视频的要求一般都比较高。在课程内容的选择上，课程设计者和讲授者需要精心选择内容，采用合适的方法制作成视频。在进行课程制作时，要关注教学方法、教学媒体的合理使用，使内容清楚、有趣味性和实用性，能让更多的人接受。同时，视频中通常需要嵌入1～2道简单易答的测验题，学生答对了才能继续观看，从而能始终抓住学生的注意力，保证学生学习的完整性。

3. 民主平等的师生互动与教学管理

在一般情况下，MOOC平台每周推送一个单元的课程。在课程开始之前，教师或助教会把教学大纲、课程计划等发布在课程主页上，并以邮件的形式通知所有报名的学生。同时，规定课程作业或测试提交的截止时间。在从每一个单元开始到下一个新单元推出这段时间内，学生需要自己安排时间，完成视频内容和其他学习资料的学习，以及按照课程规定的截止时间完成单元作业或测试。整个过程民主平等，学生自主参与、自我革新、自我提升和自我管理。

在学习课程内容的同时，学生随时都能加入MOOC平台的课程讨论区或教师另外组建的在线讨论群参与讨论。教师也会浏览讨论区，进行答疑解惑。不过，仍以师生互动为主。

此外，MOOC教师团队还要对每个注册参与学习的学生以邮件的形式给予提醒，包括开课时间、作业、测试、考试、同伴互评、证书申请截止时间等，或者对一些共性问题的解答。从教学管理的角度来看，MOOC比传统的面授课堂要弱一些，更多依靠学生的自我管理，这也在一定程度上影响了MOOC的完成率。当然，如何帮助学生建立良好的自主学习习惯，是需要MOOC研究者和各类教育工作者展开深入研究的重要问题。

4. 同伴互评的评价方式

MOOC中的客观题作业由机器直接评分，主观题作业采用的是同伴互评的方式。因而，很多人质疑MOOC的同伴互评评价方式，认为其不够客观。面对质疑，我们认为，首先，需要进行评价方面的研究。宾夕法尼亚大学的三位教授就对此做了研究并得出结论：在一般情况下，大多数学生能公平、合理地评价同伴的作业，给出的分数与MOOC平台评分系统给出的分数基本一致。

其次，同伴互评在操作细节上需尽量体现客观、公正。第一，教师要给出详细可行的评价标准，让学生参考标准进行互评。可能的话，也可以做一些评价训练，提供评价的可信度。第二，同一份作业需要经过多位同伴的评价，去掉最高分和最低分取平均值。第三，将同伴互评与学生自我评价、软件评价结合起来，最大限度地保证成绩的公正、合理、有效。

最后，对学生来说，完成同伴互评是一种积极的学习体验。笔者也曾参与MOOC的同伴互评，认为评价他人的作业是一种有价值的学习，是一个对自己的作业和知识积累进行反思的过程，非常有意义。

（三）教学形式的优势

1. 优质教育资源全民共享

华南师范大学MOOC具有“分享”情怀。在华南师范大学MOOC网站上，无论是“名师名课”“名校名栏”还是“获奖佳作”“翻转课堂精选”等栏目，一律可以无障碍免费观看。凡是华南师范大学MOOC中心举办的活动，无论是MOOC与翻转课堂教学观摩研讨会，还是专家讲座，都会免费对外开放。审视今日，MOOC 带来的是超时空的变革，不仅在全球各个角落都能获取优质的教育资源，而且是移动的，学生可以走到哪里学到哪里，甚至可以反复学，十年、二十年后再学。这就是一个巨大的变革，是“继班级授课制以后最大的一次革命”，它使教育超越了时空的界限，让优质教育资源全球共享、全民共享。

2. 让学生的学习更加自主

每个学生都是不同的，其学习方式、学习节奏、对学习材料的要求等都有所不同。教育应尽可能提供适应每个学生需要的学习材料，做到因材施教，最大限度地激发和发展个体的潜能。在班级授课制的背景下，一个班几十人甚至上百人，教师无法满足学生个性化学习的需求，而“MOOC+翻转课堂”的教学模式却为改善这一状况提供了可能。课前，学生一个人在家里或学校里可以快进式学习，对于学不会的可以反复学，也可以在线或当面求助教师或同学，大大提高了其学习的自主性；课堂上，将学生根据学习程度进行分组学习，教师的指导也会更具有针对性和实效性。

3. 让教育从知识本位走向综合素质本位

“让教育从知识本位走向综合素质本位”是指，教育要从以往只注重知识的掌握走向既注重学生知识的掌握又注重学生能力的发展，首先要注重学生高级思维能力的发展，其次要注重学生情感、态度、价值观的形成及学生身体与心理健康的发展。重视学生综合素质的培养，尤其是价值观的养成，是基础教育阶段自始至终的重要任务，当前越来越受到世界各国的重视。2012 年 9 月，联合国总部启动了“教育第一”的全球倡议行动，倡议指出：教育应充分发挥其培育为人之道的核心作用，培养全球公民意识，帮助人们构建更公平、更和谐和更包容的社会，在教育内容上更加强调价值观的培养。

4. 让学生远离家教

在中国，MOOC 还有着特殊的重要意义：让学生远离家教。网上或者下载的视频材料可以方便地将世界上最优秀的教师、最生动的课程带给学生。在有便捷网络的家庭，学生学习或者做练习遇到困难时，可以随时请教老师或者寻求其他同学的帮助。如此，便可以免去家教带来的高昂成本和由于各种原因产生的低效学习，切实减轻学生的学业负担，促进学生的身心健康发展。

三、MOOC 的教学特点

MOOC 是一场教育革命，从教育理念到教学目标与教学方法，都是颠覆传统的。

（一）大规模网络开放课程

大规模网络开放课程是指不是由个人发布的一两门课程，而是由众多参与者发布的大型的或者大规模的课程。

（二）开放性与共享性

首先，MOOC 在很大程度上为学生提供了便捷的学习内容与学习方式，以及更多、更有用的信息。其次，尊崇创用共享协议，因为只有课程是开放的，才可以被称为 MOOC。

（三）网络化课程

首先，MOOC 不是面对面的课程，这些课程材料散布于互联网上。其次，人们上课的地点不受局限，只需要有一台计算机和网络连接，无论你身在何处，都可以花最少的钱享受一流课程。斯坦福大学校长约翰·L. 汉尼希（John L. Hennessy）在最近的一篇评论文章中解释说："由学界大师在堂授课的小班课程依然保持其高水准，但与此同时，网络课程也被证明是一种高效的学习方式。如果和大课相比，更是如此。"

四、MOOC 的优秀平台

MOOC 三巨头：Coursera、Udacity、edX。

（一）Coursera

Coursera 是免费、大型、公开的在线课程项目，由美国斯坦福大学的两名计算机科学教授于 2012 年 4 月 18 日共同创办，旨在同世界顶尖大学合作，在线提供免费的网络公开课程。Coursera 的首批合作院校包括斯坦福大学、密歇根大学、普林斯顿大学、宾夕法尼亚大学等美国名校，并与另外 12 所大学达成了合作协议。其课程报名学生突破了 150 万人次，来自全球 190 多个国家和地区，而网站注册学生为 68 万人次。除了建立初期的斯坦福大学、普林斯顿大学、密歇根大学以及宾夕法尼亚大学外，新增的大学包括佐治亚理工学院、杜克大学、华盛顿大学、加州理工学院、莱斯大学、爱丁堡大学、多伦多大学、洛桑联邦理工学院、约翰·霍普金斯大学公共卫生学院、加州大学旧金山分校、伊利诺伊大学厄巴纳–香槟分校，以及弗吉尼亚大学。

（二）Udacity

Udacity 是由美国斯坦福大学的 Sebastian Thrun 在 2012 年年初创办的一所营利性教育机构，主要从事线上学习。Udacity 推出的课堂涵盖计算机科学、数学、物理学、统计学、心理学等。与其他尝试普及高等教育的课程不同，Udacity 不仅提供课堂录像，在由教授简单介绍主题后还会让学生主动解决问题。此外，Udacity 平台不仅有视频，还有自己的学习管理系统，内置编程接口、论坛和社交元素。Udacity 平台有超过 75.3 万名学生注册，并通过与业内其他公司合作帮助这些学生就业，已有 20 名 Udacity 毕业生以这种方式找到了工作。Udacity 提供了 15 门课程，在获得新融资后课程数量有所增加。此外，一些科技公司宣布提供教材、导师和资金，其中包括谷歌、微软、Autodesk、Nvidia、Cadence 和 Wolfram Alpha。2016 年 6 月 22 日，谷歌通过在线平台 Udacity 提供"Android 基础微学位"课程。

（三）edX

edX 是由 MIT 和哈佛大学于 2012 年联手创建的大规模开放在线课堂平台，是免费给大众提供大学教育水平的在线课堂，其目的是建立世界顶尖高校相联合的共享教育平台，提高教学质量，推广网络在线教育，目前已经拥有超过 90 万名注册者。清华大学校长陈吉宁介绍，自 2012 年以来，"大规模在线开放课程"在全球迅速兴起，给传统高等教育带来巨大的震动，"将引发全球高等教育的一场重大变革"。陈吉宁认为，对于学生来说，这种在线教育的方式，让全球各国不同人群共享优质教育资源成为可能，也使得大规模、个性化学习成为可能。但对于高校来讲，"不单是教育技术的革新，更会带来教育观念、教育体制、教学方式、人才培养过程等方面的深刻变化"。截至 2013 年 10 月，edX 共有 29 所教育机构参与，此次 edX 共新增了包括清华大学、北京大学、香港大学、香港科技大学、日本京都大学和韩国首尔大学 6 所亚洲高校在内的 15 所全球名校。

（四）其他平台

（1）Stanford Online：斯坦福大学官方在线课程平台，与“学堂在线”相同，也是基于 edX 开发的，课程制作可圈可点。

（2）Novo ED：斯坦福大学建立的以商业课程为主的营利性教育机构，专业性强，鼓励小组学习，部分课程需要以小组为单位完成作业。

（3）Future Learn：以伦敦国王学院、伯明翰大学为主的 12 所高校联合创办的营利性教学平台，其合作对象包括大英博物馆、大英图书馆、英国文化协会等。

（4）iVersity：由德国人于 2013 年 10 月在柏林创立的非营利性教育平台，其合作对象大多是个别的教授而非学校或者企业。

（5）Ewant：由两岸五大交通大学（上海交大、西安交大、西南交大、北京交大、台湾交大）共同组建的 MOOC 平台。

（6）Spanishmooc：由 Instreamia 开发，专注于西班牙语的语言类教学平台，其特点是专业性强，可自由选择学习的难度，有多种授课方式，以及人性化的操作设计。

（7）WEPS：由美国与芬兰的多所高校合作开发，开设了多门学科课程。授课对象包括开设院校的在校学生，课程内容符合教学大纲要求，考试合格者可获得开设院校所认可的该课程学分。

（8）爱课程网：是中国教育部、财政部在“十二五”期间启动实施的“高等学校本科教学质量与教学改革工程”支持建设的高等教育课程资源共享平台。

（9）学堂在线：是清华大学于 2013 年推出的 MOOC 平台，面向全球提供在线课程。

（10）中国大学 MOOC：是由网易与高等教育出版社携手推出的在线教育平台，承接教育部国家精品开放课程任务，向大众提供中国知名高校的 MOOC 课程。

（11）酷学习：是上海首个推出基础教育慕课的公益免费视频网站，其网站首页上写着这样一句话：“你有一个苹果，分给别人一半，你还有一半。你有一门知识，教会别人，你和别人都拥有一门知识。”

MOOC 平台在被开发的同时，也被广泛地应用到教学实践中。Moskal 等通过对佛罗里达大学的实践数据进行统计分析后发现，教师对学生的关心和尊重能使学生更好地提升学习和沟通能力，学习的成效与课程层次及学校资格并无太大关系。Anderson 等通过对 Coursera 平台上的 Probabilistic Graphical Models 和 Machine Learning 两门课程进行数据挖掘和追踪后发现，学生的积极性与最终成绩成正比。学生的积极性包括观看视频的次数、测验成绩、在论坛中的活跃度等，通过在课程中引入奖励机制，可以更好地提升学生的积极性。艾伯塔大学对其学校的三门课程进行基于 MOOC 的混合式学习研究发现，混合式教学水平受学生的先决知识水平和课程的内容影响，混合式学习要比单一的传统课堂教学成果好。2014 年，Instructure 公司经过调查发现，MOOC 虽然吸引了众多的学生进行注册学习，但是课程的完成率并不高，其原因有二：第一，学生的个人学习时间有限，并没有太多的精力完成全部课程；第二，实际的课程内容与学生的期望不相符。

五、MOOC 的发展趋势和未来挑战

（一）MOOC 的六大发展趋势

MOOC 的快速发展所带来的变化是信息技术诞生以来的重大变革之一，将深刻影响未来的高等教育。就目前所见，大致可以预见其未来发展有如下六大趋势。

1. MOOC 的规模将进一步扩大

在未来，MOOC 的规模将会进一步扩大，MOOC 的供应商也会继续增多，除了现在三大供应商（勇敢之城、课程时代与教育平台）还在继续竭力扩展，类似的机构也在迅猛发展，如可汗学院、点对点大学、人人学院等，它们都是与 MOOC 相类似的组织。

可汗学院是由孟加拉裔美国人萨尔曼·可汗在 2006 年创立的非营利性教育机构，其使命是“要为世上所有人提供世界一流的免费教育”。目前，可汗学院的网站上已经提供了成千上万的教育资源，在 YouTube 上有超过 5000 段的教学视频，这些内容全部免费向世界开放。据介绍，可汗学院每月登录的学生超过 1000 万人次，而其课时数已经超过 3 亿，数目相当可观。

点对点大学建于 2009 年，也是非营利性的网上教育机构，但它主张建立一种学习社区，特色在于将学生组织起来，参与到课程的学习小组中去，然后就某些具体的话题进行讨论式学习。现在一般的 MOOC 还算得上传统的课程。而在点对点大学里，任何人都可以开设一门课程，即任何人只要对这门课程感兴趣，就可以学习这门课程。

人人学院建于 2010 年，作为网上学习平台，可以供人们随时随地进行网上学习，其特征是允许教师主导课程的学习。人人学院的特色体现在教师可以在网上出售自己的课程，课程主创者可以获得收益的 70%～80%，还可以保留个人知识产权。

2. 新型 MOOC 将走向独立

MOOC 的雏形实际上是将传统的课堂教学用现代技术进行加工后搬到网络上，学生更多的是被教师个人魅力及新型教学方法所吸引。而随着人们将先进的网络技术用于高等教育，人们不仅从此发现了新天地，还充分发挥了人在 MOOC 中的作用（不仅仅是技术在 MOOC 中的作用），从而将 MOOC 的发展推向了新的高度。

目前，几大 MOOC 供应商所提供的课程主要还是传统课程，即以教师课堂教学为主，只是通过现代的技术方式表达出来而已。但这样的 MOOC 已无法满足人们的学习需求，更加新颖的 MOOC 正在出现。新型 MOOC 强调的是关联主义的教育理念。著名网络教育与新媒体设计师和评论家史蒂芬·道恩斯将这两类 MOOC 分别命名为“关联 MOOC”和“传统 MOOC”。

所谓关联 MOOC，即遵循关联主义教学法的 MOOC，其不同于传统的教学特征和结构。比如他们强调聚合体，保证学习内容可通过通信或网页让学生随时接触；重组性，讲究课程内部人员间分享各种学习资源；重新定位、梳理与重组各种不同的学习资源，以适应不同学生的个性化需求；正向输送，将重新定位、重组过的学习资源与其他人员分享，并传递给世界上所有感兴趣的人。专家认为，关联 MOOC 最有助于合作对话与知识构建。由此可以看到，关联 MOOC 在走向独立、成熟，并在努力与传统学习方法乃至大学教育融为一体。由此不难推断，传统 MOOC 在未来网络教育中所发挥的作用将会逐渐减少，而关联 MOOC 将会成为未来

MOOC 的发展方向。

3. 教师教育理念与方法将产生巨变

MOOC 无疑会改变教师的教学理念，而这种改变是从网络技术改变教学方法开始的。最初，由于网络课程吸引了大批网民，授课可以影响更多的学生，这是很多教授愿意将自己的课程放到网上的原因。而一旦成为 MOOC 课程，教师很快就会发现，自己已不再是课程的唯一建设者，而只是课程组的一员，唯有与技术员、传媒顾问、视觉专家等一起，才能制作出一期 MOOC 课程。这就使得课程成为一种合作产品，而这在无形中也促进了现实课堂教学中平等关系的建立。

由于课程是全程录像的，也使教师能回头观察学生的学习情况，而不再像过去那样只能依靠测验、考试或论文来考查学生。千百年来，教师授课水平究竟如何，只有学生才知道。但现在不同了，放在网络上，所有人都能发表评论和看法。如此一来，教师可以更清晰地认识到自身的优缺点。换句话说，教师也可以成为“学生”，有机会反省自己的教学及效果，这对教师能力的提高具有积极的作用。

4. 学生的学习方法将大为改观

MOOC 的发展也将对学生如何学习、怎样有效学习产生重大影响。过去的课堂教学中，学生只能聆听主讲教授授课，而现在则可以在网上搜寻众多的网络课程。更为重要的是，学生不需要再从头听到尾，而是可以跳过自己已掌握的内容，重复播放难懂或自己还没有掌握的内容。而且目前很多网络课程不仅能自动回复学生的问题，甚至还可以根据学生的提问提供相应的帮助。

MOOC 的广泛流行，使人们在认识到技术、网络在教育上的重要性及便利之处的同时，将更加依赖技术，也会出现更多基于网络的学习方法。比如，有些学校将在线学习与离线学习结合起来，已经出现了被称为“翻转课堂”的教学方法，即要求学生在家或课下观看网络视频课程，完成相应的学习项目，课堂上则主要与教师进行互动，解决在线与离线学习时所遇到的问题。这实际上是一种传统与现代教学的结合体，但其效果远好于传统教学。据圣何塞州立大学与 edX 在 2012 年秋季的测验发现，这种新教学方法将过去传统课堂教学仅有的 55%的通过率提高到 91%。

5. 网络技术将推动教育产生巨大变革

网络技术对教育的影响将会进一步加大，甚至会推动整个教育行业的巨大变革。MOOC 元老特龙教授曾表示，MOOC 课程所带来的是挑战，不仅是课程的变化。他说，这种方法打破了过去在人们头脑中挥之不去的教师效能与学生成果评价的教学神话，而代之以基于证据的、现代的、数据驱动的教育方法论，这种变化会带来教育的根本性变革。

MOOC 发展的一个重大结果将是用现代网络技术取代现有教科书。阅读教科书是传统的学习方法，教科书除了能让人学习新知识，还具有保存知识的作用。但现在，先进的网络技术既能使人产生学习兴趣，也同样能够起到传递知识的作用，其所具有的艺术乃至动漫效果已经远远超越传统教科书所能带给学生的愉悦感。而有些人认为，MOOC 所提供的视频及相关材料本身就是新型的教科书。

6. 现行教育体制将深受冲击

MOOC 对高校的影响还将进一步加剧，且将对整个高等教育体制产生重要影响。

首先，将会有越来越多的高校加入 MOOC 中，这股浪潮将席卷全球。其次，MOOC 的变革将会影响大学的教育生态系统，自然也会影响到大学的管理。如何应对 MOOC 所带来的对传统教学理念与方法的巨大改变，如何面对新形势下的大学教育，是教育管理者所必须思考的问题。最后，MOOC 带给高等教育的一大“破坏性”变革是其对现行教育运行体制的冲击。一般来说，传统的大学商业运作模式大都是单个或分类提供服务的，因此也单个或分类进行收费，如学术研究、课程设计、书本、教学、评估与获得学位乃至学生安置等。而现在的 MOOC 则提供一揽子的全方位服务，这就对现行的大学运作模式提出了挑战，也有人将此称为 MOOC 所带来的一种“破坏性”创新。

（二）MOOC 未来面临的八大挑战

在 MOOC 高歌猛进之际，从 2013 年起，一些学者就开始对其进行反思，批评反对的声音也一度高涨，但这并没有阻止 MOOC 发展前行的脚步，其依然是教育行业极为热门的话题之一。

从总体来看，我国 MOOC 的建设与发展取得了显著成就，但也面临巨大挑战。北京师范大学智慧学习研究院从 MOOC 可持续发展的角度提炼了 MOOC 未来发展面临的八大挑战，对我国 MOOC 的发展具有诊断和导向作用。

1. 支撑自适应、个性化的学习服务

现有 MOOC 平台仍集中于从资源管理的角度开发功能，虽然能够满足传统网络课程的基本需求，但在线课程所必需的教学交互、学习支持等很少在平台设计中有所体现，这在一定程度上造成了 MOOC 在交互与服务层次难以突破的局面。可见，中国 MOOC 的发展迫切需要进一步从交互、资源、学习支持服务上分析、设计并完善相应的平台功能，为学生提供全方位、自适应、个性化的学习体验。

2. 商业模式的探索

MOOC 发展至今已经吸引了大量的资金投入和企业参与，甚至促成了国内乃至世界范围内的在线教育市场热潮。但在如此优越的市场环境中，国内的 MOOC 并未形成成熟的商业模式，甚至国际 MOOC 的商业发展也仍处在探索阶段。从 Coursera 平台的收费证书到 Udacity 的有偿辅导，以及网易云课堂和 Coursera 推出的微专业认证收费，都是市场资本进驻 MOOC 的一种尝试。

向学生收费一方面可以为课程提供方和运营机构提供一定的收益，使其不仅仅依赖于政府和公益投资，有利于 MOOC 质量的提高和长远的发展；但另一方面，MOOC 在聚集资金的同时，维持其开放课程的初衷成为其商业化模式发展中面临的重要挑战之一。

3. 技术应用的创新

技术创新是解决面向大规模学生、跨越时间与距离限制同时不降低学习质量的重要手段。近年来，以学习分析、3D 打印、可穿戴设备等为代表的教育领域的重要技术创新的发展，为创设教学情境、丰富学习体验、在线课程自动化评价和自适应学习支持服务等提供了理论可能性。MOOC 的进一步发展必将与新技术相结合。而如何将技术创新更好地应用于课程的建设与开展过程，在发挥其潜力的同时为学习服务，还需要未来进一步的探索。

4. “互联网+”模式的突破

在内容层面，不局限于高校提供的课程，MOOC 需要鼓励与吸引更多的企业、机构甚至经过认证的个人提供多样的个性化内容，以满足大规模学生的学习需求。在服务层面，充分调动学生的积极性，形成学生内部互助服务体系，促进学生之间的深度交互和深度学习。在平台层面，突破现有的MOOC平台模板限制，设计出更轻量级、更兼容的能满足新型教学要求的创新型平台。

5. 推进在线学习理论创新

目前，国内过于专注对行为主义MOOC的建设和应用实践。对于此，我们不能简单地评价其优劣，但起码可以说这类MOOC难以实现对学生高阶能力的培养，也并未充分发挥“互联网+”模式的优势。因此，突破基于行为主义学习理论和认知主义学习理论指导的MOOC课程设计，尝试更具“互联网+”特征的建构主义学习理论和联通主义学习理论，是使MOOC真正得到有效改进和提升的关键所在。

6. 提高学生的自主学习能力

MOOC对学生的自主学习能力提出了较高的要求，但在传统教育中，学生习惯于在学习过程中由教师进行系统讲解和严格管理，对教师有很强的依赖性。因此，在学习MOOC课程的过程中，大部分学生表现出对这种自定步调的学习方式的不适，由此导致其不能顺利完成MOOC课程的学习。因此，在未来的MOOC课程建设中，要将提高学生的自主学习能力纳入课程设计中，并帮助学生利用互联网建立广泛的社会网络关系，学会信息化的生存方式。

7. 学分认证与质量保证制度仍需完善

相比国际MOOC学分认定的发展，我国的MOOC学分认定还不够广泛与深入。从目前的调研来看，当前MOOC学分认定课程尚未占据主体地位，高等学校对MOOC学分认定措施和学分认定实践还处于起步阶段。与此同时，质量保证制度是保证学分认定发生的重要前提。因此，建立MOOC课程质量评价体系，对学生在线学习的过程和结果及教育机构的在线教育质量进行评测，一方面能够约束在线教育规模的盲目扩张，形成良好的在线教育发展生态，另一方面也能够为MOOC学分认定提供支持。

8. 课程知识产权问题亟待解决

就像一位大学教师在联合国教科文组织召开的有关开放教育资源会议上所说的那样，“作为教师，我并不担心他人使用我学术工作中的材料，但我非常担心他人会拿走我的成果，并宣称是他人的成果”。这说明如果知识产权问题不能得到有效的解决，那么大学在推进MOOC战略时便会陷入被动和停滞，也将抑制教师和机构想让更多的教育资源在网络空间共享的愿望，这无疑会阻碍MOOC在中国的建设和发展。

六、基于MOOC的混合式学习模式在开放大学中的应用案例

（一）构建原则

1. 目标导向性原则

合适的教学目标可以使传统课堂和MOOC更好地发挥各自的优势，为教师和学生提供行动指南，教师明确自己要教什么，学生明确自己要学什么，教学目标可使师生的心理同步、思维定向，使教学活动沿着预定的方向顺利进行，直至实现目标。教学目标的确定在混合式学习过程中起着举足轻重的作用，所以基于MOOC的混合式学习要遵循目标导向性原则。

2. 系统性原则

教学的系统性原则是经过长期教学实践反复验证的教学原则。教学的设计包括对学生的分析、对教学内容的组织、对教学方法的选取及教学评价等，各部分既相互联系，又相对独立。在本书中，基于 MOOC 的混合式学习模式主要从前期准备、学习活动设计、学习评价设计这三大方面进行建构。这三大方面从系统化教学设计的角度来讲属于一个整体，都是为了学生进行知识的建构而存在的。

3. 可行性原则

要实现在 MOOC 教学资源支持下的混合式学习，必须遵循 3 个可行性原则。第一，具备相应的主客观条件。其中，主观条件是指学生已具备可以接受新的教学内容的知识水平，学生的年龄特点符合这种线上、线下双平台的教学模式，任课教师具备相应的教学技能；客观条件是指学生具备相应的观看 MOOC 教学资源的设备和网络，同时也可以克服地区差异进行面对面的课堂学习。第二，要具有可操作性，主要包括 4 个方面：一是人力，包括相关课程的负责人、任课教师、学生；二是物力，包括校内可用的多媒体设备和校外所需的多媒体设备、上课的场地、校内外的图书资料、互联网资源等；三是财力，主要指 MOOC 网络教学资源的制作经费；四是时间，包括学生的线上和线下学习时间、教师的授课时间。第三，教学设计是在课程目标的指导下完成的，并能指导具体的实践。

4. 反馈性原则

从系统论和控制论的角度来说，教学过程是一个完整的控制系统，在这个系统中，“运行方向”是从教师到学生，并通过知识的传递来实现。而基于 MOOC 的混合式学习“运行方向”更加多元化，可以是从学生到教师，从学生到 MOOC 平台，从 MOOC 平台到学生，甚至从学生到学生等。反馈性原则是教师在传授知识和技能的过程中不断地从学生那里获得反馈信息，从而了解学生的学习状况，及时对自己的教学活动加以控制与调节，最大限度地提高教学效果和实现教学目标。

（二）构建模式

基于以上的构建原则，在混合式学习思维的指导下构建了基于 MOOC 的混合式学习模式，该模式包括前期准备、学习活动设计、学习评价设计 3 个环节，具体如图 3.1 所示。

1. 前期准备

1）教学分析

（1）教学对象分析。教学对象分析即学生分析。学生在混合式学习活动中扮演着重要的角色，既是教学活动的主体，也是学习活动的主体，因此，对学生进行分析可以准确地确定教学目标、制定教学策略和设计教学活动。学生分析一般包括学生的初始能力分析、学习风格分析和一般特征分析 3 个方面。

（2）教学内容分析。在混合式学习过程中，教学内容是整个过程的核心，包括 MOOC 平台学习资源和传统的书本教材资源，教师依据教学目标确定学习内容的范围与知识的深浅和复杂程度，学生依据教学目标学会知识、技能和行为经验。教学内容分析的基本流程包括根据教学内容划分学习单元、确定单元目标、细化单元内容和确定知识点，得出学习内容知识和能力框架。

（3）教学环境分析。基于 MOOC 的混合式教学模式的教学环境分析包括线上环境分析和线下环境分析两部分。线上环境是指 MOOC 学习资源所依托的网络平台，线下环境是指面对面教学所需要的校园和教室。但不论是线上教学环境还是线下教学环境，都是教学活动开展所依托的载体。混合式教学环境融合了传统课堂教学环境和 MOOC 平台教学环境的优势，它们起着相互补充和相互促进的作用。

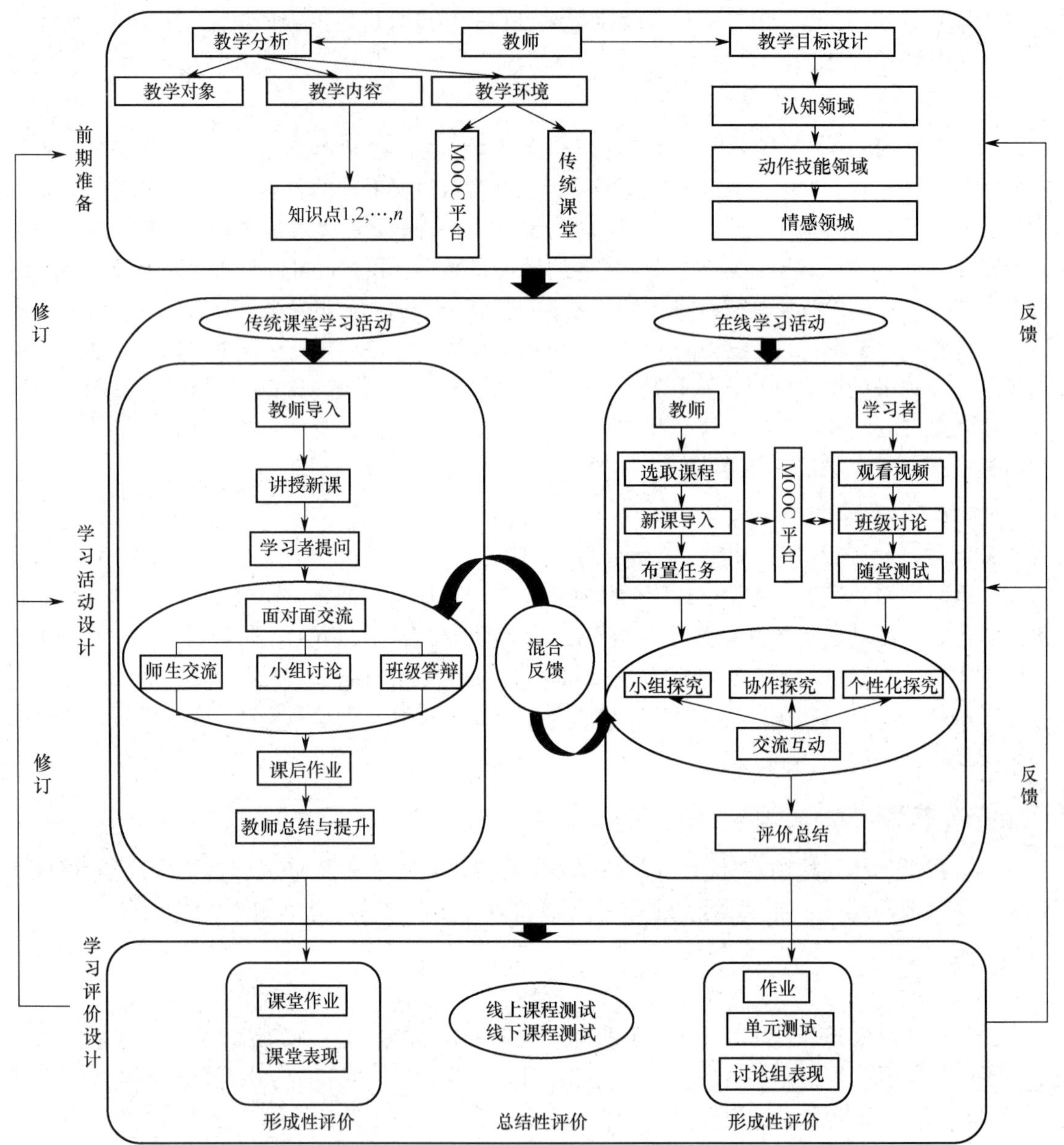

图 3.1　基于 MOOC 的混合式学习模式

2）教学目标设计

根据布鲁姆对教学目标的分类方法，在基于 MOOC 的混合式学习模式中可将教学目标分为 3 类，即认知领域、动作技能领域、情感领域。这三大领域既相互独立又相互联系，共同组成了混合式学习的教学目标完整体系。

（1）分析教学内容。教师在制定教学目标时首先要厘清教材的知识体系，明确课程标准，清楚各个知识点之间的内在联系，做到“读懂”“吃透”“内化”。

（2）分解目标层次。在充分理解教学内容的基础上，教师需要根据学生已有的学习经验对教学目标进行分层。教学目标的层次关系从小到大分别为知识点、小节目标、单元目标、课程目标。

（3）表述教学目标。首先，用简明扼要的语言对教学目标进行概括，表述要有操作性和指向性。其次，常用的表述语句是“能测量……”“能认出……”“能描述……”等。最后，表述的主体是学生而不是教师，所以切忌使用“使学生……”“培养学生……”等类似的表述语言。

2. 学习活动设计

基于 MOOC 的混合式学习活动在混合式学习模式构建原则的指导之下，主要分为 MOOC 平台在线学习活动和传统课堂学习活动。活动的类型主要包括课堂讲授、自主学习、协作学习、查阅资料、交流讨论、案例分析、问题解决、反思总结等。根据教学目标的要求和教学内容的特点，针对不同的知识内容应选择不同的活动类型。

1）在线学习活动

在线学习活动是指在 MOOC 资源支持下的线上学习活动，学习活动环节主要包括：教师在教学目标的定向指导下选取课程、新课导入、布置任务；学生在任务的驱动下观看课程视频资源，进行自主学习，参与班级讨论和随堂测试。在整个教学活动环节中，形成性评价贯穿始终，师生、生生之间可以随时进行交流互动，互动主要包括小组探究、协作探究和个性化探究 3 种。学生如果有疑难问题没有得到及时解决，则可以预留到传统课堂的小组讨论、班级答辩和师生交流等环节。

2）传统课堂学习活动

在基于 MOOC 的混合式学习活动中，传统课堂学习活动是在 MOOC 平台学习活动之后进行的。在多数情况下，传统课堂学习活动是 MOOC 平台学习活动的补充与完善。传统课堂学习活动更加注重问题的解决及学习经验的交流与分享。在交流中，学生发现自己的不足，教师根据学生的反馈进行个性化教学。实质上，传统课堂学习活动的开展是一个“查漏补缺”的过程。

传统课堂学习活动主要包括教师导入、讲授新课、学生提问等环节。提问的内容以前期 MOOC 平台学习活动遗留下来的问题和新课程的内容为主。教师通过组织包括师生之间的直接对话、小组讨论、班级答辩等在内的这种面对面的交流活动来进行问题的解答。在解决问题之后，教师可以根据学生对教学内容的掌握情况分层布置作业，并告知学生在 MOOC 平台下一节的教学内容和教学目标。最后对传统课堂学习活动进行总结性评价。由此，一个完整的基于 MOOC 平台的混合式学习活动就完成了。

3）学习活动设计流程

在学习活动流程的定向指导下，基于 MOOC 平台的混合式学习活动主要分为 6 个阶段，具体如图 3.2 所示。

（1）课程资源整合阶段。在混合式的学习活动中，教师不再是课程的主角，所采用的视频课程资源和参考材料可以是 MOOC 平台上各高校发布的由名家讲师讲授的课程。教师从课程的讲授者变成课程的整合者，需要根据教学大纲的要求，按照逻辑顺序整合线上、线下的学习资源。课程资源包括视频资源、参考材料、练习资源。教师所依托的 MOOC 平台也有很多，这为教学活动的顺利开展提供了有力的保障。

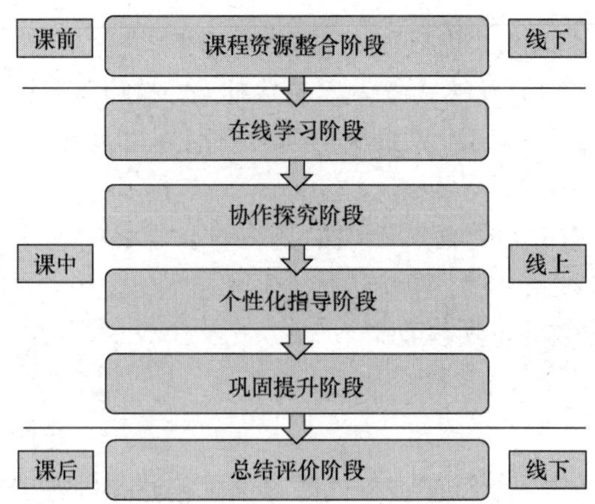

图 3.2　基于 MOOC 的混合式学习活动流程

（2）在线学习阶段。在线学习阶段学习活动的类型主要是自主学习与协作学习。学生通过观看教师根据教学目标整合的课程视频，参考相关的学习资料来完成新知识的建构。视频中的主讲教师会根据每节课的教学内容给学生布置相应的作业或者讨论话题，学生可以在 MOOC 平台的讨论专区交流互动，视频中的讲课教师和课程助教也可以参与其中，其目的是解答学生提出的问题，给学生以正确的引导，促使其发散思维，更好地进行知识的建构。在在线学习阶段，参考资料是视频课程的补充材料，使学生更全面地了解所学的内容。参考资料一般包括 PPT、在线阅读、参考教材、网站链接等。

（3）协作探究阶段。协作探究阶段包括小组讨论和班级讨论。教师对线上课程学生没有解决的问题进行整理和总结，让班内学生以小组为单位进行讨论及查阅相关资料，之后在班级内由各组小组长进行汇报和作品展示，各小组之间进行交流讨论。这种协作式探究可以培养学生的团队协作能力及表达能力，培养学生的自信心。

（4）个性化指导阶段。个性化指导阶段是以教师为主导的学习活动。教师通过观察各个小组的讨论情况和结果，对存在的问题进行全面梳理，然后对学生的个别问题进行个别指导，以保证每个学生将学习内容“吃透”。在协作探究阶段，教师的职能由课程的讲授者转变为课堂的组织管理者，以及问题辅导者。这对教师的能力要求更高，单纯的备课已不能满足要求，教师还要有应对学生的各种提问的能力。对于学生来说，最需要教师的阶段不是教授新课的阶段，而是帮助学生答疑解惑的阶段。

（5）巩固提升阶段。学习是一个不断强化、加深记忆的过程，因此，学生在掌握学习内容的同时，还需要通过不断练习来巩固所学的技能或理论，以对所学的内容掌握得更加牢固和扎实。巩固提升阶段是知识内化的重要阶段，也是学习活动必不可少的环节。

（6）总结评价阶段。总结评价阶段是整个学习活动的收尾阶段，也是教师对整个学习活动进行总结的阶段。教师要根据学生在整个学习活动中的表现做出客观、公正的评价，包括测验的成绩、参与讨论的积极程度、作业的完成情况、作品的展示情况，同时给予学生适当的激励评价，让学生在日后的学习活动中勇于探索、积极表现，极大地提升自我能力与意识。

3. 学习评价设计

基于 MOOC 的混合式学习活动评价体系是一个以学生为中心的多元化评价体系，主要包括评价主体的多元化、评价方式的多元化、评价方法的多元化。

1）评价主体的多元化

评价的主体包括教师和学生。在单纯的基于 MOOC 平台的学习模式中，评价的主体大多以学生为主，同伴之间互评，以及学生自评、互评的结果可纳入学生最终的成绩评定，基于 MOOC 平台的评价是一个注重学习过程的评价。在基于 MOOC 的混合式学习评价体系中，评价的主体不再单一化，它集传统教学评价和 MOOC 平台线上评价优势于一体，将教师评价、同伴互评、自主评价相融合，从而实现评价主体的多元化。

教师的评价通过观察学生的讨论情况、小组协作情况、学生的测试成绩进行评价。学生的自我评价是对自我的审视，包括自我反思和自我总结，是一种主动行为，在评价过程中学生能正视自己存在的问题，对接下来的学习起到促进作用。同伴互评是在以往的学习活动中很少出现的评价方式，是以区别于教师和学生自身的视角来对同伴进行的评判。在学习活动当中，同伴之间更能了解彼此的表现情况，教师根据教学目标的要求，列出考查的要素并加以解释说明，从学生中选取 4～5 人来对同一个学生进行评价，再根据评价结果进行汇总，以保证评价的客观性和公正性。

2）评价方式的多元化

从评价的方式来说，基于 MOOC 的混合式学习评价方式包括形成性评价和总结性评价两种。

形成性评价发生在整个学习活动当中，评价的形式具体体现在线上学习活动和线下学习活动中。基于 MOOC 平台的线上学习活动的评价形式包括作业、单元测试、讨论组表现等；传统课堂的线下评价形式包括课堂作业和课堂表现。通过形成性评价可以随时掌握学生的学习动态，把控学生的学习进程，摆正学生的学习轨迹，激励学生不断探索。

总结性评价包括线上课程测试和线下课程测试，教师通过汇总线上和线下的测试成绩来进行总结性评价。总结性评价能更直观地体现出学生的学习水平，通过线上和线下双重评测，使得评价结果更加客观、准确。

3）评价方法的多元化

基于 MOOC 的混合式学习评价方法的多元化体现在评价从定量和定性两方面出发。其中，定量评价的表现形式是线上和线下测试的成绩、问卷的填写等；定性评价的表现形式更加多样化，包括 MOOC 平台的在线讨论参与情况、课程的完成率、作业的完成情况，线下课堂的出勤率、课堂讨论的参与情况、作业的完成情况等。定性评价主要评价情感领域目标的完成情况，注重学生情感态度的培养；定量评价主要评价认知领域和动作技能领域目标的完成情况，注重评价学生对知识的内化程度。定量评价和定性评价不分伯仲，它们相互配合，共同组成了混合式学习评价方法的评价体系。

第二节　微　　课

一、微课概述

（一）微课的定义

对于微课的概念，整个学术界、教育行业至今仍无统一的界定。为了进一步深化理解本书所研究的微课的概念，笔者认为有必要对教育教学中出现的与微课相关的概念进行梳理、辨析和区分。与微课概念表述相关的，国内有教学视频案例、微型课程、微视频等，国外有微课程、微型课程、微视频课程等，它们之间既有联系又有区别。

有的学者把微课定义为“以教学视频为载体，针对某个知识点或教学环节而给出的各种教学资源的有机结合体，是基于网络运行的、不受时空限制的微型网络课程资源”（胡铁生，吉林大学）。有的学者定义它是“以短小精悍的在线视频为表现形式，以学习或教学应用为目的的在线教学视频”（焦建利，华南师范大学）。也有的学者定义它是“有明确教学目标、内容短小、集中说明一个问题的小课程”（黎加厚，上海师范大学）。还有的学者认为微课是“经过精心的信息化教学设计，围绕某个知识点开展的教学活动”（张一春，南京师范大学）。

由此可见，虽然不同专家同一时期对微课内涵的侧重点表达不同，但他们都认为微课的主要形式是视频，属性是教学活动，并明确了课程的简短性，突出了其作为学习资源的价值。

综上所述，我们把微课概括为以视频为主要载体，记录教师在课堂内外教育教学过程中围绕某个知识点（重点、难点、疑点）或教学环节而开展的精彩的教与学活动的全过程。微课的核心是课堂教学视频。此外，相关的教学设计、素材课件、教学反思、练习测试及师生互动等辅助性教学资源以一定的组织关系和呈现方式共同构建了一个半结构化、主题式的“小环境”。因此，可以说微课是在传统授课的基础上继承和发展起来的一种新型教学形式。

（二）微课的发展

早在 1993 年，美国北爱荷华大学的 LeRoy. A .McGrew 在化学教育中提出了 60 秒课程的设计思想。1995 年，英国纳皮尔大学的 T. P. Kee 在化学教育中提出一分钟演讲（One Minute Lecture）的设计思想，以便快速掌握众多学科知识的核心概念。但是，这些早期的微课理念缘于当时网络与通信技术尚未普及。到了 2008 年，美国墨西哥州圣胡安学院的 David Penrose 综合了以往短小课程设计的思想，明确提出了微课（Micro-lecture）的理念。随即，美国萨尔曼·可汗（Salman Khan）创立的可汗学院，利用录屏技术建立了 3000 多门可汗在线图书馆微型教学视频。自此，利用碎片时间学习微小知识单元的这种微课教学理念，在网络通信发达的情况下，通过移动学习或在线学习得以实现与传播。

在我国，随着互联网技术的迅猛发展及方便快捷的移动设备的广泛普及，再加之现代社会人们对学习方式的多元化需求不断增长，于是，以高科技产品为传播媒体、能满足任何人随时随地学习目的的微课便应运而生。在我国，“微课”一词最早是由佛山市教育局信息中心的胡铁生老师使用的。胡铁生老师指出，微课是指按照新课程标准及教学实践要求，以教学视频为主要载体，反映教师在课堂教学过程中针对某个知识点或教学环节而开展的、教与学活动的、各种教学资源的有机组合。目前，我国对教学视频案例、视频课例的研究主要集中于中小学的教学应用上。

（三）微课的基本特点

1. 教育性

微课作为短小精悍的在线教育资源，能够解决一定的实际教学问题。

2. 目的性

微课具有明确的教学目的，其教学目标与教学内容、教学活动紧密结合，以最有效的方式在最短的时间达到教学目的。

3. 趣味性

微课具有趣味性，能够吸引学生热情、主动地学习。

4. 共享性

微课作为新型学习资源，要适应移动学习、泛在学习和在线学习，具有广泛的共享性。

5. 教学时间短

传统课堂教学的“一节课”大多以40～45分钟为基本的时间单位，主要的教学方式以教师讲授为主，中间穿插互动提问等。而微课是针对某个知识点进行讲授的“小”课程，是供学生自主学习的简短“微视频”，时间一般控制在5～8分钟，要求在最短的时间内体现明确的教学目标，集中说明一个问题，便于学生理解、吸收。

6. 教学内容精

“精”指微课选取的内容要精练、集中，有代表性和典型性，它的作用是突出课堂教学中的重点、难点和疑点，把传统的一节课要完成的众多教学内容分成许多个知识点，再从中选取某一个点进行讲授，如此可以做到问题集中、主题突出，瞬间抓住学生的眼球，在最短的时间内让学生将注意力集中在某个单一主题上。

7. 传播方式活

微课因其小而精的特性决定了它可以采取多种媒介传播方式，其视频及配套辅助资源总容量一般比较小，发布者可以在线播放或下载后播放。如此，学生既可以在线观摩学习，也可以将其下载到笔记本电脑、智能手机、平板电脑等便携式智能化数字终端设备上，根据自己的时间安排进行自助式学习。这种“快餐式”的传播方式实现了教学资源利用的随机性、自控性和反复性。

8. 教学效果好

微课以教学视频为主线整合课堂教学时用到的教案、多媒体素材、课件，课后的教学反思、学生的反馈意见和学科专家的点评等相关教学资源，构成了一个主题鲜明、类型多样、结构紧凑的“主题资源包”，营造了一个真实的微型教学环境。学生在这种真实、具体、典型化的“自助”教学模式中，通过自主学习和在线交流，效果比较好。

微课的这些特点能够解决学生的认知负荷问题，即把复杂的内容碎片化，使其简单明了、更易于接受；情景化，使内容形象生动、易于理解；对内容进行重组整合，使其成为可融于课堂的学习资源，并且便于移动学习，进而服务于广大的终身学习者。

二、微课的设计

微课是一种新型的网络教学模式，它将学科知识碎片化，内容简短、结构完整，既可用于课堂上的集体教学，又可用于课堂外的个别化教学，符合布鲁姆的掌握学习理论。微课的实质是微型化的网络课程，而一门完整的网络课程（如 MOOC）也可以由众多与知识相关的且教学环节紧密联系的系列微课构成。因此，可以在学习理论的指导下，像开发网络课程那样对微课进行系统的设计与制作。

（一）微课的设计原则

在微课的设计与制作过程中，“以学生为中心”是一个不可动摇的原则。微课以视频为载体，以网络为传播途径，是一种提供给学生自主观看、自主学习的数字化教学资源。“微课的出现是教育资源建设之重心由助教向助学转变的重要契机。”总体来说，微课的用途大致可以分为 3 类：①用于传统课堂教学的补充，供学生课外复习，查漏补缺；②用于翻转课堂，起到教学新知的作用；③用于拓展教学，满足学生个性化的学习需求。

无论出于何种使用目的，都需要明确：第一，微课的使用对象是学生，而不是教师；第二，微课的主要使用时间是课外，而不是课内；第三，微课的使用地点一般在家里、宿舍等。因此，学生看不看、看多久，教师无法直接监控。作为一种供学生自主学习的网络资源，微课要想达到理想的使用效果，必须满足两个基本条件——有用和有趣，否则无法有效吸引学生的注意力。所以，微课设计的核心原则必须是“以学生为中心”，偏离了这个中心，微课就很可能重复“建设→闲置→浪费”的命运。

在微课的设计中，“以学生为中心”有 3 层含义。

1. 在视听传播的设计上，要用学生的眼睛看画面，用学生的耳朵听声音

受传统教学模式的影响，很多教师在制作微课时会习惯性地站在自己的角度看问题，没有认真分析一下学生需要看到什么、学生需要听到什么，即没有充分考虑学生的学习需求和视听感受。首先，从内容上看，学生在微课中最需要得到的信息是知识、技能本身，他们不需要看到完整的教学活动过程。因此，一些非教学内容的因素和环节，如教师个人形象、课堂提问、小组讨论，乃至学习竞赛等传统课堂教学环节是完全可以省略的。微课不是课堂录像的微缩版，更不是视频公开课、示范课、精品课。因此，微课不需要展示教学活动过程，只需要展示教学内容本身即可。

其次，在画面和声音的制作方面，要学会用学生的眼睛看画面，用学生的耳朵听声音。比如，在拍摄实验操作、乐器弹奏、手工制作、运动技巧等内容的镜头时，一定要从方便学生观察、模仿、学习的角度拍摄，顺着学生的视角采用俯拍、同侧拍等方式制作画面。画面要重点呈现学习内容，而不是呈现教师或者教学活动全景。同理，声音要让学生听得清楚、感觉舒服，要注意背景音乐是否可控等。

2. 在教学思路的设计上，要根据学生的思路展开教学

一堂好的微课要善于分析教学对象的特点，用学生看问题的思路来引领教学内容的组织。比如，问题解决思路就是一种常用的设计策略。学生学习的目的是解决问题，因此，微课可以结合学生的兴趣点、疑惑点、困难点，把教学内容分解为一系列的小问题，然后顺着解决问题的思路展开内容讲解，一步步引导学生深入学习。此外，微课的设计还可以灵活使用归纳总结、联系对比、案例分析、逻辑推理等设计思路。总而言之，在设计微课时要善于分析学生的特点，按照学生的思维重组知识的呈现顺序，在教学思路上真正做到“以学生为中心”。

3. 在心理感受上，要有面对面辅导的亲切感和自然感

微课并非传统课堂教学“搬家”，也不是课堂授课的微缩版，它是一种能够提供“一对一”

个性化教学服务的资源和工具，这是微课区别于其他教学资源的重要特征之一。可汗学院的微课之所以受到人们的广泛欢迎，是因为它的教学信息和呈现手段非常简单，仅仅利用了一个手写板。微课真正吸引人的地方在于教师对教学内容的熟练驾驭，在于教师充满人情味的耐心讲解，在于透过语言信号传递出来的亲和力、感染力。

当前，很多教师在制作微课时容易忽视学生的心理感受。比如，教师在录制微课时不注意调整自己的感觉，还是停留在上集体课、公开课、示范课的场景，声音会不自觉地变得生硬、呆板、不自然，让人感觉像听大会发言或新闻广播；也有部分教师不习惯对着录制设备讲课，找不到对人讲话的感觉，因此缺乏自然感、亲和力，无法在情感上传递出和谐的旋律。但要明白，微课是供学生单独使用、反复观看的，要传递出与集体教学不一样的、一对一教学的亲切感和自然感，只有这样，才能拉近教师和学生的心理距离，增强微课的感染力。真正以学生为中心的微课是“我在你面前，我为你讲解”。有了这样的情感基调，微课的制作才更容易取得成功。

（二）微课的设计流程

微课的设计流程如图 3.3 所示。

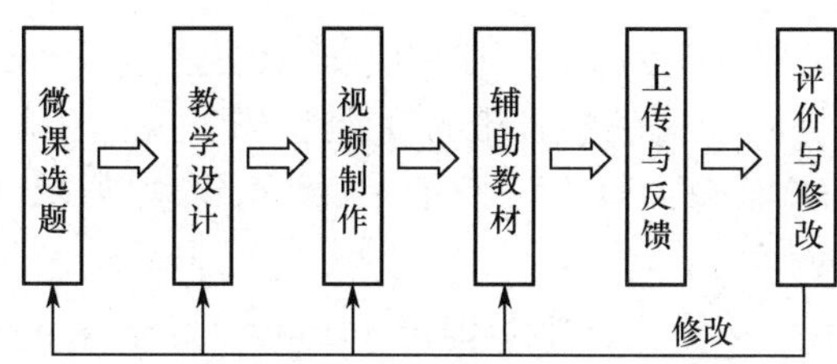

图 3.3　微课的设计流程

1. 微课选题

微课制作成功的关键是选对题。要知道，并不是所有的内容都适合用来制作微课，微课更不是从原来的精品课程的视频资源中截取一个片段。一个好的主题是设计和制作一堂好的微课的前提。教学的难点、重点一般比较适合作为微课的选题。对于教师而言，最关键的是要从学生的角度去选题，要体现以学生为本的教学思想。总之，微课能不能出彩，选题非常重要。

一堂微课所选的主题一定要有针对性、典型性和示范性，要简洁凝练，涉及的教学内容清晰明确。选题可以是课前引导、关键概念解释、难点突破，可以是知识拓展、案例剖析、题型归纳，也可以是方法传授、经验交流和技能展示等。关键在于选题一定要有代表性，要能以小见大、解决问题，就像同一题材的电影和电视剧，电视剧好比一堂传统课，电影就是一堂微课，那么电影的拍摄难度肯定要高于电视剧的拍摄难度，因为电影比电视剧更加浓缩。因此，微课教学要想取得预期效果，就要像拍电影一样选取教学内容中的某个知识点或专题或实验，进行精雕细琢。总的来说，微课的选题要从以下 3 个方面进行考虑。

（1）使用价值高。任何数字化教学资源的制作都需要花费一定的时间和精力，微课制作虽然技术门槛较低，但也要耗费相当多的人力、物力。因此，要选取教学使用价值较高的课题来制作微课。例如，教学中的重点、难点、疑点、考点、热点，平时需要教师反复讲解和强调的内容，学生容易出错的知识点，学生经常提问的问题等，都可以作为微课的选题对象。“此类选题通过微课的形式解决问题越快速、讲解问题越清晰，选题的价值也就越高。”

（2）适合视频传播。微课是以视频为载体的教学资源，选取符合视频传播特征的教学内容能够最大化地发挥微课的优势和作用。众所周知，视频是以连续的动态画面来呈现信息的，因此，一些具备“动态特征”的教学内容，如动作技能、操作过程、工作原理、变化过程等，就非常适合通过微课进行教学。此外，视频传播的两大信息通道是图像和声音，如果教学内容本身需要使用较多的图像和声音，如地形地貌展示、摄影摄像、广告设计、艺术欣赏、发音训练、乐器弹奏等，那么也非常适合制作成微课。

（3）内容相对独立，信息量不大。微课是相对完整、独立的小型教学资源，时间长度一般不超过 10 分钟。调查数据表明，超过 6 分钟的视频受欢迎程度直线下降。所以，微课的选题必须小，内容少且相对独立。选题时，可以选取一个独立的小话题作为切入点，把内容讲通讲透，宁可“小题大做”，也不“大题小做”。例如，“怎样写请假条”“‘的’‘地’‘得’的用法”等问题就属于内容独立、体量适宜的选题。同时，一堂微课的教学目标不宜过多，一般设定一到两个即可，且目标的设定要尽量具体化、可操作、可测量，不要抽象模糊、大而空泛。对于信息含量大的教学主题，可以采用内容分解的方式，化整为零、逐一制作，最后制成系列微课。

2. 教学设计

微课教学设计的原则是以学生为中心，在视听传播的设计上，要站在学生的角度设计以学生为本的、适合学生学习的视频。在教学思路的设计上，要根据学生的问题解决思路展开教学。在心理感受上，要有面对面辅导的亲切感。总的来说，微课教学设计的理论基础主要有以下 4 个方面。

（1）人本主义学习理论。人本主义学习理论（Humanistic Learning Theory）提倡有意义的自由学习观和以学生为中心的教学观，认为教师的任务不是教学生学习知识，也不是教学生如何学习，而是为学生提供各种资源，营造一种学习氛围，激发学生的学习热情，促使学生自主学习。这一点在微课设计中得以充分体现，学生可以根据自身的技能和兴趣，自主选择何时、何地、以何种方式学习微课。

（2）认知负荷理论。认知负荷理论（Cognitive Load Theory）认为，短时记忆是一种工作记忆，而工作记忆的容量是有限的，如果同时产生过多的刺激，那么工作记忆就会错过很多信息，致使只有有限的信息可以存储在短时记忆中，然后转变成长时记忆被记住。工作记忆在人的认知活动中起着重要作用，在微课设计中要充分考虑工作记忆的限度，设法影响学生的内在认知负荷，降低学生的外在认知负荷。外在认知负荷是由材料呈现或者活动要求的方式所引起的。在微课设计中要注意剔除冗余信息，改进资源的呈现方式，降低外在认知负荷。随着认知负荷的减少，个体学习将变得越来越高效。

（3）掌握学习理论。掌握学习理论（Mastery Learning Theory）认为，只要恰当地注意教学的主要变量，就有可能使绝大多数学生（90%以上）都达到掌握水平。其核心问题之一在于允许学生有充分学习的时间，学生能否掌握所学知识取决于花在学习上的时间量，因此要给学生提供足够多的学习机会。微课可以重复使用，如果有学生未能掌握所学知识，那么可以在课后反复观看视频，花更多的时间去研究学习，90%以上的学生一定能达到掌握水平。

（4）边际效用递减理论。边际效用递减理论（Diminishing Marginal Utility Theory）是指在其他条件不变的情况下，消费者在一定时间内消费某特定商品或服务，随着商品或服务数量的不断增加，对消费者产生的满足程度的增量却不断减少。边际效用递减是一个无处不在的规律，学习也不例外。假设其他条件不变，在一定时间内（一节课），随着学习内容增加、难度加深，每增加一个单位量的学习时间，学生吸收到的单位知识量会呈下降趋势。传统课堂教学，在 45 分钟的时间内传授给学生的知识点会很多，当一节课的学习量或学习难度超过学生的认知或实际驻留极限时，学生的听课效率会显著下降，在边际效用下降的同时，总效用也在下降。而微课每次只讲解一个知识点，且时长不超过 10 分钟，正好处于学生总效用上升阶段，此时，边际效用大于零。

在对这 4 个理论基础与 36 门微课进行对比分析的基础上，我国学者提出了微课的教学设计模式。在该模式中，首先做前端分析，即对微课的学生特征、教学任务和学习内容进行分析，然后根据布鲁姆的学习目标分类理论确定合适的学习目标，根据教学内容、教学环节、教学活动和教学方法确定合适的微课类型和组成要素，制定符合学生特征、学习内容和教学形式的教学策略，设计教学视频的情景、案例、教学过程，以及相关的网络教学支持材料和评价、反馈机制等。

在设计与制作微课视频或多媒体课件时，要尽量减少学生的认知负荷。认知负荷理论认为，影响认知负荷的基本因素是学习材料的组织与呈现方式、学习材料的复杂性和学生的先验知识。微课主题明确，内容短小，要求在尽可能短的时间内将教学内容组织好、讲清楚，而且要生动、有趣；要尽量将复杂的问题简单化，避免给学生有限的记忆空间带来太大的压力，要适度安排原生性认知负荷，降低无关性认知负荷，优化相关性认知负荷。

根据掌握学习操作程序中的形成性评价原则，在学习完微课视频后对学生的学习效果进行形成性评价，有利于巩固、强化所学知识。所以，在微课视频的支持材料中提供适量的练习题，以巩固学习内容。微课的练习题可以是确定性的选择题，也可以是开放性的思考题，对于素质教育类的学习内容来说，后者更合适。练习题不宜太多，要让学生有兴趣、有能力主动完成练习。

3. 视频制作

视频是微课的核心内容，大多采用流媒体形式呈现教学过程。微课的教学过程要简短完整，包括问题的提出，教学案例或情景导入，教学内容讲解，教学活动安排，引导和启发学生开展协作学习、探究学习等。根据记忆的信息加工理论，只有受到注意的信息才能得到人脑的进一步加工，只有注意到的感觉记忆（瞬时记忆）才能进一步加工成工作记忆（短时记忆），因此，在微课中吸引并保持学生的注意力是成功的关键。

根据微课类型的不同，可以有不同的教学主题导入方式，但都要求快速、准确、新颖、有趣，能够很好地吸引学生。微课应开门见山地进入主题，或采用承上启下的语言引出主题，或设置疑问、悬念等引出主题；也可以从学生熟悉的，与生活相关的现象或感兴趣的案例引入主题。但从吸引学生注意力和引起学生学习兴趣的角度考虑，后者效果更好。比如，采用与教学主题密切相关而又有趣的案例、事件等，很容易引起学生的学习兴趣和注意，就像好的电影片头那样一开始就抓住观众的心，吸引观众继续看下去。

微课在讲解教学内容时要清晰、明确，沿着教学主题逐步展开，突出重点，去除冗余。教师在整个教学过程中应有意识地采取恰当的措施，保持学生对学习内容的注意力，而不为外界噪声等与学习无关的刺激所分心。因此，在微课中呈现的学习内容需要突出显示，引导学生顺利地将选择性注意转换为工作记忆，不要有太多无意义的装饰，避免对主要学习内容产生干扰。

微课的收尾、总结要简洁明了，留出让学生思考、回味的空间。由于微课时间很短，学习内容少，学习后内容往往都在学生的短时记忆中，因此，适当而简短的总结可以加深学生对学习内容的印象，减轻学生的记忆负担。但也不是每堂微课教学都需要对学习内容进行总结，也可给学生留出思考、回味的空间，教学视频外的支持材料更适合总结和拓展。

4. 辅助教材

微课除有教学视频外，还有相关的支持材料。用于辅助微课的视频教学，通常包括微课教学内容简介、教学设计的教案或学案、多媒体教学素材和课件、教师课后的教学反思、练习测试、学生的反馈及学科专家的点评等。但不是样样都要有，应根据教学目标、教学内容和教学活动等选择必要而又简明的支持材料，避免冗余、过多过乱、联系不很紧密的辅助或拓展材料。

值得注意的是，对于辅助教材，在各类微课比赛的评价指标中有不同的要求。例如，在文字材料中要求有教师简介、教学内容说明等，视频片头要求有标题、作者、单位，在教学过程中要有教师与学生的镜头，要体现教师风采、师生交互等。这些在微课的实际教学应用中不是必需的。因此，制作微课不应受微课比赛评价指标的影响。

5. 上传与反馈

微课视频和相关材料制作完成后，要上传到相应的网络环境中。如果是参加微课比赛，则应上传到指定的网络平台，并且按规定的技术要求和规范调整视频的分辨率和速率参数，以及参赛信息填报等。如果是为某课程或相关主题、领域的网络教学而制作的微课，则应上传到相应的网络平台，并按平台要求对用户点评、疑问等做出答疑、进行反思、予以更新等。

目前，有关微课的网络平台还不是很多，有些是为微课竞赛而建立的网络平台，带有明显的评比色彩，有些是借助已有的网络学习平台支持微课的网络学习应用，而针对微课教育特点的网络学习环境还需要进一步研究、开发和完善。

6. 评价与修改

我们认为，微课的评价应从教育性、技术性和应用效果 3 个方面考虑。

微课的教育性包括教学目标、教学内容组织、教学策略和教学评价等。教学目标应明确，教学主题应突出，教学对象应固定。教学内容组织有序，教学环节承接自然，安排合理恰当，知识单元相对完整，课程说明清晰。教学内容表现方式恰当，形式新颖。视频讲解深入浅出、生动有趣、画面美观、语言亲和、节奏恰当。配套的学习资源要适量，不宜太多，与教学主题紧密结合，练习和思考题富有趣味性和启发性，能吸引学生主动完成。

微课的技术性包括微课本身的技术性与艺术性和平台环境的技术性与共享性。视频制作应符合技术规范，如分辨率、码流率等。视频、课件画面布局美观协调，文字、色彩搭配合理，符合学生的认知风格。此外，微课的支持材料也要符合相应的技术规范，内容相对完整，形式尽量多样化。微课平台的技术性还包括系列微课的有效组织、检索、访问、浏览、上传、评论等，并能提供学习指导、信息提示、学生之间和师生之间的在线或离线交互，以及学生与媒体之间的交互，能够追踪记录学生的个人学习过程，提供相关主题资源的推荐和推送等。

微课的应用效果受微课的教育性和技术性影响很大。微课的教育性好、技术性强，其应用效果一般会比较好，主要表现在微课的点击率、点赞率、用户评价、作者与用户互动情况、收藏次数、分享次数、讨论热度等方面。

（三）微课设计的注意要点

1. 主题切入要快

微课时长一般不超过 10 分钟左右，因此微课教学设计的主题切入要迅速，比较常用的是开门见山式，当然也可以设计一些问题导入，或通过生活中的现象抑或一些能吸引学生的话题进行引入。

2. 教学设计要精心

微课有一个完整的教学结构，包括导入、授课、互动、总结等，因此其内容设计要条理清晰、主题突出。此外，微课也是一个精彩的视频，要尽量突出该课程的特色，争取能出彩，不能做得平铺直叙。

3. 配套教学课件的制作要专业

首先，课件在制作过程中不要出现影响学生或者干扰学生学习的多媒体元素，比如，有些教师喜欢在制作的课件中插入一些和教学内容毫不相干的小动画，这样的课件只会分散学生的注意力，使教学效果大打折扣。其次，在制作课件时要尽量选择重点、难点内容，不需要把所有内容都放在课件中。再次，在录制课件时，要尽量将字号调大一些，且尽量不使用宋体，因为宋体字的有些部位非常细，在编辑转码之后可能看不清楚。最后，课件的制作在颜色搭配等方面也要做到风格统一。

4. 课后小结要简洁

用一到两分钟时间对微课进行归纳和总结，让微课有一个完美的结尾。需要注意的是，小结在于精，而不在于长。

5. 教师语言要精练

由于微课只有不超过 10 分钟的时间，因此教师的语言要做到简洁明了，除要使用标准的普通话这一基本的要求外，尽量不要出现口头禅。在教学设计过程中，最好先把讲稿设计好，并反复琢磨，这样录制过程就会比较流畅，后期处理也会比较简单。

三、微课的制作

（一）微课制作的过程

视频制作是微课的加工环节，制作水平的高低直接决定着微课开发的成败。总的来说，微课的视频制作可以分为前期准备、制作过程和后期处理三部分。

1. 前期准备

充足的前期准备是视频制作成功的保障，主要是指微课素材的准备，包括按照教学设计写出讲课稿、制作 PPT、选择背景音乐、搭建多媒体环境等。实践证明，事先拟好讲稿是非常必要的，要注意语言的通俗化和生活化，语速中等偏快。在录制过程中，可以边看讲稿边讲，这将大大减少后期处理的工作量。PPT 演示文稿不要太花哨，思路要清晰、简明，文字要简洁。实践表明，音乐能舒缓大脑神经元，使人脑处于放松状态，使记忆效率得到显著提高，因此可按需插入适宜的音乐。此外，需要准备好录屏软件、话筒、摄像头等录制工具。

微课“Excel 2007 折旧函数的应用”（以下简称“函数微课”）录制前的准备工作如下：为提高录制效率，预先设计并优化了讲稿，主要在语言的表述方式和用词的准确性方面进行了斟酌；由于Excel环境下折旧函数的操作性强，需操作和讲解同步，因此语速定为中速；PPT制作了片头、导入和小结三部分，其总体风格为温馨、淡雅、简约；在片头和小结部分，以唯美空灵的《安妮的仙境》为背景音乐，与函数微课平实的格调相呼应；录制前在计算机中预装Camtasia Studio 6.0软件。

2. 制作过程

微课的制作过程主要分为录制、编辑、生成3个步骤。第一步，录制。打开Camtasia Studio 6.0软件，单击录制屏幕菜单，选择录制屏幕的方式（全屏录制、自定义大小录制、局部录制），调整音量大小，然后单击“录制”按钮，按“F10”键结束录制，单击“保存”按钮，生成扩展名为.camrec的文件，后期可对该文件进行编辑。为了让视频结构显得清晰，函数微课的片头、导入、主体和结尾部分均需单独录制，这样做的好处是既方便内容的调整又便于后期的合成。第二步，编辑。打开前期录制的文件，将其添加到时间轴后，利用编辑栏下的“音频增强”“缩放”“批注菜单”对视频的声音、图像、文字进行编辑。在录制函数微课的过程中，为了实现视频音乐和背景音乐的巧妙融合，采取音量放缩、音频文件和视频文件分割及重组的技术，在重难点、注意事项处采用文字批注法用简洁的字幕加以提醒。为了减少视觉干扰，巧用缩放功能只显示相关信息点。为了增强微课的可视性，巧用符号批注功能勾画出Excel单元格中数值间的关联关系。第三步，生成。视频达到预期效果后，单击生成视频菜单，选择恰当的视频格式、大小即可完成视频制作。为了保证函数微课的视频画面大小统一，在每部分视频单独生成时设置的视频大小均相同。

微课制作是一个反复实践的过程，在具体制作过程中有很多注意事项，上文虽已提及一些注意事项，但不能穷尽所有。下面以片头和教学内容的展示为例，对制作过程中的注意事项做进一步说明。首先，视频片头必不可少，在片头部分应清晰显示微课标题、作者和单位信息。一要控制好片头的时间，一般为10～15秒，太长会产生超限效应，太短会让人感到云里雾里、不知所云；二要选好片头风格，是平面静态还是动态多元，是轻快跳跃还是震撼人心，皆取决于微课内容的展现形式。如果微课内容植入了动漫、游戏、影视等元素，则可以搭配影视动感效果的片头；如果微课的内容中规中矩，像屏幕录制型微课，则其片头部分可以选择清新淡雅的风格。其次，在教学内容的展示方面，教师要充分认识到人的记忆容量是有限的，因此授课时只展示重点内容和关键信息，暂不展示与所授内容无直接关系的部分，以降低学生的外在认知负荷。可巧用Camtasia Studio 6.0软件的关键帧缩放功能，在屏幕上有效捕捉重点信息以吸引眼球，让学生有所期待，使他们时刻有一种耳目一新的感觉，避免产生视觉疲劳，这样学生就会紧跟微课设计者的思路，更能专注于所授内容，极大地提高教学效果。最后，运用蒙太奇手法，使教学内容合乎理性和感性的逻辑，合乎听觉和视觉的逻辑，让学生感觉自然、轻松、明了。

3. 后期处理

后期处理指合成与发布两部分。合成是指将单独生成的片头、导入、主体和结尾等视频合并为一个视频。Camtasia Studio 6.0软件的过渡效果有助于多个视频镜头间的自然切换。当微课制作完成后，可以在精品课程平台、微课移动学习平台或微信公众平台上发布，也可以通过电子邮件、班级QQ群等发送，供学生自主学习。

（二）微课制作的分类

目前的微课以微视频为核心，因而，微课视频的制作尤为重要，可以说微课视频的制作质量反映了微课的制作水平。有关微课视频的制作方法主要有以下 5 种类型。

1. 教学录像型

教学录像型是将教师的讲课、演示、示范等教学活动利用摄像机或录播系统拍摄下来，制成教学微视频。教师的教学活动可以在教室、实验室、演播室、微格教室、实习场地、室外操场等不同的地方；可以有学生听课或观摩，也可以无学生；可以使用黑板、白板、投影、触摸屏、演示设备、道具模型等。出现在视频镜头里的教师要求形象得体、口齿伶俐，最好是教学名师或权威专家等，否则教学效果会受到一定的影响。这种微课视频制作简单，但要求主讲教师备课充分，教学环境安排恰当，学生配合自然，因此工作量较大。如视频公开课、百家讲坛等教学视频均由国内著名专家、学者讲授，制作精良。

2. 屏幕录制型

屏幕录制型是指利用 PPT、多媒体课件、计算机软件或工具等在计算机屏幕上进行展示，教师对着计算机显示的教学材料讲解教学内容，或者教师直接利用鼠标、手绘板或触摸屏等在计算机显示器上书写教学内容，利用计算机录屏软件将屏幕显示的教学内容、教师的书写和点评及教师讲解的声音录制下来，实现微课教学过程的视频录制。

屏幕录制型微视频的制作方法简单、方便，几乎没有技术门槛，很容易在普通教师中推广，但微课质量难以保证。为了提高这类微课视频的制作质量，视频录制最好在学校的录音室、电教室等地方进行。教师的讲解要流畅、亲切、自然，避免咳嗽、过多停顿、读错别字、有方言或口音过重、有翻书杂声等。最好能写出讲解词，请人或自己在幽静的环境中播读录音，然后在视频中播放。

3. 多媒体讲解型

多媒体讲解型是指利用多媒体工具将文本、图形、图像、声音、动画、视频等多媒体元素进行同步展示，再直接转换或利用录屏软件录制成多媒体课件自动讲解的微课视频。微课视频的质量由多媒体课件的质量决定，通常画面清晰、讲解流畅、声画同步、效果良好。解说词可以事先写好，自己或请人提前录制，再经过编辑去除噪声、错误等，避免实时录像或录音时解说紧张、干咳、不连贯、发音错误等现象。这类微课视频画面清晰、美观，有一定的制作难度，可用于制作较高质量的微课。

4. 动画讲解型

动画讲解型是指根据教师讲解的声音，在时间轴恰当的位置呈现教学内容的文本、图像、表格、数据或连续变化的序列图像而形成一段可以转换为微课视频的教学动画。利用二维动画制作软件可以制作出漂亮的知识讲解型动画微课视频。事实上，任何有趣的、过程性的讲话录音都可以制作成生动有趣的动画片，如 Flash 动画。同样，一段有意义的教学讲解录音也可制作成动画讲解型微课教学视频，配以必要的教学文字，能生动形象地展示教学内容，让教学效果变得更好。这类微课视频画面清晰、内容生动，但制作难度较大，需要的绘画素材较多。

5. 视频剪辑型

优秀的微课视频应该像电视教学短片那样，综合使用多种影视拍摄技巧与后期编辑手段完成制作。视频内容一般包括教师或主讲人的讲解、示范或演示活动，体现了教师的教学风采和主持、引领性的教学活动，也常常包括师生互动、实验操作、实训实践等教学活动。这类视频的制作通常利用远近景别、多机位拍摄等手段，通过添加字幕、特技效果等来显示教学 PPT、多媒体课件、计算机操作截屏等内容。这类微课视频效果好，但制作难度大、制作成本高，通常需要专业的策划、摄像、动画制作、后期编辑，甚至配音、配乐等。如果从制作精品微课的角度来考虑，不仅需要一流的教学设计，而且应有一流的微课视频制作水平。

四、微课的设计与制作实际案例

（一）《火车过桥问题》教学案例

1. 微课《火车过桥问题》的设计

合适的选题是微课开发的第一步，也是关键的一步，因为选题不仅反映了微课的内容，而且关系到微课的核心价值。《火车过桥问题》既是小学四年级数学教学的重点，又是难点。学生在处理行程问题时，一般将运动主体（如人物、汽车）当作点来看待，但火车比较长，需要将其当作线来处理，而且其数量关系比较抽象，致使学生难以理解和掌握。因此，选取《火车过桥问题》制作微课，可以帮助学生快速攻克难关。

《火车过桥问题》按照乌美娜提出的一般流程进行教学设计，主要从学习需要分析、学习内容分析、学生分析、学习目标编写、教学策略制订及教学媒体的选择与运用 6 个层面进行分析评价。

（1）学习需要分析既是教学设计的基础，也是教学设计的入手环节。《火车过桥问题》采用内部参照分析法，对学生的现状与课程标准所规定的教学目标进行比较，分析学生的需要，使其在原有知识的基础上，理解车长与路程的数量关系，熟练解决火车过桥问题。

（2）学习内容分析就是采用层级分析法，将教学内容分解为若干知识单元，再将知识单元分解为若干知识点。学生要获得解决火车过桥问题的能力，除要理解火车车长与路程的关系外，还必须具备一般行程问题的解决能力。

（3）学生分析包括学生的一般特征分析、学习风格分析。学生的一般特征是指他们具有的与具体学科内容无关但影响其学习的生理、心理和社会等特点，包括年龄、性别和生活经验等。《火车过桥问题》是小学四年级的课程，学生对于火车过桥问题没有经验。因此，在课程开头需要呈现火车过桥的视频，帮助学生获得这方面的经验。学习风格是学习策略和学习倾向的总和。对于感知或接受刺激的器官而言，有些学生通过动态视觉刺激的学习效果更佳，而有些学生喜欢听觉材料，还有些学生喜欢印刷材料。微课《火车过桥问题》包含录像、录音，还有教案、导学案、测验题等一系列文字材料，最大限度地满足了不同风格学生的需要。

（4）在学习目标编写方面，根据我国的教育教学实际，新课程将教学目标分为知识与技能、过程与方法、情感态度与价值观 3 个维度。《火车过桥问题》的教学目标为：学生能够熟练解决基本的火车过桥问题；通过观看火车过桥视频，理解火车过桥时车长与路程的数量关系；通过学习探究、解决实际问题，增强学生对数学的热爱。

（5）教学策略制订是指在不同的教学条件下，为达到不同的教学结果所采用的手段和策略，它具体体现在教与学的交互活动中。教《火车过桥问题》时采用五环节教学模式，分别是激发学习动机——做自我介绍和课程介绍，提示学生注意听讲；复习旧课——在之前的路程是什么的学习中，分析小汽车过桥的过程；讲授新课——呈现火车过桥视频，讲解火车过桥的过程；总结巩固——讲解例题，总结梳理；检查效果——让学生做测验题。

（6）教学媒体是指以传递教学信息为最终目的的媒体，用于教学信息从信息源到学生之间的传递，具有明确的教学目的、教学内容和教学对象，教学媒体的选择与运用十分重要。《火车过桥问题》通过幻灯片为学生呈现了一个真实且具体的火车过桥过程。

2. 微课《火车过桥问题》的制作

教学准备主要是准备教学所用的资源包，包括导学案例、测验题、课件，在需要的情况下，还包括教学用具的准备，主要包括模型、道具、实验器材等。微课《火车过桥问题》是运用录屏软件对教学过程进行录制的。《火车过桥问题》的后期加工主要包括片头、片尾、提示性画面和音频的插入。其中，片头主要显示标题、使用对象、所属学科、教材、单元等信息；片尾主要标注制作单位、人员、鸣谢、日期等；插入提示性画面和音频主要是为了提高学生的注意力。

反思应贯穿于微课设计与制作的全过程，既有设计过程中的反思，又有实践过程中的反思，还应包括实践后的反思。教师要不断思考和总结，为以后制作微课积累经验。同时，通过重新审视教学过程，增加新的想法或修改自己认为不满意的地方，以达到精益求精的效果。

当微课制作完成以后，教师登录相应的网站平台进行上传。这里的“网站平台”可以是中国微课、凤凰微课等微课专题类网站，也可以是所在学校组建的网站，还可以是教师自己的视频网站账户。为了保证在线播放的流畅性，微课文件大小最好不超过 50MB，必要时可以使用格式工厂进行格式转换，而视频格式一般为支持网络播放的流媒体格式，如.rm、.wmv、.flv 等。

（二）《青少年学习与生活中的心理学》系列微课案例

以《青少年学习与生活中的心理学》系列微课为例，该系列微课面向青少年在学习和生活中遇到的一些心理现象和行为，从科普的角度进行解释和学习，引导青少年学习、掌握一些基本的心理学概念、原理、效应和定律等，利用简单的心理学知识处理和解决学习与生活中的心理问题，在学习与生活中建立起积极向上的心态和观念。

根据司继伟的《青少年心理学》、刘儒德的《学习心理学》、戴维·迈尔斯的《社会心理学（第 8 版）》和理查德·格里格的《心理学与生活（第 18 版）》等，我们抽取出与当前青少年学习和生活联系比较密切的心理学基本概念、理论、定律、现象、规律和效应等，包括认识自我、调控自我、交往心理和社会心理 4 个部分，共 128 个知识点。这样，将《青少年学习与生活中的心理学》的网络课程教学目标分解到 128 堂微课。

因是面向青少年在课外零星时间内的学习，所以对微课的教学内容讲解要求生动、有趣、具有亲和力，定位于知识讲授型微课。本系列微课以建构主义理论为指导，采用“1-1-1 模式”，即用 1 个案例引入教学情境，带出 1 个概念或理论、定律；通过对这个概念、理论进行分析，强化对概念、理论的理解；利用 1 个总结、测试或操作实现知识的迁移。一般先由实例引出问题，讲解解决问题的方法、法则、原理等，再引导青少年利用这些方法、法则、原理等解决更多的问题，让青少年始终保持学习的兴趣，促成青少年进行有意义的知识建构。

该系列微课的稿本设计模板如图 3.4 所示。

按照建构主义的“案例→问题→讲解→启发→应用”教学过程模式，微课一开始提出一个青少年熟悉或感兴趣的与教学主题密切相关的事件或现象作为案例，做到“一堂微课，一个故事，一个问题”，让青少年保持学习的新鲜感，引起学习的兴趣，而不是采用“复习上节内容，引出新课”的传统模式。然后提出问题让青少年思考，引出教学内容的核心概念、定律和效应等。

对教学主题的讲解要通俗且有一定的深度。首先，在讲解时，图、文、声、画应做到协调一致，如画面美观大方、解说亲切自然；其次，在讲解完后，青少年应做到对学习内容初步理解并发生学习迁移；最后，引导青少年思考，将学习的心理效应或规律应用到学习和生活中，以解决遇到的问题、困难和迷茫。在微视频学习结束后，微课平台会提供相应的测试题和思考题。其中，测试题包括对错判断题和单选或多选题，数量不多，但与微课主题紧密相关，每类题仅有 1 题；思考题与青少年的学习或生活相关，能引起青少年主动思考，如在论坛中留言表达自己的想法，进行思想交流。

<table>
<tr><td colspan="6">微课信息</td></tr>
<tr><td>微课名称</td><td colspan="5"></td></tr>
<tr><td>所属课程</td><td colspan="5">青少年学习与生活中的心理学</td></tr>
<tr><td>关键词</td><td colspan="5"></td></tr>
<tr><td>微课类型</td><td colspan="5">讲授型</td></tr>
<tr><td>制作方法</td><td colspan="5"></td></tr>
<tr><td>制作人员</td><td colspan="5">稿本： 制作： 解说： 绘画：</td></tr>
<tr><td>教学目标</td><td colspan="5"></td></tr>
<tr><td>课程简介</td><td colspan="5">讲解杜利奥定律，揭示个体不同心态与人生发展的关系</td></tr>
<tr><td colspan="6">教学视频制作稿本</td></tr>
<tr><td rowspan="7">教学过程</td><td>序号</td><td>知识点</td><td>解说词</td><td>字幕</td><td>画面要求</td></tr>
<tr><td>1</td><td>情境案例</td><td></td><td></td><td></td></tr>
<tr><td>2</td><td>提出问题</td><td></td><td></td><td></td></tr>
<tr><td>3</td><td>概念讲解</td><td></td><td></td><td></td></tr>
<tr><td>4</td><td>案例分析</td><td></td><td></td><td></td></tr>
<tr><td>5</td><td>思考启示</td><td></td><td></td><td></td></tr>
<tr><td>6</td><td>扩展应用</td><td></td><td></td><td></td></tr>
<tr><td>微课名称</td><td colspan="5"></td></tr>
<tr><td>问题</td><td colspan="5">判断题：
选择题（单选题、多选题）：
思考题：</td></tr>
</table>

图 3.4 《青少年学习与生活中的心理学》微课稿本设计模板

在制作微课视频时，先按照微课的教学设计写出讲解教学内容的解说词，保证解说词具有科学性、通俗性和生活化的特点。微课稿本定稿后，请播音专业的学生和教师播读解说词，要求吐字清楚、环境安静、语言亲和。播读的语速基本保持在每分钟 260 字，即中等偏慢的播音速度。微课的屏幕显示画面与解说声音同步，画面背景平淡、柔和，营造轻松的视觉环境。画面布局匀称，文字清晰。文字少而精，主要用于描述关键的概念、标题、标识、说明等。适当使用艺术字，字体、大小、色彩搭配恰当。画面中的点缀物、动态效果恰当，不宜太多，避免分散学生的注意力。这样，学生边听边看，在轻松的视觉环境中学习，没有太大的视觉干扰。微课的辅助学习材料包括微课的知识点简介、学习指导、学习后的测试题或思考题、知识点的相关资源链接等。测试题和思考题尽可能有趣、开放，吸引学生主动思考。链接的相关资源不能太多，一般为 2～3 个，主要链接在线百科等动态化网络信息资源。

五、基于微课的翻转课堂教学应用案例

（一）微课的主要应用模式——翻转课堂

1．翻转课堂的概念

翻转课堂（the Flipped Classroom）是指教师将课程录制成视频，将视频材料与其他辅助

材料一同上传到学习平台，学生在家里通过观看教学视频进行自学；回到课堂，学生提出疑问，教师解答等。它将传统的“教师白天上课，学生晚上回家做作业”的教学模式完全颠倒过来。

2. 微课与翻转课堂的关系

微课是翻转课堂的重要基础，翻转课堂是微课不断发展的动力。在翻转课堂中，知识的传递与内化的顺序被颠倒了，使学生能够在任何时间、地点，通过教学视频进行自主学习。然而，学生的学习任务十分繁重，这导致学生能够用于观看教学视频的时间很少，因此，教学视频的精简十分必要，只有内容丰富且精简的微课才能使学生产生观看的兴趣。作为翻转课堂的重要基础，微课直接决定了翻转课堂中知识的传递效果，从而对翻转课堂的教学效果产生直接的影响。

3. 基于微课的翻转课堂的优势

翻转课堂教学模式非常适用于高等教育，同时高校为翻转课堂的实施提供了极大便利，表现如下。

（1）完善的网络支持。高校网络技术比较发达，校园网建设较为完善，给翻转课堂提供了基础网络空间。无死角、全覆盖的校园无线网络为学生移动学习、碎片化学习提供了可能，学生真正实现了想学就学、随时随地可学。

（2）视频化教学，进退自如。翻转课堂的重要载体是视频教学内容，视频可快进、可暂停、可反复观看，大大减少了部分学生由于理解慢而出现的知识“断档”现象。

（3）打破时空限制。在传统课堂上，学生必须在既定时间坐在既定位置，听既定教师讲授；而翻转课堂的学习时间、地点非常灵活，大大提高了学习的灵活度。

（4）教与学的演变。在传统课堂教学上，教师与学生是一对多的关系，学生的学习水平参差不齐，难以达到较好的教学效果；而翻转课堂则是多对多教学，教师只是导学者，学生之间的“互教互学”大大提高了学习效率。

（二）微课支持下的翻转课堂教学模式

1. 以层次化微课为核心的课前学习

学生课前学习所依靠的核心学习资源是依据差异教学理论所设计的层次化微课。高职院校学生的学习基础参差不齐，不同学生的理解能力、迁移能力、操作能力等均有很大差异，但这种差异是一种合理性存在。在教学过程中，应从学生的个体差异出发，开展差异化教学活动，以促进每个学生的个性化发展。为此，在该教学模式下，可以通过创建层次化微课资源、层次化微测验来完成个性化的教学。

（1）层次化微课资源。高职院校学生的计算机水平存在差异，因此在传统课堂中很难让每个学生都达到教师所设定的教学目标。在这种情况下，可以为学生提供分层次的微课程资源：从基础、进阶到精通，由浅入深、循序渐进，避免了后进生脱离班级群体的情况，提高了整体教学效果，实现了学生的共同进步。微课的质量决定了翻转课堂的教学效果。微课支持下的翻转课堂为学生提供了丰富的学习资源。微课是学生课前自学、课后复习的核心学习资源，并辅以微教案、微课件、微资源等，学习资源的类型也多种多样，为学生按照自身喜好做出选择提供了最大的自由度。学生可以根据自己的实际情况，自由安排时间观看微课视频，且观看的次数和时间的长短都由学生自己决定，体现了极大的灵活性和自主性。这可吸引学生积极参与进来，收获个性化的教育，体会进步的乐趣。

（2）层次化微测验。课前利用分层次微测验自测学习现状，以检验利用微课进行学习的效果。对于自测的最终结果，需要反馈到教师那里；教师根据学生测验的结果，不断改善微课的质量，或者在课堂之外再为学生创设更为丰富的微课资源。此外，对学生学习起点的把握使教师进行课堂之内的教学设计更加具有指向性。

2. 以探究性任务为驱动的课堂互动

翻转课堂最具价值的理念是课堂学习活动的丰富与深化和课外学习活动的互动与互助。不能将翻转课堂与利用视频学习画上等号。教师在课堂上的工作之一就是布置能激发学生学习兴趣和积极性的探究性任务。在布置完任务之后，教师鼓励学生进行积极思考、独立探索，尽量自己解决问题。能力较强的学生可以独立完成教师布置的任务，而其他学生可以组成课堂学习共同体，在合作与交流中共同解决问题。如果学生无法自己解决问题，那么教师应该选择适当的时机，以适当的方法帮助学生解决问题。最后进行成果展示与讨论、教师点评等课堂活动。

3. 多元化评价引导下的课后反思

引导和促进学生进行课后反思主要依托的是多元化评价。所谓多元化评价，是指评价主体的多元化和评价形式的多元化。评价主体包括学生本人、同伴、教师、家长等，评价形式主要是形成性评价和总结性评价相结合，定性评价和定量评价相结合。在评价过程中，强调评价的目的不是简单的成绩排名，而是促进学生对自我学习策略、效果、态度、方法等全方位的反思，最终形成在评价中反思、在反思中成长的良性循环。在此过程中，教师要努力营造一种积极、友好、平等、民主的氛围，以保证评价的客观性和学生参与评价的积极性。

由于学生之间存在差异，学习上的成功是相对来说的。对一部分学生来说，制作出独具创意的动画作品是成功的标志；而对另一部分学生来说，能模仿制作出教师在课堂上讲授的动画作品就是值得庆祝的事情。因此，在评价过程中，对不同层次的学生进行评价时应采用不同的方式：对学习基础差、存在畏难心理的学生，应采用赏识教育，对他们所做的努力及所取得的进步加以肯定和表扬，使他们享受到成功的乐趣；对学习成绩中等的学生，除给予激励外，教师还应指出他们的不足之处并帮助他们改正，挖掘和激发他们的发展潜力；对学习优秀的学生，教师应为他们设立更高的目标，增强他们的竞争意识，以带动整个班级的发展。这样，班级里的每个学生都在进步，都能享受到进步的快乐；不会把同伴、教师的评价看作一种负担和惩罚，而会将其看作一面让自己反思的镜子。

（三）微课支持下的翻转课堂教学设计

1. 教学流程设计

（1）课前准备。充分的课前准备包括教学中用到的视频、案例、习题等，这些资源能够帮助学生及时进行有效的课前预习。首先，教师可以根据教学内容选择合适的教学模式；其次，在翻转课堂中，教师可以将本节课的重点语法、句式等进行提炼，从而起到对学生的引导作用。

（2）课堂上注重与学生的互动。为了达到让学生迅速掌握课堂教学内容的目的，需要教师通过弹幕等形式及时组织学生进行发言和讨论，鼓励学生将自己的想法表达出来。

（3）课后评价。在翻转课堂上，学生是课堂的主体，一切以学生为本，教师在微课平台上采用多元化的方式及时掌握学生的学习情况，并通过与学生的互动对学生的认知和学习能力进行打分。

2. 教学结构设计

与传统课堂相比，在翻转课堂教学模式中，教师不再是课堂的主宰，更多的是引导和辅助学生，旨在培养学生的自主学习能力。在准备阶段，教师可以准备一些课堂上的学习任务、视频等；在教学阶段，学生可以通过教师布置的学习任务自行完成自测卡；在课堂互动阶段，教师通过微课教学平台对学生在学习过程中遇到的疑问进行分析和解答；在课后的巩固阶段，教师通过微课教学平台组织学生针对教学过程中的一些难点和重点问题进行讨论，并鼓励学生积极表达自己的看法，培养学生的个性化思维，最后对学生的发言进行点评。

（四）基于微课的英语翻转课堂教学案例分析

以英语中贴近学生现实生活的“旅行”这一课作为教学案例，并对其进行分析。

1. 教学设计方案

（1）教学目标。掌握动词时态、一般疑问句的句型结构及本课中相关的英语单词；帮助学生理解课文中的对话及内容；引导学生流利地朗诵课文，熟悉课文中涉及的新单词和句型，并组织学生用英语讲述自己的旅行经历；阅读与教学内容相关的文章，开阔学生的视野，拓展学生的知识面；引导学生熟练地使用教学内容涉及的句型、句式及时态，并根据自己的旅行经历写出相关的短文。

（2）教学资源。通过网络播放教师录制的微视频、图片等。

（3）预期效果。使学生在观看微视频等教学资源的过程中产生学习英语的兴趣，激发学生自主学习的积极性，并且使学生通过学习发现学习过程中出现的问题，与教师进行及时的沟通和交流；使学生在课后积极地分享自己的学习成果。

2. 教学过程

（1）课前准备。教师在课前为学生准备几个与旅行相关的问题，引导学生使用微视频中出现的时态和句式及新单词来回答这些问题，如 Where do you want to go to travel?（你想要去哪里旅行？）Are you interesting in traveling?（你喜欢旅行吗？）等，并通过微课教学平台组织学生进行讨论。同时制作一些自测卡，通过这些自测卡来了解学生的课前预习情况。

（2）课前学习。教师通过播放一些与旅行相关的微视频，使学生了解世界各地的风景，并使学生通过完成教师提出的问题来发现自己在学习中产生的疑问。教师通过微课教学平台来组织学生进行交流互动，学生通过这个教学平台提出自己的疑问，并与教师和其他同学进行交流和讨论，最后解决问题。

（3）课堂学习。首先，教师通过播放一些关于旅行的有趣的短视频来引入教学内容，同时学生可以通过这些短视频对自己的预习内容进行巩固；其次，教师可以将学生分为几个学习小组，在小组内通过微课教学平台组织开展交流活动，重点讨论课前学习中遇到的问题和学生自主学习取得的学习成果，教师针对学生提出的问题进行分析和解答；再次，在讨论结束后，教师针对学生提出的问题和自学成果进行点评，鼓励学生积极发言，学生根据教师的点评对自己的学习成果进行总结；最后，教师向学生发放关于本节课的自测卡，学生针对自己的学习情况如实完成自测卡，并提出自己的见解或者遇到的问题，教师根据这些见解和问题答疑解惑。

3. 课堂总结

在本节课的教学中，学生积极地使用课文中涉及的新单词和语法来表达自己的旅行经历，并且能够流利地朗诵课文，基本达到了预期的教学目标。由于旅行这个话题较为贴近学生的实际生活，因此极大地激发了学生的学习兴趣，学生克服了不敢开口讲英语的困难。然而，有的学生会遇到一些动词时态掌握不准确的问题，教师可通过对时态的详细讲解，帮助学生确定动词的时态标志，厘清时态的使用方法。

4. 案例分析

在翻转课堂这种新颖的教学模式中，学生基本能够实现预期的教学目标，认真地完成课前布置的预习任务，通过交流和讨论解决自己学习过程中遇到的一些问题。在微课教学平台的交流中，积极发言的学生人数大大超过了传统的教学课堂上发言的人数，这对培养学生的自信心和学习积极性有很大的帮助。在教学过程中，学生与教师的互动十分活跃，有助于为学生营造一种英语语言环境，对于英语的教学具有十分重要的促进作用。基于微课的英语翻转课堂，教师的点评和学生的自测卡都能够帮助教师及时了解每个学生的学习情况，有助于促进学生的个性化发展。同时，由于学生能够在平台上及时分享自己的学习成果，使得学生自主学习的积极性和自信心大大增强，极大地提高了英语的教学效率。

第三节　SPOC

一、SPOC 概述

（一）SPOC 释义

美国加利福尼亚大学伯克利分校的阿曼多·福克斯（Armando Fox）和戴维·帕特森（David Patterson）教授首次提出了 SPOC（Small Private Online Course，小规模限制性在线课程）的概念。阿曼多·福克斯认为："MOOC 只是课堂教学的补充，并不能完全替代课堂教学。当 MOOC 发展到能够提高教师的利用率、增加学生的产出量、提高学生的学习能力和学习参与度时，此种模式便可以称作 SPOC。"SPOC 的"小规模"（Small）和"限制性"（Private）是相对于 MOOC 中的"大规模"（Massive）和"开放性"（Open）而言的，"小规模"（Small）是指学生规模一般在几十到几百人，"限制性"（Private）是指对不同的学生设置限制性准入条件，达到要求的申请者才能被纳入 SPOC，具有小众化、限制性、集约化等特点。从 MOOC 到 SPOC，SPOC 将 MOOC 的教学理念、内容、形式及技术平台进行改进，同时继承了 MOOC 开放、泛在的特点，教师利用 SPOC 对学生档案袋的建立、学习效果的跟踪等进行实时监控，相比 MOOC 来说，SPOC 功能更立体、更全面。

SPOC 的受众主要包括两类。

1. 围墙内的大学生

维基百科将 SPOC 解释为在校学生在本地使用的 MOOC 版本。Hoffmann 也认为，SPOC=MOOC + Classroom。比如，Fox 就创建了一门独立的在线课程——软件工程，专门对加利福尼亚大学伯克利分校的学生开放。

2. 从全球范围内选取的在线学生

有人将 SPOC 翻译为“SPOCs”，就是注册人数固定的“MOOCs”。

（二）SPOC 的提出背景

随着网络与信息技术的飞速发展，我国的教育形态已然发生了深刻的变革。在线教育作为信息时代的产物，获得了前所未有的发展机遇，在线学习与网络学习研究也逐渐进入了人们的视线。在此背景下，大规模在线开放课程（Massive Open Online Course，MOOC）应运而生，一举成为高等教育改革和在线教育实践的热点领域之一，其特点主要表现为“大规模”“开放”“在线课程”等，为学生提供了一种新的知识获取方式与学习模式，具有传统教学所无法比拟的优势。MOOC 概念刚被提出时并未引起过多关注，对于 MOOC 的思考与探索并不够深入。面对全球范围内 MOOC 风暴的来袭，国内外学者对 MOOC 的观点也不一而同。何克抗教授在《关于 MOOCs 的“热追捧”和“冷思考”》一文中对 MOOC 实践中出现的问题进行了剖析，并提出应对 MOOC 模式进行深入的研究实践和理念的深化拓展。基于问题的驱动，人们开始探索从不同角度对 MOOC 模式进行改进，从而出现了小规模限制性在线课程（SPOC）、超级公播课（Meta-MOOC）、深度学习慕课（DLMOOC）、移动学习慕课（MobiMOOC）、大众开放在线实验室（MOOL）等。

随着 MOOC 新形式的不断涌现，在线学习质量逐步提升。在众多新型 MOOC 模式中，SPOC 受到了广泛关注。哈佛大学的罗伯特·卢（Robert Lue）认为，SPOC 作为一种灵活和有效的方式，正在使在线学习跳出原来的照搬课堂课程的魔咒。SPOC 顺应教学改革的需要，与其他教学模式相结合，将其应用于教育教学之中，能有效提高教学质量。SPOC 使教师从烦琐重复性的教学活动中脱离出来，使其可以将精力投入深层次教学中，创新教学模式，同时也将在一定程度上提升并发展教师的专业能力。SPOC 利用大数据学习分析来支持学生的个性化学习，提高了教学效率。SPOC 吸收并继承了 MOOC 的先进理念，又在一定程度上弥补了 MOOC 的缺陷。因此，SPOC 将 MOOC 的潜能更好地发挥出来，改变了传统的教学结构，为现有学校制度的改革提供了可能。

（三）国内外研究现状

早在 2012 年，阿曼多·福克斯教授最先在“云计算与软件工程”课程中进行了 SPOC 实践。随后推广至哈佛大学、加利福尼亚大学伯克利分校、宾汉姆顿大学等高校，许多国外大学利用优质的 MOOC 课程资源开展 SPOC 教学实践。国外的 SPOC 教学实践主要分为两大形式：一种是只针对高校在读学生，利用 MOOC 资源进行翻转课堂教学，采用线上学习与线下辅导相结合的混合式教学模式；另一种是通过设定申请条件来选取一定规模的在线学生进入 SPOC 课程，在学生满足各项考核要求之后获得证书。目前，国外学者大多是基于混合学习模式来构建 SPOC 教学模式的。

我国学者也对 SPOC 的两种形式进行了本土化应用实践。桑新民认为，SPOC 教学模式是通过将 MOOC 应用于大学课堂中，从而发展而来的线上、线下相结合的混合学习模式。贺斌、曹阳则将优质的 MOOC 课程资源与传统的面对面课堂教学的优势相融合，重构了高校的教学流程，达到了教与学质量的提高。而祝智庭将 SPOC 音译为“私播课”，更多地强调 SPOC 相较于 MOOC 的限制性准入的特点，其仍然是免费的、开放的、在线的课程。康叶钦认为，学生不需要去学校，可以通过 SPOC 支持的在线学习来完成全部课程，探讨交流并完成作业及测试。在我国，SPOC 目前主要应用于普通高校、开放大学、中小学，在普通高校中应用得最多。

1. 应用于普通高校的 SPOC 教学应用实践

江苏师范大学的陈然、杨成设计了基于 SPOC 的混合学习模式，该模式结合 SPOC 的特点与高校的实际教学需求，以高校专业课“C 语言程序设计”课程为案例进行了设计与应用，以期对高校教学的深入改革和 SPOC 的可持续发展提供借鉴。中南大学的曾明星、李桂平等认为：SPOC 为学生深度学习提供了可行性支持，将 SPOC 与高校教学过程融合进行了翻转课堂设计，强调学生通过学习可以对知识达到深度理解，并且提高问题解决能力和高阶思维能力，从而大大提升高校教学质量。陕西师范大学的杨丽、张立国将 SPOC 本身的性质和形式与传统高校混合式教学模式的优势相结合，从前端分析、资源设计、学习环境与活动设计、评价设计四个方面构建了 SPOC 在高校教学中的应用模式，并在高校里进行了实践应用。

2. 应用于开放大学的 SPOC 教学应用实践

浙江广播电视大学的吕静静借鉴 SPOC 的优势，结合开放大学的混合式教育现状，从网状联盟的构建、教师角色转变及岗位细化、翻转课堂形式的应用、大数据分析和利用等方面详细探讨了基于 SPOC 的开放大学混合式教学的新内涵，通过对新内涵的探讨来对开放大学的战略转型和建设实践提供借鉴。辽宁师范大学的王朋娇教授分析总结了 SPOC 在开放教育发展中的促进作用，并将优质的课程资源与教学设计进行深度融合，通过构建基于 SPOC 的翻转课堂教学设计模式，建设了具有可行性的开放大学 SPOC 实践依据，以期对开放大学的教育质量提升和教学活动有效开展提供帮助。

3. 应用于中小学的 SPOC 教学应用实践

兰州大学的柳春燕在分析中小学教学特点的基础上验证 SPOC 在中小学推行的可行性，以此为基础构建了 ARCS 模型视角下的中小学 SPOC 教学模式并将其应用于中小学教育，通过对模式功效的初步实践检验，发现该模式对学生的个性化发展、学习兴趣及学习效果具有促进作用，为后续在中小学教育中推行 SPOC 提供了理论借鉴和实践经验。

二、SPOC 与 MOOC 的比较分析

（一）在线教育形式的演变

国内外在线教育大致可归为 AOC、OCW、MOOC、SPOC 四种形式。SPOC 课程其实是 MOOC 向 AOC 的一种回归。在线教育形式的这一演变过程表明，以技术转移为核心的教育变

革最终仍需回归到以应用技术提升教与学的质量，而不能简单、粗暴地抛弃“线下面对面”教育。技术对教育的最大作用应该是让学生沉浸于一种技术中介的环境，利用技术却感觉不到技术的存在，从而专注于“学习”而非“技术”本身。

1. AOC

1982 年起步、1984 年之后稳步发展的美国传统异步在线课程（Asynchronous Online Course，AOC），是一种小班制在线教学，师生比为 1∶20～1∶25，通常将教科书作为主要的教学资源，很少专门开发“教学资源”（课件），主要依托异步“交流工具”，教师设计一系列师生互动和生生互动的在线教学活动，并依托每一项教学活动的评价反馈为学生提供各种教学资源，以此来完成预设的学习任务。

2. OCW

2001 年，MIT 率先发起开放课程运动（Open Course Ware，OCW），将该校课程免费、开放上线。MIT 的 OCW 奠基于两个比肩而行的价值观——“机会”与“开放性”，旨在“通过可利用的在线教育资源促进全世界人类的学习及让教育更为平民化”。此后，其他世界知名高校，如哈佛大学、耶鲁大学、斯坦福大学、加利福尼亚大学伯克利分校、剑桥大学陆续跟进，并推出各自的开放课程计划，以供世界各地的机构、学生和自学者使用。我国主要有 2003 年启动的“国家精品课程”项目和“十二五”期间启动的“国家精品开放课程建设与共享”项目。需要特别指出的是，在这一阶段的在线教育中，可汗学院也是一支重要的力量。

值得注意的是，上述推出的是课程制品（Courseware）而非课程（Course），也就是仅把大学实体课程和一些素材开放出来与更多人分享，而不是以网络学生为对象来讲授和制作的课程，不要求学生依照何种方式完成学习，不承担学习课程认证，实体课程的教师、同学和助教也都不会与网友产生任何互动。由于开放式课程提供的是包含课程大纲、讲义、影片、录音等不同的课程素材，并且主要是视频教学资源，因此，OCW 还有另一个名称，即视频公开课（Video Open Course）。

3. MOOC

2012 年是“MOOC 元年”，还是美国那几所顶尖名校率先推出了三大 MOOC 平台 Coursera、edX 和 Udacity。由于首批上线的课程都是名校的公开课，课程的视频和教学活动专门面向网络制作，顶级课程加上顶级制作，课程质量和水平非常高，并且完全免费，因此受到了热捧。随即，MOOC 浪潮从美国蔓延到了全世界，欧洲较有特色的 MOOC 平台有德国的 Iversity、英国的 Futurelearn、澳大利亚的 Open-study。中国较为著名的 MOOC 平台有清华大学的学堂在线、爱课程和网易云课堂推出的中国大学 MOOC、交通大学联盟的 Ewant、果壳的 MOOC 网等。

MOOC 将教育的全过程，包括招生注册、授课、作业、讨论、考试、发证环节在互联网上实施，而 OCW 仅将“授课”单个环节搬到了互联网上，这就是 OCW 与 MOOC 的本质区别。它们的异同点如表 3.1 所示。

表 3.1　OCW 与 MOOC 的异同

项目	OCW	MOOC
共同点	大规模、开放，能做到知识共享	
差异	主要提供视频资源，多采用课堂录像的形式	一门好的 MOOC 课程会针对网络学习的特点设计和制作，授课内容、节奏和方法向线下课堂形式靠拢，强调表现力和亲和力，画面更精美，视觉体验更丰富，视频并不是唯一形式，一般还会有 PPT 形式
	固定、单向、无群体交互的课程，仅供学生单向观看，没有学习互动，学习是个体的、无群体交互的行为	灵活、多向、有群体交互的课程，线下设有作业（通常为自动批阅）、讨论区、考核，形成师生互动、同伴讨论的学习群体，让学生拥有更完整的学习体验，营造出共同学习的氛围

4. SPOC

美国加利福尼亚大学伯克利分校的阿曼多•福克斯首次提出了 SPOC 的概念，总的来说，SPOC 具有以下优点：

（1）定制性和私密性。SPOC 可以完成从时间、空间到学习对象、教学内容等一系列教学环节的全面定制。同时，教师可以选择定制后的教学内容是否公开，这既保障了 SPOC 的教学质量，又保护了学生的个人隐私。

（2）细致的数据分析服务。SPOC 提供了更细致且精确到个人的数据分析服务，可以及时反馈学生在每一个特定时间段的学习行为和学习效果。

（3）多种方式的师生互动功能。在线上学习阶段，教师会做出一些重要的教学安排（如作业、实验、考试等）；线下采用以翻转课堂为主的混合式教学模式，来改善传统课堂的教学质量。

从 MOOC 到 SPOC，教学理念、内容、形式及技术平台都有所改进，同时 SPOC 也继承了 MOOC 开放、泛在的特点，教师利用 SPOC 对学生档案袋的建立、学习效果等进行实时监控。MOOC 与 SPOC 的区别如表 3.2 所示。

表 3.2　MOOC 与 SPOC 的区别

项目	MOOC	SPOC
英文全称	Massive Open Online Course	Small Private Online Course
中文定义	大规模在线开放课程	小规模限制性在线课程
注册限制	完全开放，无注册限制	需满足限制性准入条件
人数限制	大规模，无限制	限制在几十到几百人
起点水平	学生水平各不相同，教学内容无法完全满足每个学生的需求	具备大致相同的知识基础和学科背景，对于提供的教学内容收获更大
认知情况	由于认知水平和认知结构不同，观点和想法也不在同一层面上，故效率在一定程度上会有所降低	拥有相似甚至相同的认知水平和认知结构，效率大幅提高，在整体上更有利于自身的长远发展

（续表）

项目	MOOC	SPOC
学习动机	不具备很强的学习动机，不利于有效学习	具有较强的学习意愿，学习动机更强
教师角色	讲授者	指导者、监督者、引导者
课程内容	统一的课程内容	为不同学生提供个性化的学习指导
深入程度	注重知识的复制与传播	注重知识的构建
完成率	较低	较高
评价方式	一般利用量化的评价工具进行评价，强调客观性试题和标准化测验的形成性评价	除形成性评价的量化评价外，融合过程性评价的质性测量
师生互动	学生规模庞大，互动困难	师生互动有针对性、更深入
学习体验	学习动机不足，参与度不高	有完整的学习体验，有利于深度学习
技术平台	对平台要求高，需支持大规模注册	已有网络教学平台或 MOOC 平台

（二）SPOC 与 MOOC 的关系辨析

SPOC 对 MOOC 的继承、完善与超越分析如下。

1. SPOC 吸收和传承了 MOOC 的先进思想与做法

MOOC 尤其重视重点突出的微视频，少量、高效的精准测验，基于大数据的学习分析，学习、学分和学位认证及就业推荐，广泛连通的社交网络，技术研发和应用创新相融合（如“按需”设计的个性化选择与控制、精准测试与及时反馈、全新运作机制）等，这些具有突破与创新特征的思想与做法值得 SPOC 借鉴与吸收。

2. SPOC 可化解 MOOC 面临的主要挑战

当前基于 MOOC 平台的教学模式尚不完善，还面临着不少挑战，如较高的辍学率；成本较高，如微视频制作、知识网络设计、技术平台、一流师资等需要花费较高的成本；缺乏成熟的商业运作模式，如资金来源、盈利模式都是需要考虑的问题；缺少自主学习动机，如自觉投入时间、精力，均需要较高元认知；教与学方式传统陈旧，应实施与 MOOC 内容、学生特点相吻合的新型教与学方式；教学质量认证如学分、学位认证不规范；缺少沉浸式学习体验。SPOC 申请者要满足准入条件并经历某种筛选，只有少数成功申请者才能免费使用包括核心资源在内的全部课程资源，而未被接纳者只能作为旁听者使用部分课程资源。这就是 SPOC 的私密性。私密性能让学生产生一种对外宣示主权的责任感和占据优质资源的紧迫感，激发他们产生较高的参与动机。小众群体之间的互动性和黏性较高，有利于提高完课率。在商业模式探索方面，SPOC 可以为某所大学或教育机构开设私密的、定制化的小众在线课程，甚至提供 VIP 服务，如定期答疑、私密讨论区等。为了增强沉浸式学习体验，SPOC 力倡混合学习模式，将 MOOC 材料用来支持面对面教学。另外，SPOC 要利用 MOOC 技术来支持教师转移到更高价值的活动中，如小组讨论、面对面交流等。

3. SPOC对MOOC的超越

虽然SPOC和MOOC在技术平台、知识点设计方面并无太大差异，但SPOC在运行机制、教学形式、教学流程等方面却有较大的创新。事实上，SPOC已经成为MOOC规则的改变者。比如，SPOC针对在线课程提出了“限制性申请”和“私密性”机制，可在较大程度上降低学习管理复杂度，增强学习互动，激发自主学习动机，提高学生的完课率和学习成绩。又如，MOOC主要采用线上学习形式，而SPOC却倡导混合式学习，有助于将MOOC的所长与面对面教学的优势融为一体。为此，要针对不同的教学目标、教学内容和学生特征，将MOOC内容与技术和多样化的面授活动（如讲座、实验、问题解决、项目设计等）有机结合起来，实现对现行课堂的有效翻转——改变或重组教学流程，变革教学结构，最终提高教学质量。

（三）SPOC的显著优势

（1）受众面小，对学习过程可实现有效管理。

（2）采用MOOC的内核，如知识点单元化、富媒体集成资源、闯关式学习方式、进阶式流程管理，教学目标明确，可大大提高教学质量。

（3）注重学习体验，完整记录学习过程，强化学习行为管理。在线教育中，每名教师的教学和学生的学习都会自动留下关于行为、利益和偏好等方面的大量“面包屑”似的数据，因此，平台运行过程中产生的海量数据实际上是一项重要的信息资产，如何采集、挖掘和分析以获得教学反馈，并去解释各种现象，查找存在的问题及缘由，乃至利用这些数据来解决现有的问题，显得非常重要。目前，SPOC正在利用MOOC所收集和分析的大数据，为校园课堂教育探索更为完善的教学研究和改进方法。

在线教育平台的“大数据利用和分析”问题较为复杂，首先需明确分析平台的设计目标，构建出相应的分析体系；其次进行数据挖掘，从数量和质量两个方面去做各项评估；最后得出优质方案。其中，数据挖掘主要包括数据采集、数据存储、数据预处理、确定数据挖掘目标、选择算法、分析数据和可视化数据表示。对于SPOC来说，在设计目标上，主要利用数据来评估用户和课程。其中，评估用户大致包括学习投入、学习速度、学习习惯、学习效果、交互学习等方面；评估课程包括页面和视频的设计、内容的丰富度、讨论活动设计、作业、答疑等。

（4）教师职能导师化。教师职能导师化是SPOC的一大特色，无论是线上学习还是线下学习，教师由主要的讲授者转变为引导任务驱动型进阶式学习的启发者，这有助于提高混合教学效果。事实上，SPOC利用了MOOC平台中的技术来帮助教师将时间和精力转向更高价值的活动中，如小组讨论、任务协作、与导师面对面交流等，即MOOC平台中的技术增强而非取代传统的课程要素。比如，与其在自动评分器是否应该取代人工评估问题上无休止地争辩，还不如静心考察自动评分器如何提升助教的力量，让助教专注于审查互动密集的设计项目或处理工作和论坛中遇到的挑战性问题。也就是说，作为稀缺资源的教师时间已经从低价值的评分操作向高价值的学生交互活动转移。同样，与其担心基于MOOC的社交网络会取代面对面的同伴交互，还不如提出问题并尝试作答：在什么条件下、用什么类型的材料，在线共同体才会对促进学习有所帮助？社会网络技术如何帮助促进在线和现场共同体的建构？对于开放式项目设计和讨论式学习，需要大量的教师监督，因此可能不太适合MOOC，但是可以在教室环境中展开。

（5）翻转课堂。SPOC 采用 O2O 混合学习模式，较好地促进了网上学习（以理论知识为主）与线下学习（以实操和社交为主）、自主学习、协作学习、探究学习，以及教学前、教学中和教学后的有机融合，从根本上改变了传统课堂教学的流程，带给学生完全不同的学习体验。翻转课堂在采用 SPOC 混合式学习模式的基础上，将以前在课堂上所讲授的知识录制成微视频，之后学生在学习单的引导下提前观看微视频，并做少量针对性的小测验。这样，在余下来的课堂时间，学生便可专注于练习、项目或者讨论，或者教师集中讲解知识结构，并有针对性地答疑解惑。例如，MIT 生物学系的怀特（White）教授将他在 edX 平台上发布的 MOOC“生命的奥秘”改编成翻转课堂的 SPOC，让学生在线观看视频讲座并提出问题，为课堂上的问题解决和知识应用做好准备，目前运行效果相当乐观。

总之，SPOC 在教、学、管、控四个方面都体现了其独特优势。

三、国内外典型 SPOC 教学模式实践案例分析

（一）国外典型 SPOC 教学模式实践案例分析

1. 加利福尼亚大学伯克利分校基于 edX 平台的 SPOC 混合教学模式

阿曼多·福克斯教授及其团队借助 edX 平台，将 MOOC 线上优质资源转化为 SPOC 课程进行混合式教学。SPOC 课程的学习要求学生具有较好的编程基础，以便学生进行后续的应用实践；在教学资源方面，采用 edX 平台上已有的优质课程资源进行本土化 SPOC 转化；在教学实施方面，观看在线课程时学生可以根据自身情况控制学习进度和学习方式，在课堂教学中则更多地强调师生间问题探讨的深度互动，学生可以有选择地参加课程学习；在考评检测方面，由作业、随堂测试及小组合作组成，其中小组人数在四至六人之间，要求小组成员每两周交流一次，并合作完成项目设计。加利福尼亚大学伯克利分校的 SPOC 教学应用形成了较为成熟的教学模式（见图 3.5），通过自动评分程序实现即时对学生进行详细的评分和高细粒度的反馈。但在教学实施中的效果监测方面仍显不足，对学生观看在线课程的过程并未进行监控，并且在评价上主要依靠机器进行，未形成科学化、多元化、全面性的评价体系。

2. 哈佛大学基于 edX 平台的 SPOC 混合教学模式

哈佛大学的 SPOC 教学实践是直接选取 edX 平台上的在线课程资源，将 edX 线上平台与传统线下课堂进行混合式教学，其模式如图 3.6 所示。首先设置限制性准入条件来控制学生人数。课前，学生直接借助 edX 平台进行在线课程的学习，并完成课前测试，教师根据平台反馈的学生学习的数据对学生的学习情况进行了解；而后在课中，通过师生讨论、合作学习的方式来解决重、难点问题并完成课程任务，在学习和讨论时间上要求学生每周至少保证八小时，并且要求学生每周参与八十分钟的在线研讨；最后学生需要达到课程要求并且期末考试合格，才能获得哈佛大学在线课程证书。哈佛大学在效果监测方面较加利福尼亚大学伯克利分校有更明确的任务要求，可以更好地保障学生的学习效果。但值得注意的是，学生课前在 edX 平台观看的视频并未和本地现状进行融合，并且缺乏必要的教师资源引领过程，预习效果难以达到预期目标。

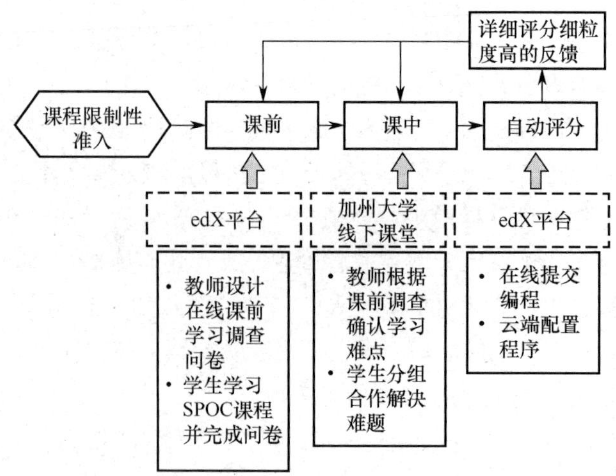

图 3.5　加利福尼亚大学伯克利分校基于 edX 平台的 SPOC 混合教学模式

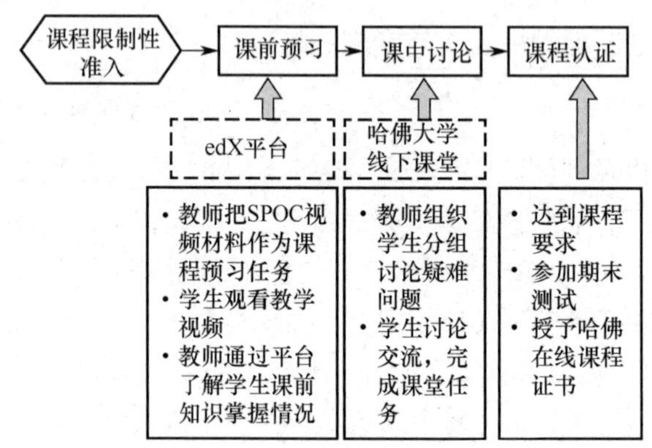

图 3.6　哈佛大学基于 edX 平台的 SPOC 混合教学模式

3. 麻省理工学院波士顿分校的 SPOC 教学模式

麻省理工学院波士顿分校的布莱恩·怀特（Brian White）教授在 2013 年结合 SPOC 进行了《基础生物学 I》入门级课程的讲授。课程面向生物初学者，并没有对基础知识的要求。怀特教授将已有的 MITx 课程分解成小单元，每个单元中包括一个视频课程、自测题目及引导性任务。在教学目标的设定中，不仅包括一般的课程教学目标，还增加了额外的实验操作和讲授，并以周为单位进行教学。与加利福尼亚大学伯克利分校和哈佛大学不同的是，麻省理工学院波士顿分校将部分课程讲授和任务解决的教学流程放在课后完成，目的是让学生通过动手实践和实际操作来发现问题、解决问题，教师通过解答问题进行知识传递。课程考核包括 edX 平台的测验及十次课堂检测两大部分，要求学生每周学习十至十五小时。麻省理工学院波士顿分校对 SPOC 的教学实践做出了相关创新探索，将原来的讲座与实验相结合的形式转变成了现在的线上、线下混合式教学模式。但值得注意的是，此模式更适用于操作性较强的实验类课程。怀特教授注重课程资源的本土化建设，整个教学实施过程较以往的面授课程结构发生了很大的改变，重新设计了教学流程及教学内容的呈现时间。

4. 圣何塞州立大学基于 edX 平台的 SPOC 教学模式

圣何塞州立大学的葛迪利（Ghadiri）教授团队利用 edX 平台开展了 SPOC 教学实践，课程实施所使用的主要教学资源来自 edX 平台的在线课程。除此之外，团队还根据本校情况自主开发课堂上协作学习所需要的教学资源。课前，学生不仅要观看 edX 平台的在线课程，还要进行在线测试和作业，通过调查问卷反馈知识掌握情况和学习情况。教师根据调查问卷反馈的问题在课堂上进行简短的回顾和解答，而后学生以小组的形式进行问题探讨，最后对学生进行相应的个人测试来评价其学习情况。通过这种 SPOC 教学实践，能有效提高学生的通过率和认可度，并且能够提高学生的学习兴趣、学习积极性和学习时的情感态度。但值得注意的是，该模式在课前的在线学习中缺少必要的教师引领，并且在最后评价中只看重学生的个人测试成绩，因此可能会造成学生在小组讨论中参与度不足，从而影响教学效果。

（二）国内典型的 SPOC 教学模式实践案例分析

1. 浙江大学基于 CNSPOC 云课程平台的 SPOC 翻转课堂教学模式

浙江大学主导建设了 CNSPOC 云课程平台，并以此平台为教学载体，联合全国三十所高校进行了“工程图学”课程的在线授课。因各学校的教学要求、教学进度及学生基础知识各不相同，所以 CNSPOC 云课程平台针对不同的学校构建了个性化的 SPOC 课程资源。浙江大学的课程结构主要分为线上学习和线下学习两大环节，二者有机结合，强调学生在学习过程中的自主性。在线上教学过程中，教师通过创设学习活动，让学生利用平台教学资源进行自主学习。在线下教学过程中，教师协助学生进行分组讨论、自主设计、自我命题、自我测试等自主学习活动。在整个教学过程中，线下教师根据各自的教学要求，采用针对性、个性化、适应性的线上资源教学方式进行教学。浙江大学的 SPOC 教学应用总结并开发了适用于自身的较为成熟的教学模式与教学资源（见图 3.7），但是其过分关注了学生学习的自主性，忽略了教师在教学中的引导作用，有可能造成监管失控，达不到预期的教学效果。

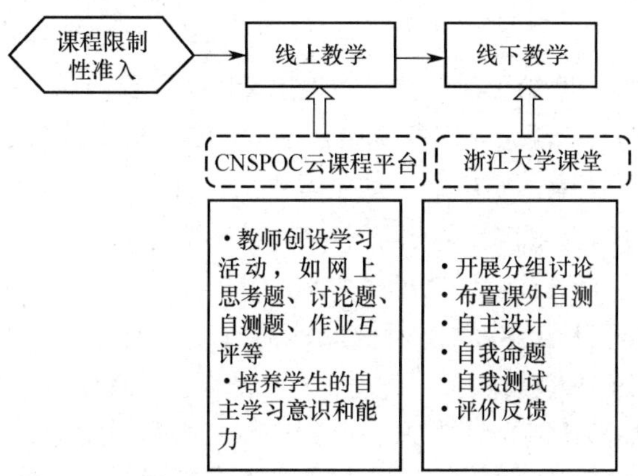

图 3.7 浙江大学基于 CNSPOC 云课程平台的 SPOC 翻转课堂教学模式

2. 清华大学基于智学苑 SPOC 平台的教学模式

2011 年，基于智学苑 SPOC 平台，清华大学首次将大学物理课程进行 SPOC 教学实践，并将 SPOC 教学列入清华大学经管学院的常态教学。该平台将课程与媒体资源进行有效整合，并设计出可兼容多媒体课件的电子教材。课前，教师利用设计的学习任务单来引导学生进行在线课程的学习；课中，通过师生互动来共同学习重难点知识，并进行个人实验设计的实景演示；课后，学生通过教师布置的课后学习任务单来巩固知识和完善个人实验，并进行课后互评。清华大学的 SPOC 教学研究形成了一套较为成熟的教学模式（见图 3.8），采用线上平台和线下课堂有机结合的方式，将知识逐步内化到学生的认知结构中，而后进行逐步深入。在效果监测方面，评测依据是教师所发布的课前学习任务单和课后学习任务单。清华大学的 SPOC 教学模式适用于动手类实验课程，在教师引领方面做得相对较好，但是在效果评测方面仍略显不足。

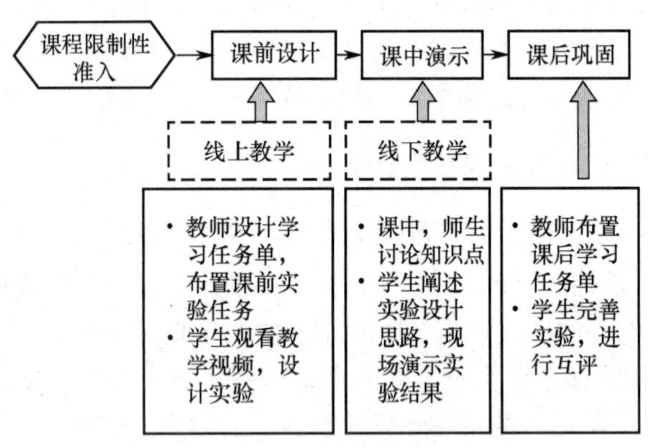

图 3.8　清华大学基于智学苑 SPOC 平台的教学模式

四、基于 SPOC 的混合学习应用案例

（一）基于 SPOC 的混合学习模式设计

1. 设计原则

（1）主动性原则。建构主义学习理论认为，学习过程不是被动接收信息刺激的过程，而是学生主动建构知识的过程。学生在混合学习中提出疑问、发表观点、主动参与讨论，正是知识建构的过程。因此，在 SPOC 混合学习模式中，各部分的建构要以充分发挥学生的主动性为核心，学生作为知识建构的主体，要增强主动学习意识，自主安排学习进程。

（2）社会性原则。在有意义的学习情境中，问题的解决往往需要相互协作来完成，通过有效的交流能够极大地促进学生对知识的意义建构。因此，基于 SPOC 的混合学习需要学生进行线上、线下互动交流。学生利用 SPOC 课程资源，通过个人或小组协作的方式共同解决疑难问题，这也是学生由被动的知识灌输对象转变为学习活动主体的必然途径。

（3）系统性原则。加涅认为，教学是一个系统化的过程，教学系统本身是对资源和程序做出有利于学习的安排，任何组织机构，如果旨在开发人的才能，均可以被包括在教学系统中。SPOC 混合学习模式设计遵循系统性原则，不仅包括学生和教师，还包括以助教、教育技术人员为主的课程团队。该模式设计不仅包括学习活动，还包括对学生等要素的前端分析及对混合学习资源的设计与开发，并在反馈中不断加以调整。

2. 学习模式设计

根据上述设计原则，在综合国内外基于 SPOC 的混合学习模式基础上，给出新的 SPOC 混合学习模式，主要包括前期准备、混合学习活动设计、学习活动的实施与评价三部分。

1）前期准备

（1）前端分析。对混合学习活动开展的各要素进行前端分析，能够保证学习活动的顺利实施。前端分析包括对学生、学习内容及学习环境的分析。学生分析包括对学生学习需求、应用SPOC平台的熟练程度、混合学习的态度等因素的分析。教师在了解学生特征和先备知识的基础上确定教学目标，根据教学目标划分混合学习内容，区分适合线上、线下学习的内容单元。线上、线下的深度融合，使混合学习环境成为一个复杂的生态系统，因此，对学习环境分析必须把握SPOC混合学习活动的外部环境，为学生顺利进行混合学习提供支撑。

（2）学习资源的设计与开发。SPOC的资源设计与开发由教师团队主导，团队成员有任课教师、助教、教育技术人员等。课程资源的开发模式有三种，分别是引进、自建、改造，即引进优质的MOOC课程资源、建设自有SPOC课程，或将校内已有的精品开放课程进行转型升级，改造成SPOC课程。

2）混合学习活动设计

混合学习活动设计以问题解决式教学设计为主线，包括课前导学、课中研学、课后练学三个环节。课前，学生在SPOC平台的支持下进行自主学习；课中，师生面对面展开深入研讨，共同解决疑难问题；课后，学生通过练习测试、总结反思等方式巩固所学。

（1）课前导学。课前导学环节的主要任务是引发问题。SPOC课程视频及课前学习任务单作为不可或缺的学习资源，充分发挥了导学作用。借助视频学习可将课堂中的浅层学习向课前转移，使学生在完成课前任务单的过程中了解学习疑难和自身先备知识的掌握情况，并可利用SPOC论坛及微信等社交工具快速组建讨论小组，交流彼此的收获与疑问。学生利用视频导学和任务导学，从浅层学习不断迈向深度学习，使新问题的生成过程变得更加顺畅。

（2）课中研学。课中研学环节的主要任务是聚焦并解决问题。对核心知识及其问题进行多维度探讨，是学生提高学习成效的重要一环。传统课堂在促进学习社群间深度互动等方面能够发挥更大的作用，因此研学环节主要在传统课堂里进行。一方面，教师根据学生的课前导学情况了解学习疑难点，SPOC平台记录的学生课前探究路径和数据分析结果也为教师确定问题提供了决策辅助；另一方面，学生进行合作探究、小组协作能够提供多种解决问题的方法，拓展课内学习深度，对于难以解决的问题，教师适时加以点拨，能够让学生对学习做到触类旁通。虽然课中研学在传统课堂里展开，但SPOC平台的支持作用仍必不可少，它能够为学生创设探究条件。例如，在编程学习中，学生可以通过SPOC云平台配置应用程序，反复提交探究结果，不断完善应用程序。

（3）课后练学。课后练学环节的主要任务是问题深化。教师布置课后作业，实施课后测试，帮助学生测评所学。SPOC混合学习资源的云端智能评价功能为学生提供实时反馈，数据的可视化反馈能够帮学生随时调整学习状态，提高学习效率，优化学习效果，成为学习的主导者。知识的巩固离不开学生的自我反思，自我反思是学生对自己的思维过程、思维结果进行再认识的检验过程，能够极大地促进知识内化。学生自我反思可以在SPOC平台的在线空间里进行，重要的是交流学习体验，巩固所学。

3）学习活动的实施与评价

基于SPOC的混合学习课程不是封闭的，而是一个不断调整和完善的动态开放课程系统。从课程的设计与开发开始，采用优先搭建课程主题框架的方式，结合平台情况并根据课程安排、课程要求及授课时间，优先建设前几周授课章节，并结合后期 SPOC 混合学习实施情况，在实践中不断调整后续章节的设计方案，持续推进课程建设。

学习评价是 SPOC 混合学习过程中的重要环节，涉及学生的表达能力、合作能力、学习能力等多个评价维度。传统的测试方式难以测出学生在混合学习中的全部学习效果，缺少一种科学的、多元化的、可操作的评价标准。SPOC 平台内设的学习分析技术能够为创设细化且多元化的评价体系提供解决方案，主要涉及双重评价模式，即形成性评价和总结性评价相结合，分别应用于混合学习活动的不同环节。课前导学环节中学生的视频学习进度、讨论交流表现等可纳入课前形成性评价指标体系。平台实时记录学生行为数据，如在线参与度、资源贡献度等，可作为实施课中形成性评价的重要参考依据。总结性评价主要包括线上课程测试和线下期末测试两部分。因此，SPOC 支持的混合学习要加强评价体系的建设，综合考虑活动中每一项任务的完成及其参照目标的设计，为混合学习提供一个有标准可依的多元化智能评价体系。

（二）基于泛雅 SPOC 平台的混合学习模式设计

1. 泛雅 SPOC 平台的核心功能

泛雅 SPOC 平台是超星公司在 MOOC 基础上开发的在线教学平台，在课程建设、学习行为管理、教学组织与教学评价等方面有独特的优势。具体来说，泛雅 SPOC 平台有丰富的课程设计模板及课程内容编辑功能，如可对微视频进行时间点播放控制、防播放拖动设置，向视频节点中插入 PPT、图片、字幕和测试题；教师也可将课程复制或映射给其他教师，以高效地共享课程资源。在学习行为管理、教学组织方面，该平台有“发放、定时发放、闯关模式发放”几种模式。此外，该平台还有统计数据的功能，如作业提交情况、微视频播放时长、反刍比统计等。

2. 混合教学要点及理论基础

何克抗认为，混合学习（Blended Learning）是克服传统学习与网络学习的局限而将两者优势相结合的一种学习模式。混合教学是一种注重发挥传统教学和数字化学习优势的教与学的教学方式，包括建构主义、行为主义、认知主义等教学理论的混合，是教师主导活动和学生主体参与活动的混合，也是学生自主学习和协作学习的混合。混合教学强调教师的主导作用和学生主体地位的有机统一，它所构建的环境是原有学习环境的扩展，并充分整合了传统教学和数字化学习所构建环境的优势。混合教学环境是实施混合学习的基础，是开展混合教学的保障，因此，能否构建一个适合教与学的混合教学环境直接影响着混合教学的发展。

3. 泛雅 SPOC 混合教学模式

（1）混合教学涉及学习对象、教学内容和学习环境三个要素，前端分析主要是对这部分的分析。其中，学习对象分析主要包括学生年龄、专业和年级信息的分析；教学内容分析主要包括教学目标、教学大纲、教学重难点的分析；学习环境是决定混合教学的重要因素，主要包括课堂教学环境和 SPOC 平台，当然还包括其他辅助性媒体工具。前端分析是课程设计的前提，只有充分把握好前端分析的要点，才能设计出个性化、针对性强的教学资源。

（2）课程设计主要指知识单元微视频录制，同时还需准备教学计划、教学大纲、PPT 课件、相关文献和测试题等，将这些资源上传到 SPOC 平台进行在线编辑、整合后，设计成富有逻辑结构的微课程。此外，还可将电子书、虚拟仿真实验、电影录像等作为拓展性资源附在其后。

教学资源是混合教学最重要的组成部分，它的设计决定着后续的混合教学能否顺利开展。因此，设计的教学资源不仅要内容丰富、安排有序，还要与教学的知识点高度相关，否则，冗余无效的教学资源不但不会促进学习，反而会干扰学生对教学重难点的理解，给他们的学习带来负担。

（3）过程组织包括诊断性评价、个性化分类和翻转课堂。诊断性评价主要是对学生的原有知识基础、学习风格进行测试，按异质将他们分组，选出小组导师，对他们进行分层教学，分组推送任务。借鉴翻转课堂模式，课前学生通过 SPOC 平台了解内容导学、微视频课程，完成初试；课中教师组织学生对共性问题进行讨论，对知识难点进行解答，对作业进行点评，也可组织成果展示和创新应用活动；课后学生进行线下交流与讨论，并通过 SPOC 平台开展主题讨论、PBL（问题导向学习）项目实践等。

（4）形成性评价和总结性评价。形成性评价主要是根据 SPOC 平台统计视频反刍比，讨论参与率、作业质量等大数据信息，并结合小组导师的反馈、小组项目完成情况、学生课堂表现、学生自评和互评等因素开展。总结性评价主要以学期考试、成果汇报的形式进行。教师通过形成性评价及时调整教学进度、改进教学方法，也可以对学生的学习行为进行管理，一旦发现学生学习异常就给出提醒信息。最后，教师按形成性评价和总结性评价的权重比例给出学生量化分。

五、基于 SPOC 的引领式在线学习应用案例

引领式在线学习模式最早是由英国 E-Learning Center 创始人简·奈特（Jane Knight）提出的，是指在教师的引领下，学生能在一定时间内按计划、有目的地完成学习任务。在引领式在线学习过程中，高质量的交互活动对于学生的有效学习至关重要，学生通过丰富的交互环境来获取知识，并内化到自身的知识体系中。在国外的网络远程教育中，多采用在线人机交互的形式，将引领式在线学习贯穿于 SPOC 教学中，使 SPOC 教学模式的优势和引领式在线学习的特点有机融合，有效克服自主学习模式面临的困境。

引领式 SPOC 教学模式主要分为三部分，分别为前期分析、引领式 SPOC 教学活动设计、引领式 SPOC 教学多元评价体系设计，如图 3.9 所示。其中，前期分析包括教学目标分析、教学对象分析与教学内容分析三部分；引领式 SPOC 教学活动设计主要以学生、教师、平台三大教学活动因素为设计主线，由教师设定限制性准入条件筛选学生群体，而后从资源引领（知识传递）、活动引领（内化拓展）、评价引领（成果固化）三大环节开展教学活动；引领式 SPOC 教学多元评价体系设计，根据引领在线学习实施效果及时提供反馈与评价，以促使教师不断改进教学方法、学生不断增强自主学习能力。

（一）前期准备

1. 前端分析

（1）教学目标分析。教学目标是指学生通过学习后可以达到的最终结果，这里的结果包括内部心理的变化与外显的行为变化。引领式 SPOC 教学目标自上而下不断具体化，各个教学目标之间相互作用、相互联系，形成了一个完整的引领式 SPOC 教学目标体系，如图 3.10 所示。通过对引领式 SPOC 教学目标的分析，确保教育目的得以实现，并提高教学质量，促进学生全面发展。

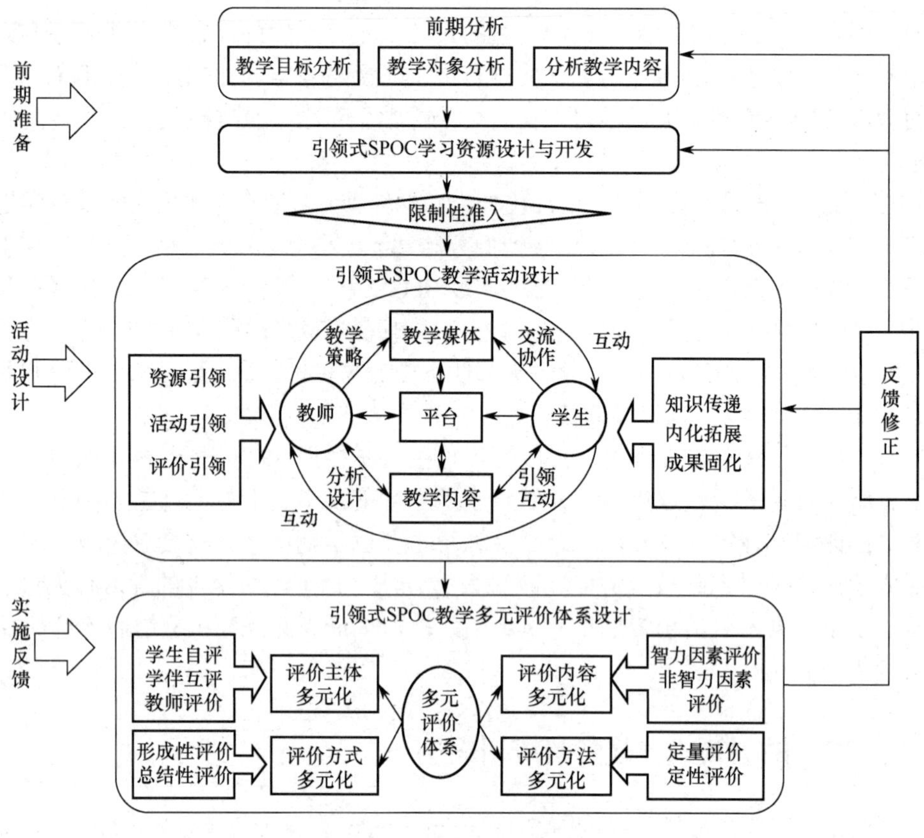

图 3.9　引领式 SPOC 教学模式

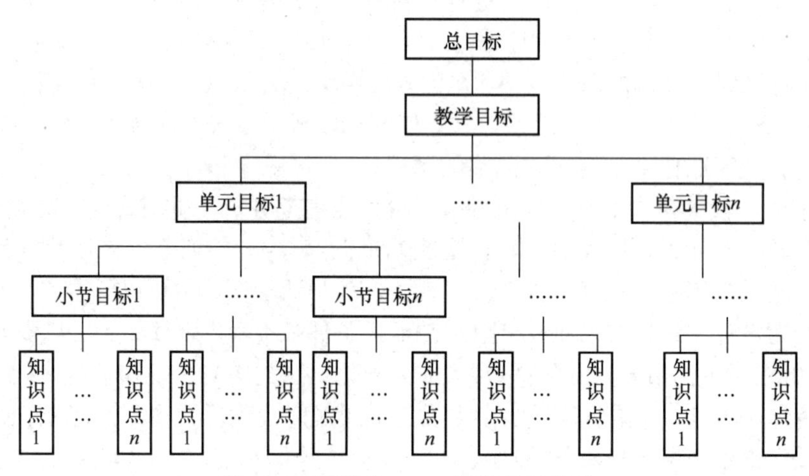

图 3.10　引领式 SPOC 教学目标体系

（2）教学对象分析。在引领式 SPOC 教学活动之前，应首先了解学生的学习需求和基本特征，然后设计具有适应性、可行性和有效性的引领式 SPOC 教学活动。本次研究对学生进行了两次问卷调查：首先，在引领式 SPOC 教学活动开展之前，对学生的基本信息和初始能力进行问卷调查；其次，在引领式 SPOC 教学活动结束之后，对引领式 SPOC 教学模式的满意度进行问卷调查。

学生特征分析是为了了解学生原有的知识水平、认知结构、心理发展水平及学习风格等方面的情况，对学生的初始能力、一般特征及信息素养进行的主要分析。学生的初始能力是指学生在进行学习活动前已具备的知识基础和技能及相关的认识与态度，引领式 SPOC 教学模式根据课程要求对学生的初始能力设定限制性条件。一般特征则是指影响 SPOC 学生学习的一系列心理特点和社会特点，包括年龄特征、个性差异、动机、智力、性格与气质、认知类型等方面。信息素养则是指学生所具备的信息知识和技能、信息能力、信息意识和责任，以确保学生有进行 SPOC 在线学习的能力，排除因操作问题干扰学习效果的因素。其中，通过问卷调查及前测对学生的初始能力进行了解。引领式 SPOC 教学对象分析的结构图如图 3.11 所示。

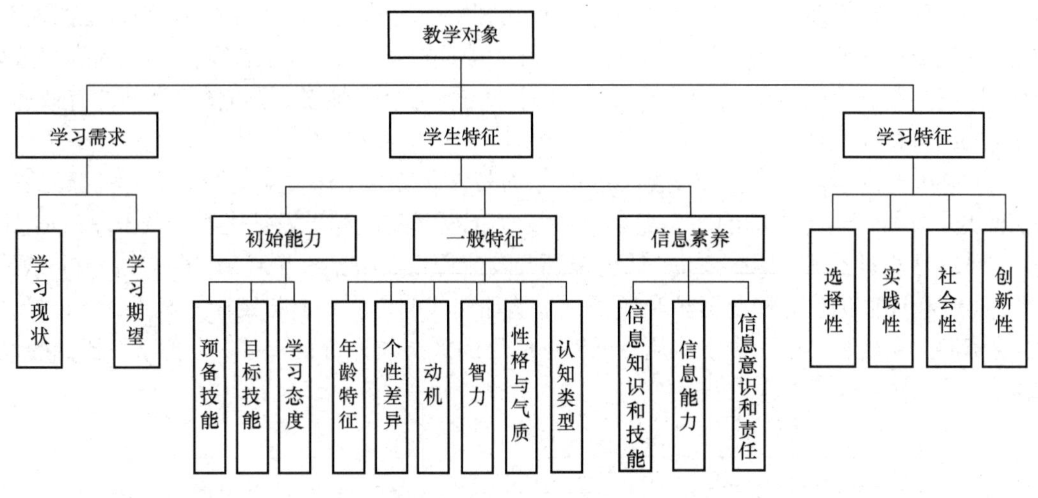

图 3.11　引领式 SPOC 教学对象分析的结构图

（3）教学内容分析。在引领式 SPOC 教学中，教师要对教学内容进行充分了解，依据教学目标、基本特征来确定教学内容的组织形式与知识的深浅和复杂程度，并以此来布置相应的学习任务，安排学生的学习活动，其教学内容分析流程如图 3.12 所示。引领式 SPOC 教学内容共分为三大部分：第一部分为教学内容的选择、单元的划分和安排及确定单元目标；第二部分是对教学内容进行分类；第三部分是对教学内容进行详细的分析、研究，最后形成引领式 SPOC 教学内容的知识和能力结构。并且，在每一部分结束后都要进行评价和修正。通过引领式 SPOC 教学内容分析构建教学内容知识和能力的结构框架，为后续引领式 SPOC 教学活动设计提供指导基础。

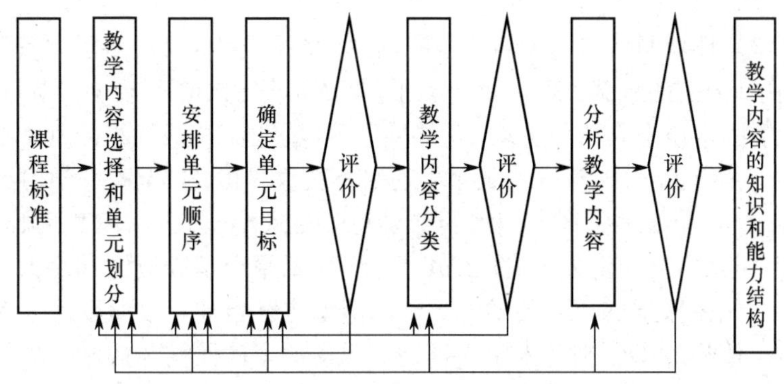

图 3.12　引领式 SPOC 教学内容分析流程

鉴于学生在引领式 SPOC 教学活动中是通过交互活动获取知识的，故而引领式 SPOC 教学内容应是生成式的，以便于学生间和师生间展开协作性的交流讨论，培养学生的发散思维和创新能力，学生通过共同参与到建立知识结构体系的活动中，建立动态的学习过程。

2. 引领式 SPOC 学习资源的设计与开发

学习资源在在线学习中有着非常重要的地位。引领式 SPOC 学习资源设计与开发模式主要有两种，分别是对现有资源的引入与改造和自建学习资源的制作与整合。引领式 SPOC 学习资源体系设计如图 3.13 所示。

（1）对现有资源的引入与改造。依据引领式 SPOC 教学模式，以 MOOC 平台上的现有优质学习资源或精品开放课程资源为基础，与实际的前期分析相适应，从而提升学生的学习效果。在选定课程的基础上增设限制性准入条件，跟踪学习资源使用情况，保障学习资源的有效利用，促进 SPOC 可持续发展。

（2）制作自建学习资源并整合到 SPOC 学习资源体系中。通过对背景、学习资源的需求、资源现状的分析，确定明确的教学目标，并规划课程开发流程，设计适合引领式 SPOC 教学模式的系统性教学资源。具体来说，课程资源开发流程主要包括五个环节，即前期分析、规划、设计、实施和评估优化。整个资源开发是一个循环迭代的过程，依照设计方案设计、选择、开发学习资源，并在 SPOC 平台上应用，再根据应用的效果与评价来修订、完善学习资源的设计方案。

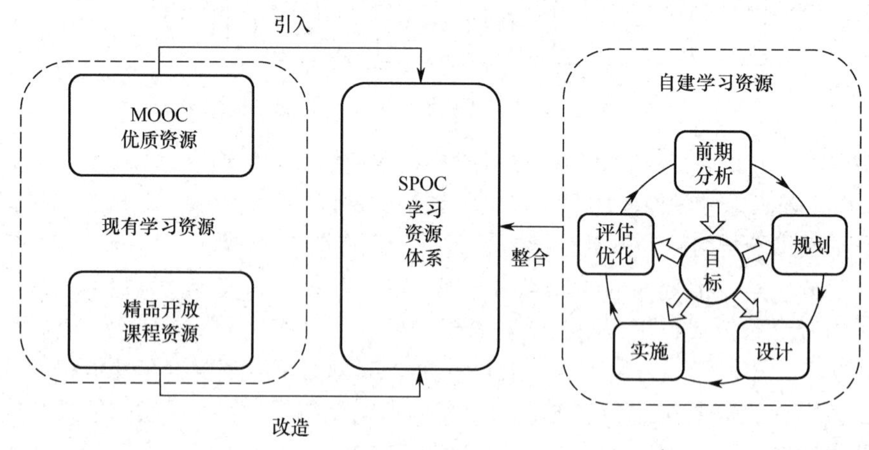

图 3.13　引领式 SPOC 学习资源体系设计图

结合 SPOC 学习环境的特点与学习资源的属性，依据设计流程，对学习资源的内容体系进行设计。而学习资源内容的承载、表现和情境创设都离不开 SPOC 平台。以 Keller 的 ARCS——学生学习动机影响因素模型为指导思想，从该模型可以看出，构成动机的基本要素包括不断渗透学生主动关注（Attention）、与自身某个学习目标关联（Relevance）、学习过程中不断获得自信（Confidence）和最终达到令人满意的结果（Satisfaction）四个基本原则。SPOC 平台学习资源由两大模块资源共同构成，如图 3.14 所示，包括平台基础资源和个人学习空间。引领式 SPOC 教学内容是生成式的，需要学生对学习资源进行自建，故而设计个人学习空间的个人学习资源部分。依靠 SPOC 平台为学生搭建高效能的、良性循环的学习环境，学生以问题驱动，采用自学或组建学习共同体的方式完成相关知识内容的交流与获取，从而达成学习目标，完善自身的认知结构。

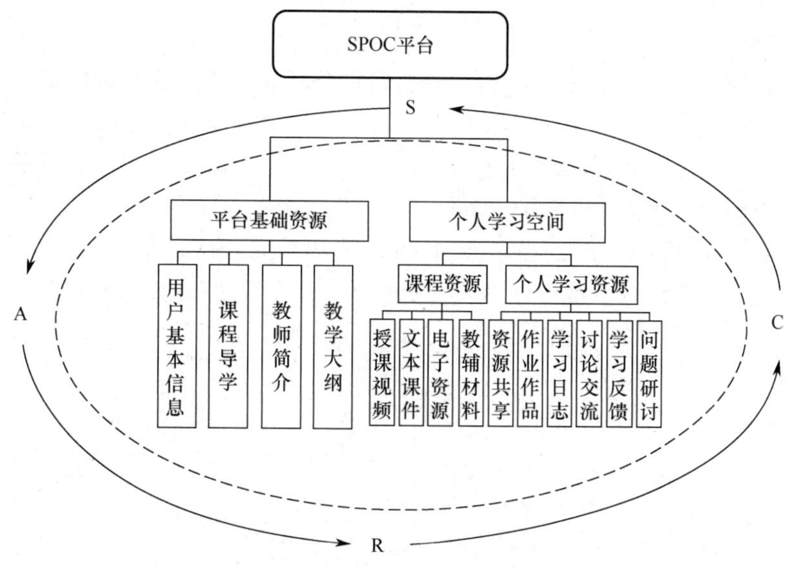

图 3.14 SPOC 平台结构设计图

（二）引领式 SPOC 教学活动设计

本书以活动理论模式和 SPOC 教学活动模式为根本，按照教学设计理论，设计引领式 SPOC 教学活动，以学生、教师、平台三大教学活动因素为主线，包括资源引领、活动引领、评价引领三个环节，如图 3.15 所示。引领式在线学习注重学习过程中人与人之间的沟通与协作，因此在设计引领式 SPOC 教学活动时要充分体现引领式在线学习的特征。首先，学生需要对教师提供的课程相关信息进行充分的学习准备；其次，在活动进行时，学生学习和作业提交等均有时间限制；最后，教师的引领在交互活动中发挥着重要作用。

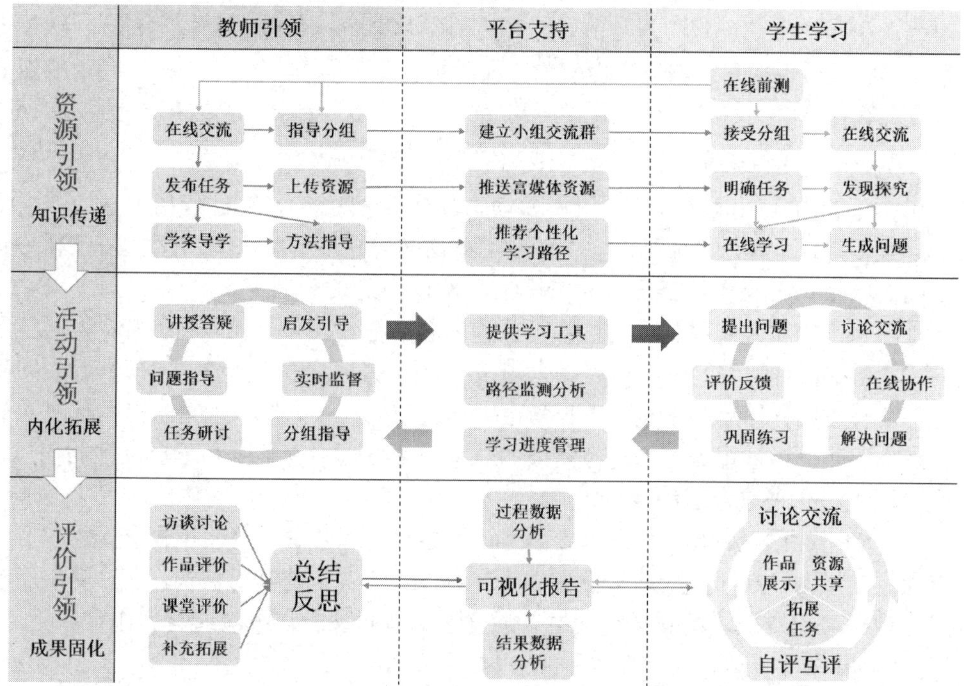

图 3.15 引领式 SPOC 教学活动设计

1. 资源引领：知识传递

在引领式 SPOC 教学模式中，教师首先通过前期分析和对学生的前测结果了解学生的一般特征、初始能力与信息素养，然后根据学生的情况通过平台对学生进行分组指导和给予学习支持；学生接受分组，明确学习任务及完成学习任务所需达到的标准，做好充分的学习准备，在教师的引领下，通过协作学习和在线学习进行学习探究并生成问题。

在建立引领式 SPOC 教学模式学习共同体时，采用异质分组策略进行分组，小组成员在性别、基础水平、能力、性格特征上进行合理分布，使小组具有互补性，如图 3.16 所示。在 SPOC 学习共同体中，学生之间为了实现共同的目标，相互沟通、协作与分享，以更好地促进知识建构，实现有效学习。

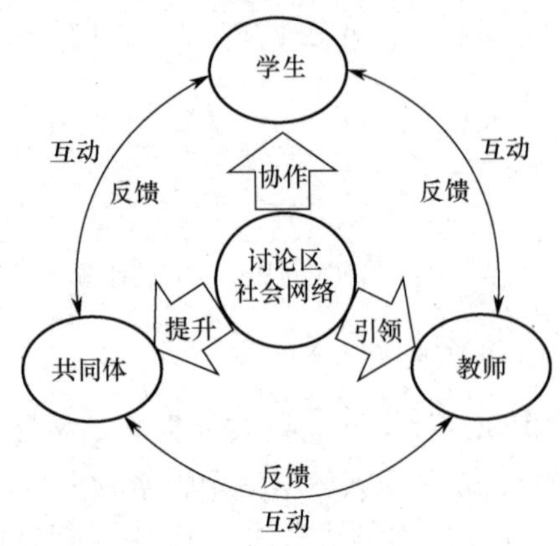

图 3.16　引领式 SPOC 教学模式学习共同体

资源引领下的知识传递环节是引领式 SPOC 教学活动的重要组成部分，教师作为资源整合的主体，需要从宏观上为学生整合课程的整体框架，挑选出合适的视频资源、参考材料及相匹配的练习等，引导学生在正式学习之前做好充足的学习准备，包括了解教学目标、教学内容、教师简介、平台使用说明等，并明确考核内容和考核方式。同时，在 SPOC 平台上推送多种形式的媒体资源和符合学生特征的个性化学习路径，并以合适、科学的呈现形式提供给学生。

2. 活动引领：内化拓展

活动引领下的内化拓展环节是引领式 SPOC 教学活动的核心部分，包括丰富的课程资源和各种交互性学习活动。在这个阶段，学生的学习采用“大同步、小异步”的原则，以周为单元，在一定时间内，根据自身实际情况合理安排学习时间，完成学习任务。

在活动引领环节主要包括六个方面：①课程内容的在线讲解、辅导和答疑；②对学生学习进行启发式引导；③对学生的学习进度和学习情况进行实时监督与反馈；④与学习共同体进行异步讨论和协作学习；⑤针对学习任务与学生共同进行研讨；⑥为学生无法自主解决的问题提供指导。整个活动引领过程是一个动态持续的过程，教师要根据学生和平台反馈的信息，及时修改和完善课程，并采取合适的应对措施。

在进行活动引领的过程中，教师指导学生使用各种学习工具，通过开展交互式学习活动来进行网络课程的学习。教师要主动与学生进行交流，了解学生的学习需求，及时提供反馈与评价，促进有效学习的发生。在教学活动中，强调学习共同体的在线沟通与合作等。

3. 评价引领：成果固化

在评价引领下的成果固化环节，学生的活动主要分为三个方面：首先展示作品，进行讨论交流；其次在教师指导下进行自我评价和学生互评，并进行总结；最后对所学知识进行深入的讨论交流，并参考教师提供的补充拓展内容进行知识固化。

引领式 SPOC 平台将学生在线学习交互情况、学生在线测试情况和学习过程表现情况等过程性数据和总结性数据存储到个人数据库中，通过分析形成可视化报告，反馈给教师作为评价学生的依据，从而使教师对学生的在线学习进行针对性辅导，同时为评价学生的学习效果和实施教学的效果提供有力依据。其中，在线作品是学生通过学习平台将自己的作品上传到网络课程中，由教师和同学进行主观评分。

（三）引领式 SPOC 教学多元评价体系设计

引领式 SPOC 教学多元评价体系以学生为中心，具有多元化、综合化、动态化的特点，包括评价内容、评价主体、评价方式、评价方法的多元化设计，如图 3.17 所示。教学评价要与教学过程相融合，并与各种教学活动相衔接，从而对学生的学习进行及时调整和激励。

教学评价与学习过程是同时发生的，学生能够得到及时的评价反馈，了解并改进自己的学习状态，促进评价与教学进行互动，完善评价对教学的反馈协调机制，帮助教师或助教根据评价结果及时做出策略与方法的调整。

在引领式 SPOC 教学活动过程中，注重教师反馈的适时性和评价的针对性。而合理的评价应该是对学生的学习行为、学习态度等进行评价，以更好地激发和促进学生的学习积极性。

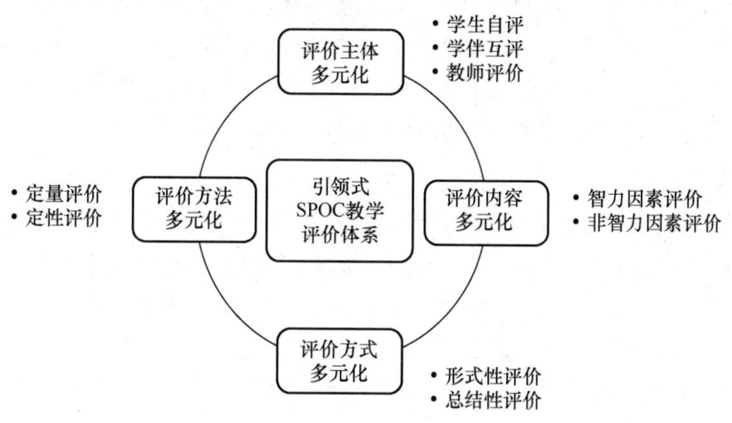

图 3.17　引领式 SPOC 教学多元评价体系

1. 评价主体多元化

引领式 SPOC 教学多元评价的主体是参与教学过程的所有角色，包括学生、学伴和教师。由于评价主体不同，通常有教师评价、学生自评、学伴互评及其他角色评价等不同形式。由多种主体来开展引领式 SPOC 教学多元评价有利于学生从多个角度来全面地认识自我、发展自我。其中，在学生自评和学伴互评的过程中，以学生为主体，教师引导学生进行科学、有效的自评和互评。

（1）学生自评是学生以一定标准对自身的学习态度、情感和学习效果进行自我评价。通过学生自评活动可以提高学生的学习积极性、自主性、主动性和独立性，并培养他们的自我反思能力和批判性思维能力。

（2）学伴互评是指学习伙伴之间的互相评价。通过学伴互评活动可增进协作互信氛围，提升小组成员责任感，有利于学生拓展关注视角，培养学习协作互助意识，是学生间相互学习、相互欣赏、共同进步的过程。

（3）教师评价是由教师作为评价主体来展开的教学评价。教师评价的优点在于，教师更能把握学生的学习进度、思维积极性、认知成效等，依据教学实际灵活地调整评价要求，通过评价结果来改善教学和促进学生学习。

2. 评价内容多元化

引领式 SPOC 教学多元评价内容不仅包括学生对基础知识和技能掌握情况的智力因素评价，而且包括学生在学习过程中形成的其他能力，比如自主学习能力、合作能力、情感态度等非智力因素评价。

（1）智力因素评价。智力因素评价包括学生对各学科所应掌握的知识和形成的技能情况。智力因素评价以课程标准为指导，以细化的评价指标为依据，结合多元化评价体系，对引领式 SPOC 教学内容做出价值判断。

（2）非智力因素评价。非智力因素对于一个学生的成长至关重要，更加关注学生的心理因素与情感等方面。通过教师评语、学生自评、谈话、家长参评和小组互评等形式，提升学生的自我反思能力。

3. 评价方式多元化

引领式 SPOC 教学多元评价方式主要包括形成性评价和总结性评价两种。形成性评价发生在整个学习活动当中。引领式 SPOC 教学活动的教学环境主要基于引领式 SPOC 教学平台和多种交互平台。平台会对学生在线学习活动的行为数据进行分析、筛选，形成学生个人数据库，教师可以通过平台对学生的在线学习行为进行有效的形成性评价和给出及时的反馈。总结性评价的数据来源于学生在学习阶段的所有信息及总体考核、问卷调查等。

4. 评价方法多元化

引领式 SPOC 教学多元评价方法的多元化体现在评价从定量和定性两方面出发。定量评价主要是根据学生参加的各种测试来检查学生对新知识的领悟与掌握程度，或者对引领式 SPOC 平台学生学习的数据信息进行统计和定量分析，主要包括学习实践、在线实践、登录次数、留言次数、讨论次数和评价次数等，以此来反映学生某一方面的能力和情感态度等。定性评价是对现有的学生信息进行思维加工，包括学生的知识背景、学习的深度和广度、自主学习和协作学习能力、参与学习活动的积极性、学习态度等。定性评价主要评价的是情感领域教学目标的完成情况，注重的是对学生情感态度的培养；定量评价主要评价的是认知领域和动作技能领域目标的完成情况，注重的是学生对知识的内化程度。定量评价和定性评价的重要性不分伯仲，它们共同组成了引领式 SPOC 教学多元评价体系。

第四节　教育游戏

一、教育游戏概述

（一）教育游戏的定义

“教育游戏”一词源于 20 世纪 80 年代美国一些学者对电视游戏教育价值的研究，从此一些感兴趣的学者对游戏的教育功能及游戏在教育中的运用做了一些研究。在我国，随着计算机游戏的普及，对教育游戏的认识和研究逐渐起步。

教育游戏不是教育与游戏的简单融合，教育游戏应以游戏为体、教育为纲，既要保留游戏本身的趣味性、刺激性、目标性和规则性等特征，又要使游戏的目标和规则与教育教学的目标与原则相融合。教育游戏目前没有统一的定义，其中 2004 年《教育游戏产业研究报告》给出教育游戏的定义为：能够培养游戏使用者的知识、技能、智力、情感、态度、价值观，并具有一定教育意义的计算机游戏类软件。其他学者也对教育游戏的定义有着不同的理解，魏婷、李艺在《国内外教育游戏设计研究综述》一文中提出，教育游戏是一种具有游戏特性和教育功用的电子游戏，其从本质上讲是由游戏设计和制作人员创作，且承载着具体教育和娱乐目的的计算机软件；李海峰、王炜在《基于人本主义理论的教育游戏设计研究》一文中提出，教育游戏是为实现教育本质而采取的一种有效途径，即以游戏为载体对个体进行文化传播，促进个体的全面发展和社会的发展。

教育游戏主要是指具有教育意义、富含教育内容、以教育功能为主要目标的电子游戏软件。教育游戏作为新型的教学媒体，既有游戏功能又有教学功能，游戏功能可以引导学生参与到游戏的情境中来，而教学功能则可以帮助学生在游戏中进行认知加工。

（二）教育游戏的特点

通过上面的分析可知，教育游戏不同于教育软件和一般的娱乐游戏，它是以一种独立的形式存在的。当然，教育游戏是基于网络游戏和教育软件发展起来的，又和二者有着千丝万缕的联系。Back.Y.K.认为教育游戏最主要的特点是带有明显的教育意图。教育的目的有可能跟游戏的目的一样，也有可能独立于游戏而带有纯教育的目的。教育游戏的特点如下。

1. 教育游戏是带有教育目的或学习目标的

教育游戏的教育目的与其游戏目的不同，教育目的可能包含在游戏目的中，也可能独立存在。

2. 教育游戏带有规则性

教育游戏与娱乐游戏一样明确规定了游戏的规则，这些规则一般都是虚拟的、人为规定的，但是学生必须遵守。

3. 教育游戏带有竞争性

教育游戏与娱乐游戏一样带有竞争性，这种竞争性可以激发学生的内部需要，转化为玩游戏过程中的学习动机。

4. 教育游戏带有挑战性

教育游戏可以刺激学生的挑战心理。

5. 教育游戏把幻想转化成学习动机

每个教育游戏都带有不同程度的幻想因素，这种虚拟的、不同于现实的因素可以引发学生的兴趣和好奇心，促使学生持续保持学习的兴趣。

6. 教育游戏带有安全性

很多游戏是通过模仿现实生活中的情境而创作的。但是，游戏的世界是虚拟的，现实中错误的尝试可能给游戏者本身造成不利，而在游戏的虚拟世界中，游戏者可以安全地感受现实生活中危险的或者无法实现的事物。

（三）教育游戏的理论基础

1. 建构主义理论

进入20世纪90年代，随着多媒体和网络技术的逐渐普及，建构主义学习理论被人们逐渐理解、接受并发展起来。建构主义学习理论强调以学生为中心，学生不是被动的接收者，而是信息加工的主体，是知识意义的主动建构者。建构主义强调学习必须在真实的情境中展开，最好是一项真实的任务，强调协作学习的重要性、非量化的整体评价和学习任务的复杂性，而不是简单的“对”或“错”，并要求设计能够保证学习任务开展所需要的学习环境、学习资源等。建构主义认为，知识不是通过教师传授得到的，而是学生在一定的情境即社会文化背景下，借助其他人（包括教师和学习伙伴）的帮助，利用必要的学习资料，通过“意义建构”的方式获得的。因此，建构主义学习理论认为，“情境”“协作”“会话”和“意义建构”是学习环境中的四大要素。

用建构主义理论开展的教学有利于培养21世纪的新型人才，而教育游戏体现了建构主义以学生为中心的理念，能够提供适合的情境和丰富的资源，为学生合作精神、主动性的发挥提供了一个良好的平台。所以，教育游戏能够体现现代教学的理念，培养的人才也符合现代社会的需要。

2. 游戏化学习理论

游戏化学习理论也是教育游戏的理论支持之一。游戏化学习是华南师范大学未来教育研究中心主任、国内著名信息技术教育专家桑新民教授大力倡导的新一代学习方法。

在游戏化学习的过程中，学生享受游戏乐趣、获得游戏成果。游戏情境和游戏任务促进学生的探究性学习，而游戏的趣味性和竞争性则能够激发学生的学习动机，促进学生进行深度学习。

3. 多元智能理论

加德纳认为，人的智能是多元化的，大致有如下七种：语言智能；逻辑——数学智能；视觉——空间智能；音乐——节奏智能；身体——运动智能；人际交往智能；自我认识智能。加德纳的多元智能理论认为，每个学生都不同程度地存在上述七种基本智能，这些智能之间的不同组合就表现出学生个体之间的智能差异，也代表了每个学生不同的潜能，这些潜能只有在适当的情境中才能获得充分的发展。

多元智能理论把智力的本质看作实践能力和创造能力，但是必须将这两种能力置于一定的文化环境中进行激活，才能增强学生的创造力。因此，多元智能理论倡导的学习环境是一种促进学生语言智力、逻辑智力、交际智力及自知智力发展的学习环境，在这样的学习环境下，学生通过自我探索和与别人的沟通、交流、合作来实现自我建构和自我创造。传统的教学主要开发学生的语言智能和逻辑数理智能，忽视了其他智能的开发和培养；而教育游戏在开发和培养学生的多元智能方面具有传统教学方法和手段不可比拟的优势。

4. 内隐学习理论

内隐学习是相对于有目的、有意识的外显学习而言的，是指个体自动无意识地获得某种规则而自己却没有意识到这个学习过程，同时也无法用语言清楚地表达所获得的规则和知识。内隐学习就是不让学生外显地学习某种规则，而是给学生很多关于这些规则的材料，让其在对这些材料的不断感知中，自动习得这些内在的规则。内隐学习的最大特征是无意识性。课程学习内容中的内隐知识，如科学方法、应用技能等，虽然可以通过运用一些策略来习得，但大部分内隐知识都是在个体无意识、自动化的学习过程中获得的。在教育游戏设计中，要注重情感道德情境和探究性任务的设计，做到在无形中正确引导学生的道德观、人生观和价值观，为学生提供自主学习的支持工具，帮助学生学习应用技能、科学方法等。教育游戏的设计应当以游戏的娱乐性、趣味性为主，使学生在玩游戏的过程中得到知识能力的培养，实现一种潜移默化的效果。绝不能以各种说教的方式来向学生灌输知识与方法，而应该让学生在玩游戏的过程中主动地获取知识与方法，达到解决问题后继续游戏的目的。

二、教育游戏的设计

（一）教育游戏的设计原则

教育游戏的设计是教育游戏开发的前提，良好的教育游戏设计对于整个开发过程至关重要。教育游戏设计是根据教学目的和内容，对游戏的场景、情节等进行规划设计，用于传递教学内容，从而完成教学目标的系统化的活动或程序。

教育游戏设计不同于一般游戏，其首要的、最基本的原则就是教育性和游戏性的兼顾与平衡。作为游戏设计的范畴，教育游戏设计必须遵循游戏设计的规律，包含游戏设计的一切要素，同时，保证良好的教学效果也是教育游戏设计的目标。

在教育游戏设计中，教育性与游戏性如何达到完美的平衡，是教育游戏的研究者努力思考和力图解决的问题。教育性与游戏性的完美平衡是指教育游戏可以用来传递教学内容，完成教学目标，并且能很好地调动学生的兴趣和积极性，吸引学生的注意力。

（二）教育游戏的设计策略

教育游戏作为学习资源的一种重要形式，要在教学应用中产生积极的影响，促进高校教育信息化的顺利推进与和谐发展，提升高校教育信息化效果。一款好的教育游戏应该包含明确的教学目标、具体的教学内容、合理的教学策略、有效的教学评价等，同时又具有足够的趣味性，能够激发学生的学习动力等，这样的教育游戏在游戏化教学中才能带来积极、正面的影响。因此，教育游戏的设计应该采取一定的策略。

1. 教育游戏的设计应做到娱教结合、寓学于乐

教育游戏不全等于娱乐，也不全等于教育。如果为了突出游戏的教育意义，不惜以损失游戏的娱乐性为代价，或者仅仅为了游戏而游戏，而忽视了教育的目的，都是不可取的。当然，在这里我们要明确的是，娱乐性是指从主流游戏中提取的内在积极动机，如挑战、幻想、好奇、控制、目标和竞争等。因此，研究者和开发者应充分考虑如何为游戏者提供足够多的游戏空间，使其真正参与到各个学科的学习中去。

2. 教育游戏的设计应注重反馈、评价等激励机制

游戏之所以能够吸引人，其中一个主要的原因就在于其能够对游戏者的操作产生及时的反馈与评价，并指导其进行下一步的任务。真正能促进学生思考的反馈信息不是对行为结果的简单对错判断，也不是靠外在奖励、评分或称赞所能达到的。对学生的反馈是让他们知道自己的操作是否正确，所做的判断是否会对任务的完成产生积极影响，任务的解决是否有了一定的进

展。只有这样的信息才是及时的、富有指导意义的，才能够让学生不断看到自己的进步和学习效果，以便及时调整和改进。

3. 教育游戏的设计应重视对学生学习动机的激发

马斯洛认为，一种综合性的行为理论必须既包括内在的、固有的决定因素，又包括外在的、环境的决定因素。弗洛伊德学派只注重第一点，而行为主义只注重第二点，因此这两种观点要结合在一起。除了要研究人的行为，还必须充分重视产生这种行为的主观因素，如人的情感、欲望、希求和理想。由此，要让教育游戏发挥其促进学习的作用，就必须重视激发学生内在的学习动机。斯坦福大学的研究者 Malone 和 Lepper 曾试图确立计算机游戏，让它们具有动机最佳化的特征，这些特征对于设计教育游戏有相当大的帮助。Malone 和 Lepper 将这些特征分为两大部分：个人动机与人际动机。其中，个人动机包括挑战、控制、好奇心和幻想；人际动机包括合作、竞争和认同。

4. 教育游戏的设计应注重游戏的交互功能

教育游戏的交互功能是其核心。教育上常说的交互往往是指学生在学习过程中与教师、同学或媒体之间的相互交流。这种交流可能并不是面对面的，但仍具有重要作用，因为在社会交互的过程中发生的交互会话有利于学习，离开或缺少教师的指导和同学的协作，会给学生学习水平的提高带来困难。教育游戏不仅要具有知识描述的功能，更要具备交互功能，学生在操作软件时，其做出的相应变动其实就是交互功能的一种。学生在学习课程时，游戏软件不仅作为传递知识的素材，更扮演了一个指导者的角色，部分代替了教师的功能。

（三）教育游戏的设计过程

教育游戏设计的最关键问题是如何将教学内容融入游戏过程，同时不会对其娱乐性产生太大的影响。要处理好这一关系，就必须实现教学内容向游戏情节、场景的有效转化。在教育游戏的设计过程中，必须在全面的需求分析的基础上，以教学设计为核心，借鉴娱乐性电子游戏的设计方法。因此，可以将教育游戏设计分成两个基本环节：一是教学设计，即将教学内容转化为游戏内容，将教学内容融入游戏的情节和场景中；二是游戏设计，即游戏过程的规划与设计。这两个环节不是独立的，而是相互联系、不可分割的。根据教育游戏设计过程中各要素之间的依赖关系，将整个设计过程进行细化分解，得出教育游戏设计过程，如图 3.18 所示。

需求分析是发现问题的阶段，通过访谈、问卷调查等多种方式广泛收集教师、家长、学生和教育主管部门的意见，发现当前教育中存在的问题并明确适合用教育游戏的方式去解决的问题，从而为教育游戏的定位提供依据。游戏定位包括设计目标定位、用户定位和使用定位，以明确教育游戏针对的学习内容是什么、面向哪些用户、是用于课堂教学还是学生课外学习等，为故事情境的编写提供依据。游戏故事背景编写就是要根据游戏内容和用户的年龄、心理特征等编写故事的背景梗概。教学设计是相对重要的环节，此环节的主要任务是将知识点融入游戏的情节和场景。游戏情节设计是结合故事场景和教学环节进行情节设计的，同时包括游戏过程中的交互和反馈机制的设计等。脚本编写是将具体的设计写成脚本，作为后续开发工作的蓝图。

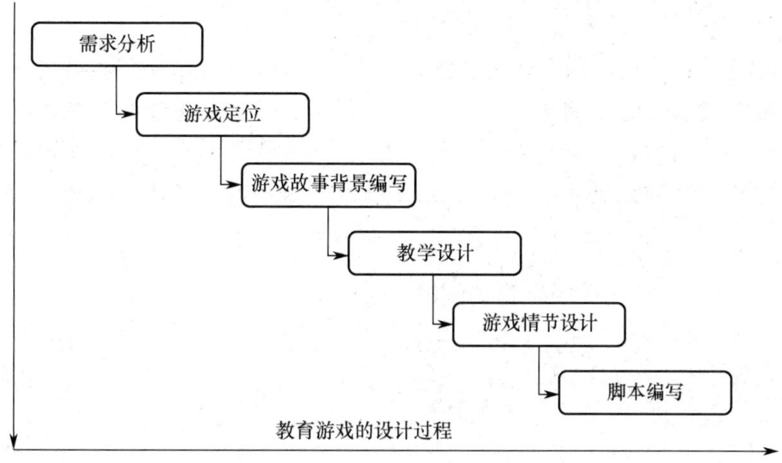

图 3.18　教育游戏的设计过程

三、教育游戏的应用

（一）教育游戏的应用策略

教育游戏在学科教学中的应用有其自己的原则，总的来说就是教育游戏的应用要适当、适时、适度。所谓适当，就是有些教学内容可以游戏化，有些则不能，运用不当会适得其反；所谓适时，就是要根据学生的实际、教学的实际在合适的时机去应用；所谓适度，就是一些难度高、费时多的游戏不应被过多应用。教育游戏应用的目的是更好地达到教学目标，因此，应该将其定位在合适的位置。

1. 教育游戏的应用要有明确的目的性

我们在教学中提倡采取游戏化教学，其目的在于更好、更有效地完成教学任务。如果为了活跃课堂气氛，便盲目地、毫无目的地进行游戏化教学，其结果只能是徒劳、事与愿违。在进行游戏化教学时，要将游戏目的与教学内容有机结合起来，使游戏的每一步都围绕教学内容与教学目的展开。

2. 教育游戏的应用要具有较强的针对性

要根据教学内容的特点来选择教育游戏，有些教学内容并不适合游戏化教学，因此不能勉强为之；有些内容适合游戏化教学，就可以选择恰当的教育游戏。例如，一些操作技能类的学习活动，一些角色扮演类的探究性学习活动，一些运用虚拟现实技术进行的模拟类实验，一些品德、情感类的教育活动，等等，都适合游戏化教学。总之，要将游戏元素放在适合游戏表现的地方。

3. 教育游戏的应用要具有灵活性，将多种应用模式、教学手段有机结合

古语有云：教学无法，教无定法，贵在得法；无法之法，乃为至法。没有一个固定不变的方法，就是最好的方法。每一种模式、方法都有其优点，也有其局限性。因此，在借鉴本书所提出的几种教育游戏应用方法时，应充分认识到它们各自的特点，取其所长，避其所短，将游戏教学法与其他教学方法相结合。只有认识到这一点，才能掌握并灵活运用它们，使模式为教学服务。

4. 教育游戏的应用要注重德育渗透和学生自控能力的培养

教育游戏很重要的一个作用是德育。德育是什么？是行为规范。而游戏的一个重要因素就是规则，这个规则对游戏者具有绝对的威慑力，要玩游戏就要遵守游戏规则。如果不遵守游戏规则，就会被赶出游戏，这是一种惩罚。因此，教师只有充分挖掘、提炼教育游戏与游戏过程中的教育元素、教育资源，并对学生进行德育渗透，才能实现“玩中寓教、玩中育人”的终极目标。

（二）教育游戏在教学应用中存在的问题

任何事物都有其两面性，教育游戏也不例外。在高校的教育信息化过程中，教育游戏引入学科教学虽然能弥补传统教学存在的某些不足，但是如果应用不当也会引发一定的问题，主要表现在以下几个方面。

1. 学生在使用教育游戏的过程中容易迷失学习目标

首先，教育游戏因为有着丰富的媒体元素，如精美的画面、悦耳的声音、动人的故事等，容易吸引学生的眼球，再加上游戏的各种动机因素和激励因素，易使学生在游戏过程中只关注游戏的内容，而忽略了学习的目标。教育游戏如果设计得不恰当，就容易产生这个问题，使游戏性大于教育性，两者关系处于不平衡状态。其次，教师如果引导不当，也会导致学生在游戏中迷失方向。

2. 学生利用教育游戏进行学习可能会导致自控力减弱

教育游戏如果应用不当，就会让学生自控力减弱，沉迷其中不能自拔，甚至出现“游戏成瘾”现象，这是教育者在教育游戏设计和应用中应极力避免的问题。

3. 教育游戏与教学不够平衡

只有在应用过程中追求娱教平衡才能充分发挥教育游戏的效用。目前，在教学中应用的教育游戏存在一种倾向——过多强调教育性。很多教育游戏将知识与问答强制性地加在游戏中，并强制性地要求学生去做。如果学生没有学会或不能纠正错误，就不能进入下一关的游戏；或者如果学生不做这一题而做另外一题，也会被禁止玩接下来的游戏。这种单线程的方式使教育游戏被分割，破坏了游戏的整体性、连贯性、趣味性和可玩性。

四、教育游戏的实际案例

（一）教育游戏介绍

“神奇的水果电池”是“科学乐园”中的一个课程模块，课程的理念是培养中小学生 STEM 课程的知识和技能，目的是通过设置不同的课程模块，让学生在课程的学习中体验 STEM 实践内容。“神奇的水果电池”课程分为线上和线下两大模块。游戏中的探索体验对玩家的吸引力极强，在游戏中可通过探索未知来不断地求奇、求新、求知。因而，线上课程主要是为学生提供游戏化的探究学习体验，课程中的游戏是重要的资源组成模块。而游戏以水果电池为探究主题，学生在线上社区采用自主探究与小组协作的形式，学习关于电的科学知识，并且在线上社区进行讨论、交流、分享，以提升科学探究素养和问题解决能力。推荐的游戏用户是六至十二岁的学生。

在游戏中，学生化身物理学家，探究水果电池的奥妙，逐步了解电流、电路、化学电池、万用表等的原理知识，通过知识通关与同伴一起探究影响水果电池电流、电压的因素并制订研究方案，小组之间讨论、分享游戏设计方案，为实验探究做准备。较之于纯粹地玩游戏，在游戏中进行创造性的、有意义的探究活动更能有效激发学生玩家的动机。学生在社区组建兴趣小组，确定探究主题，基于问题学习相关原理知识，完成任务探究和通关测试；设计水果电池的实验方案，探究水果电池的生活应用，在此过程中随时与同伴交流、讨论以获得反馈和帮助。通过一系列的教育游戏活动，让学生既学习到电学知识及实验探究方法，也体验到进行科学研究的成就感和愉悦感。

（二）教育游戏的特色

在教育游戏中包括完整的科学课程知识，学生通过一系列探究任务和挑战来储备知识，通过主题讨论和成果展示来积累经验值，根据完成情况和表现获得奖励勋章。在遇到困难时可通过同伴、老师的帮助来获得疑难问题的答案，进而逐步达到目标。

在线上的游戏化学习部分，主要通过探究活动、探究游戏、休闲游戏三者的结合，激发学生参与课程学习的积极性。在这个过程中，学生不是被动地参与，而是主动选择和确定自己的探究主题，完成一系列活动，分阶段达成目标，与同伴协作，通过线上社区分享经验、展示成果，在体验游戏娱乐性的同时学习科学知识。

在这些活动中，所探究的问题并没有统一的标准答案，学生根据自己的意向做出选择来形成自己的创意，并可随时得到各种有价值的帮助。游戏为学生提供丰富的情境、与水果电池相关的探究故事，因而学生的创造性被不断地激发，自己控制学习与游戏的过程，与组员一起体验水果电池的制作过程和各种自定的探究活动，而小组的探究成果记录则作为小组竞争及奖励的依据。学生在这种具备独特性与创造性的游戏环境中，轻松愉悦地享受科学探究的过程，创造性思维和问题解决能力得到培养和锻炼，契合了游戏设计的初衷。

（三）教育游戏活动设计

“神奇的水果电池”游戏活动设计如图 3.19 所示。学生进入游戏中，通过自主选择游戏社区，即可确定角色身份，然后进入相应的游戏活动体验中。游戏模块分三部分，即探究活动、探究游戏、休闲游戏，三者密切结合，与课程目标和内容对接，兼顾玩耍与学习。学生在游戏社区里扮演物理学家，研究水果电池，因而需要进行电的相关知识的学习与探究。

游戏分为五个挑战模块，包括“水果电池初相识”“魔力化学电池”“电流小精灵”“智多星万用表”和“水果电池 DIY”。每个模块都设置了清晰的目标、活动规则、操作方法，学生通过游戏探究进行挑战通关，获得能力提升和知识积累。同时，个人的成绩会被记录，并获得不同程度的奖励。最后，学生可以自己选择奖励形式，比如积分卡、个人勋章、做实验用的各种水果素材等。

在教育游戏环境中，激发学生动机的要素被囊括在主体、活动、结果、客体这四个核心概念之下。其中，活动是学习内容与游戏任务进行整合的关键，是主体与客体相互作用及产生结果的载体，不断给予学生游戏体验，帮助学生进行意义建构。首先，从学生角色的选择上来说，水果电池涉及的电学知识相对较多，学生以自己感兴趣或者擅长的内容为方向，虽然他们同是物理学家的身份，但研究的内容、采用的方法、获得的结果等却不尽相同。在兴趣小组内，他们共享资源、知识、技能、工具，随着活动的进行，他们的个性展现也愈加明显，小组内同伴之间的关系也日趋稳固，如此，游戏环境便为学生主体的个性展现和社会关系的建立营造了积极的生态。其次，在游戏活动中，兼顾学习与娱乐是学习内容与游戏任务整合策略之一，关键问题是使得学生在完成游戏任务时不会因为学习知识的负担而影响体验及持续参与的动机。五个挑战模块是引导学生达到目标的一系列相互关联、循序渐进的活动任务，每个模块中内容的选择及物化形式都与幻想、独特、创造性元素密不可分。最后，在游戏中根据学生的学习风格、学习态度等个性化差异提供丰富的选择，包括角色、个人空间、活动类型、行为方式、成果展示、奖励方式等，给予学生更多的控制感。

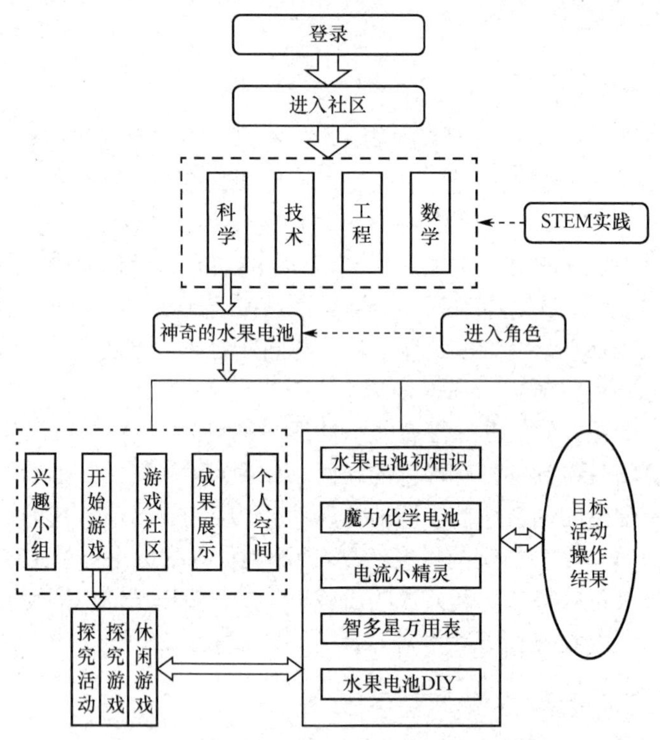

图 3.19 《神奇的水果电池》游戏活动设计

五、基于增强现实技术的教育游戏应用案例

（一）增强现实技术的特性

计算机科学与教育技术领域的研究人员对增强现实（Augmented Reality，AR）的定义有多种。Milgram、Takemura、Utsumi 和 Kishino 通过广义和狭义两个维度定义了增强现实：其广义上是指“增强自然反馈的操作与仿真的线索”；狭义上注重技术方面，认为其是“虚拟现实的一种形式，其中参与者的头盔式显示器是透明的，能清楚地看到现实世界”。也有学者根据其功能或特性来进行定义，例如，Azuma 认为，增强现实可以被定义为一个满足三个基本特征的系统——真实和虚拟世界的融合、实时交互、虚拟和真实物体在 3D 空间中的精确注册。

在教育领域，尽管基于增强现实技术的虚拟学习环境是新生事物，但是它的某些特征符合教育理论中的一些观点。例如，将它与多重类型的技术相结合时，它可以发挥更大的潜能。基于增强现实的教育应用的研究视角，我们把增强现实教育系统的特点和功能分为五个方面：①将抽象的学习内容可视化、形象化；②支持泛在环境下的情境式学习；③提升学生的存在感、直觉和专注度；④与学习对象自然交互；⑤把正式学习与非正式学习相结合。

（二）基于增强现实技术的教育游戏

作为增强现实技术在教育中的重要应用领域，增强现实教育游戏使得学生能够感受到高度的虚实结合性、实时交互性和沉浸性，这种学习体验与 Second Life、Sloodle 等三维虚拟游戏学习环境及更传统的二维计算机游戏有着极大的差异。可以说，基于增强现实技术的教育游戏在激发学生极大学习兴趣的同时，通过其虚实结合的三维沉浸特性，为教学物体模拟、教学过程回溯、教学结果呈现和师生交互提供了更为丰富的体验。

1. 提供直观的学习资源

增强现实教育游戏可以通过其虚实结合的特性，为学生提供直观的学习资源，使得学生“进入”许多不易接触的场景，如深海、真空及高温等极端环境。通过增强现实技术，学生一方面可以在舒适、安全的状态下观察，另一方面又可以获得身临其境的体验，为知识的学习提供直观的映象。

2. 吸引学生的注意力

增强现实教育游戏可以更好地吸引学生的注意力，使学生的各种感官共同参与到学习的过程中。凭借呈现和互动方式的多样性，增强现实教育游戏实现虚拟世界和真实世界的信息交流的方式有多种，大大突破了传统教育游戏以鼠标和键盘作为输入设备，显示器和音响作为输出设备的固定格局，从人的肢体动作到真实世界的物体位置变动都能得到虚拟世界的即时反馈。

3. 可视化呈现

增强现实的教育游戏可以培养学生的空间智能，提升学生的空间理解能力，能够将立体几何、磁场、分子运动、力和加速度等各种学科的抽象学习具体化为可视信息，减轻学生的认知负担。

4. 提供预演

增强现实教育游戏可以为真实实验、实践等活动提供预演，既可以保证学生安全，又能够节约资源。许多实验操作，特别是一些有危险的操作，可以在增强现实教育游戏的环境中先进行演练，这样可以减轻学生的恐惧心理，即使发生错误也不会造成太大的损失。

（三）基于增强现实的教育游戏的典型应用案例

目前的增强现实教育游戏大致可分为两类：基于场所的增强现实教育游戏与基于视觉的增强现实教育游戏。

1. 基于场所的增强现实教育游戏——“接触外星人”

基于场所的增强现实教育游戏是指在特定场所中进行的，运用带 GPS 功能的手持设备叠加显示附加材料（包括文本、视/音频、三维模型、数据等），以改善用户体验的教育游戏。该类游戏借助参与者与（场所）环境间的情感及认知联系，促使其解决复杂问题，获得相关经验。目前，基于场所的增强现实教育游戏的典型应用领域包括科学教育、环境教育、历史教育、综合能力培养等几个方面。

增强现实教育游戏“接触外星人”是雷德福大学的 Matt Dunleavv 等与 MIT、威斯康星大学的同事合作研制的，旨在培养初中生及高中生的数学技能和科学素养等。

这是一款叙事驱动的探究式游戏，采用戴尔 Axim X51 掌上电脑（内置 GPS）作为硬件支撑。学生手持 Axim X51 在物理空间（如学校操场）走动，Axim X51 上的数字地图（与物理空间关联）标有虚拟物体及人物的具体位置，当学生接近虚拟物体或人物时（识别半径约为九米），Axim X51 内置的增强现实软件将在现实场景的基础上叠加显示该虚拟物体（或人物）、视/音频信息、文字信息，以提供叙事、导航、协作的线索及学业挑战。学生（每四人一组）需要与虚拟人物进行对话，收集虚拟物体，解决数学、语言及科学难题，以确定外星人的动向。每个小组的四位成员分别扮演化学家、密码学家、计算机黑客、FBI 特工等角色，每位学生根据自身的角色收集证据信息。为了解决各种难题，学生必须与队友分享信息，进行合作。例如，当接触外星人飞船残骸（虚拟物体）时，小组的每位成员都可获得与残骸尺寸测量相关的信息（但各不相同，且不完整）。若成员之间不进行协作，不相互分享信息，则该小组将不能解决问题，无法进入游戏的下一阶段。

“接触外星人”在设计之初即为定制预留了空间，教师可根据学生的学业水平，从不同科目（数学、英语/语言艺术、科学、社会学、历史等）或热点时事（能源危机、石油短缺、核威胁、文化差异）中灵活地选取不同的学习材料。

Matt Dunleavv 在对数据进行分析后认为，增强现实教育游戏具备独特的创造沉浸式混合学习环境的能力，能够促进学生批判性思维、问题解决、交流沟通、协作等技能的发展。教师和学生认为，游戏的主要激励因素包括运用手持设备进行学习、在户外收集数据、分布式的知识、积极的相互依赖、角色扮演等。

2. 基于视觉的增强现实教育游戏——“认识濒危动物”

基于视觉的增强现实教育游戏是指在室内环境中（如有特殊情况，也可在室外）进行的，运用标记标识扩增内容（包括文本、视/音频、三维模型、数据等）并叠加显示在现实环境中以改善用户体验的教育游戏。目前，基于视觉的增强现实教育游戏主要包括传统教育游戏的增强现实版本、利用增强现实技术特质开发的学科教育游戏、利用增强现实技术特质开发的特殊教育游戏等。

增强现实教育游戏“认识濒危动物”是由瓦伦西亚理工大学自动化及计算机学院研制开发的，该游戏使用三个立方体作为用户界面，如图 3.20 所示。

图 3.20 “认识濒危动物”游戏

其中，中间的立方体贴有两个标记（在相对的两面，分别贴有 A 与 B），右侧的立方体贴有四个标记（在连续的四面，分别贴有 1，2，3，4）。游戏的流程如下：

首先，游戏系统语音提示某种濒危动物的名称，学生使用中间及右侧立方体逐一组合（共计八种）。学生佩戴头盔显示器，可实时观察与各组合相对应的濒危动物图片。若学生认为某一组合所对应的濒危动物图片与语音提示名称相符，则可将左侧立方体的“★”一面朝上放置，以示确认。

其次，若学生组合正确，那么游戏系统将询问学生是否要了解关于该动物的更多信息。若学生确认需要，那么游戏系统将叠加显示介绍该动物习性及濒临灭绝原因的视频，学生可随时翻动左侧立方体以结束视频播放。若学生组合错误，那么游戏系统将叠加显示与错误组合相对应的濒危动物名称。接下来，游戏系统会询问学生是否继续游戏，若学生确认继续游戏，那么游戏系统将重复上述过程。

最后，在游戏结束时，系统将显示学生的得分。

该游戏的研发团队在对瓦伦西亚理工大学暑期学校的四十六名学生进行对照实验（“认识濒危动物”增强现实版和该游戏的常规版本）后认为，增强现实教育游戏更受学生喜爱，其教学效果更佳。

第五节　电子书包

一、电子书包概述

（一）电子书包的定义

电子书包最初是由电子书沿用下来的，国内的电子书包发展到现在，仍然是一个非常模糊的概念，有的人将它理解为基于平板电脑的学习，有的人将它理解为一对一的数字化环境下的学习，更有人认为电子书包是移动学习。而在国外，与电子书包相对应的也有许多名称，如 e-Schoolbag、e-Bag、Net-bag、e-Book、Electronic Schoolbag、Tablet PC 等。

综合国内外的研究结论，对电子书包的定义有以下四种：第一种是我国以新闻出版社为代表的机构对电子书包的定义，他们认为电子书包是一种资源包和学习平台；第二种是以祝智庭教授为代表的专家对电子书包的定义，他们认为电子书包是一种未来形态的教育电子产品；第三种是中国台湾地区以赖盈如等为代表的人对电子书包的定义，他们认为电子书包是将传统书包进行电子化，以发展异于传统教学的无线行动化环境；第四种是以美国为代表的西方国家对电子书包的定义，他们将电子书包与平板电脑等同，认为它是一对一数字化学习环境下的学习工具。

通过对电子书包众多定义的梳理，可以发现国内外对于电子书包的定义所强调的重点不一样。但电子书包这个概念真正源自中国，国外只是将其作为一个工具在研究，探究它如何支持某一具体学科的教学，以及与教学法相结合对教学产生的影响。而现在中国对于电子书包的定义和理解分为狭义和广义两派。其中，广义派占了大多数，他们认为电子书包绝不是将书本装进计算机那样简单，而是环境、资源、工具的集合体。如果从狭义上去理解，即将电子书包与平板电脑、电子书、移动学习等同。而如果从狭义上去理解电子书包，那么它就失去了其本身的意义。

在本书中，电子书包属于广义的范畴，它是集教学资源、教学系统、教学环境、硬件设备于一体的未来的教学形态。在实践层面上，电子书包可以被理解为未来的一种教学形态和教学活动；而在理论层面上，电子书包可以被理解为一种新的教学形式或教学模式。

（二）电子书包硬件

就硬件而言，电子书包轻薄的机身、高清晰的显示、大容量的存储、便利的触摸屏交互、防水防摔等是其重要的指标。

（三）电子书包系统的构成

电子书包系统主要由学习终端、学习资源和服务平台构成。

1. 学习终端

目前，电子书包学习终端以平板电脑为主，自带 Wi-Fi 无线上网功能，支持 5G 网络，支持 Windows、Android、iOS 等系统软件，可以满足学生的个性化学习需求。

2. 学习资源

学习资源包括课程库、学习工具库、试题库、教育游戏库等教育教学资源，以稳态、固态、动态三种形态呈现。其中，稳态资源由教育主管部门和学校提供，如电子教材；固态资源内置于电子书包，如计算器、字典、教学工具等；动态资源是指通过服务平台获得的学习资源，如试题库、课外阅读资料、家庭教育资源、社会教育资源等。

3. 服务平台

服务平台是支持学校教育、家庭教育、社会教育及协同教育的信息化教育平台，可以为学生、教师、家长、社会教育工作者等提供教育教学资源、学习管理与评价、协同互动等服务。

（四）电子书包的功能与特点

电子书包除具有移动媒体的基本功能外，更重要的是具有教育教学功能，主要包括课堂同步教学与笔记功能、教学管理与评价功能、学习记录与跟踪功能、“家—校—社”协同互动功能、学具管理与应用功能等。

电子书包的主要特点如下。

1. 学习终端的便携性、移动性

便携性是指学习终端的外观与课本相当，轻薄，便于携带，支持手写、滑屏、自动翻页等；移动性是指学习终端具有无线网络接入功能，可以实现随时随地学习。

2. 学习资源的多媒体化、微型化、多元化

多媒体化是指电子书包中的资源是一种与多媒体内容相整合的数字化资源，具有视/音频、动画等多媒体形式，可以为学生创设生动、形象的学习情境；微型化是指资源设计逐步向片段化、微型化发展；多元化是指电子书包不但拥有学校教育资源，还拥有家庭教育和社会教育资源。

3. 支持服务的多样化、个性化

电子书包的应用涉及学校、家庭和社会，使用者包括学生、教师、家长及社会教育工作者。因此，服务平台能为使用者提供多样化的服务，满足使用者的个性化需求。

二、电子书包的设计

电子书包本质上是一个经过定制的具有一定智能化的计算机平台，其主要由三个子平台组成，分别是学生个性化学习子平台、课堂教学支持子平台和教学准备子平台，如图 3.21 所示。

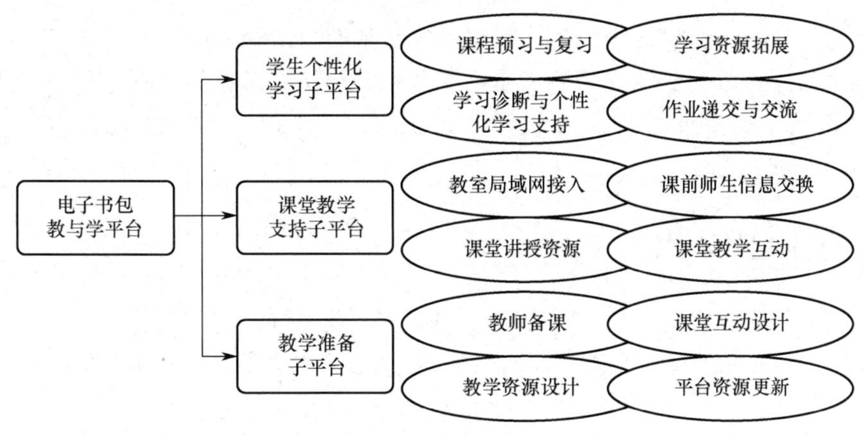

图 3.21　电子书包教与学的基本框架

（一）学生个性化学习子平台

学生个性化学习子平台一般由学习诊断与个性化学习支持子模块、课程预习与复习子模块、学习资源拓展子模块和作业递交与交流子模块组成。其中，最为核心的是学习诊断与个性化学习支持子模块。课堂教学只能满足大多数学生的学习需求，就学生个体而言，他们在认知能力、勤奋程度上都存在一定的差异。目前，学校现行的教学评价难以实现个性化评价，导致许多学生对自身的学习状况和能力缺乏正确的认识，更不易实现有针对性地学习指导。学习平台将通过内嵌的学习状况与评估软件对学生开展学习监督，为学生提供最为适宜的学习指导。同时系统能够自动收集学生的回答，甄别学生所犯错误的性质，并及时给予纠正，而智能 Agent 技术、本体技术等将是最好的技术工具。

（二）课堂教学支持子平台

课堂教学支持子平台主要实现课前学生作业递交和教师学习任务下达的目的，由课前师生信息交换、课堂教学互动等子模块组成，其中课堂教学互动子模块最为重要。在目前的课堂教学中，教师与学生的互动大多只能惠及很少一部分学生，大多数学生处于被动状态。在新颖的课堂教学模式中，师生互动应该是教学设计的重要环节。学生与教师的互动除口头表达外，还可以利用电子书包随时回答教师随堂布置的较为复杂的提问或演算。在机器互联的状态下，教师能够及时调阅或处理学生的回答，进而使教师能够随时了解每一个学生的学习状况，并及时调整教学策略。在师生信息交换系统中，教师可以为每一个或每一类有个性需求的学生布置学习任务，可以与每一个学生说“悄悄话”，学生的提问也可以及时反馈给教师。在这一平台中，电子书包与教室网络的互联、数据的交换、教师对学生学习资源的控制是设计的重点。

（三）教学准备子平台

教学准备子平台主要由教师备课、教学资源设计等子模块组成。其中，在教师备课环节，教师不得不考虑握有大量资源并在智能化学习导航的帮助下已经做了预习的学生的学习需求，因此，如何拓展学生思路，引导学生更为扎实地理解学习内容成为教学重点。在课前师生信息交换后可能会收到许多学生对学习内容提出的疑问，教师需要花费较多的时间去阅读或整理，以此为基础，教师将为学生提供更多的额外学习指导。另外，对于不同区域的学校和不同的学生对象，教学资源的增删和重组是教师必须认真考虑的问题。在这一平台中，教学资源的剪裁与制作、记录学生学习进程与状态的数据库设计、学生问题自动答疑等将成为设计的难点。

三、电子书包的应用

电子书包的使用对象有学生（子女）、教师、家长和社会教育工作者。电子书包的应用领域包括学校教育、家庭教育、社会教育及“家—校—社”协同教育。其在教育中的应用模型如图 3.22 所示。

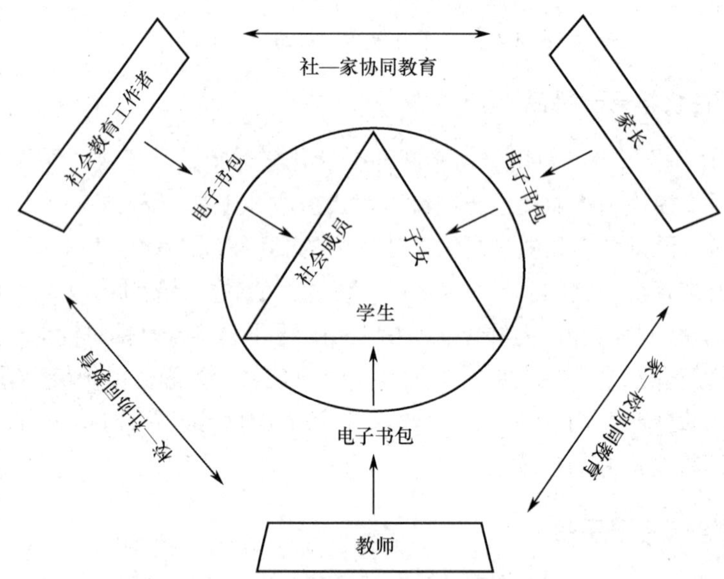

图 3.22　电子书包在教育中的应用模型

（一）电子书包在学校教育中的应用

电子书包在学校教育中的应用包括课堂教学应用、校园活动应用及教学管理与评价。

1. 课堂教学应用

教师利用电子书包进行课堂同步教学，即时捕捉学生学习动向，调整教学组织；利用电子书包的教学评价功能，教师在线发布并批改习题，实现课堂即时评价。学生可以在教师引导下，根据学习主题，利用电子书包丰富的数字化学习资源与学习工具，进行小组协作学习和探究学习。

2. 校园活动应用

利用电子书包的移动性，学生可以在校园中开展以行动为导向的体验式学习和探究式学习。校园活动一般以小组形式进行，活动小组携带电子书包走出教室，利用电子书包采集数据，通过无线网络与教师、同学交流，最后进行成果展示与评价。

3. 教学管理与评价

电子书包可以提供教学内容的分类存储服务，根据教师提供的知识库，对学生提交的作业和试卷自动完成批阅，实现对学生学习情况的统计，如错题统计、学习进度控制等，以便教师及时了解学生的知识掌握情况和学习进度，并对学生进行有针对性的辅导。

（二）电子书包在家庭教育中的应用

电子书包在家庭教育中的应用主要包括学生在家学习和家长辅导。学生通过电子书包查看、完成教师布置的家庭作业，并通过服务平台和教师进行交流，解决学习中遇到的困难。此外，学生也可以根据自身学习需要，利用电子书包内置的资源或服务平台上的微视频课程进行课前预习，并记录学习中的疑问或将疑问发送至服务平台，供教师备课时参考。家长利用电子书包中的资源学习家庭教育方法，对子女进行学习辅导，通过平台与教师进行交流。

（三）电子书包在社会教育中的应用

目前，电子书包在社会教育中的应用主要是社会教育工作者利用电子书包进行知识普及等。

（四）电子书包在“家—校—社”协同教育中的应用

协同教育是在现代教育理念及系统科学理论的指导下，由学校、家庭和社会教育系统中的各要素相互联系与作用，共同对学生实施教育，促进学生全面发展的一种教育方式。

1. 电子书包在家—校协同教育中的应用

电子书包在家—校协同教育中的应用主要体现在两个方面。一是在学校协同家庭教育中，教师利用电子书包将学校的教学情况、教学任务和学生在校表现及家庭教育方法等信息提供给家长，教师的课堂教学延伸到家庭，实现了学校教育与家庭教育的同步。二是在家庭协同学校教育中，家长利用电子书包查看学生的学习情况，利用服务平台与教师或学校管理人员进行沟通交流。同时，家长利用电子书包将优质的家庭教育资源与学校教育资源进行整合，供学生在课堂内使用。通过这种方式，让家长参与到学校教育中来，与教师一起指导学生开展学习。

2. 电子书包在校—社协同教育中的应用

电子书包在校—社协同教育中的应用主要体现在两个方面，即学校协同社会教育和社会协同学校教育，本书主要讨论社会协同学校教育。学校可以利用服务平台中的社会教育资源对学生进行安全教育、道德教育、环保教育等。教师利用丰富的社会教育资源指导学生开展基于社会真实情境的体验式学习和研究性学习，提高学生的问题解决能力和创新能力。

3. 电子书包在社—家协同教育中的应用

电子书包在社—家协同教育中的应用主要体现在两个方面，即社会协同家庭教育和家庭协同社会教育，在这里主要是指家长利用社会教育资源对子女进行家庭教育。

四、电子书包的未来发展趋势

电子书包研究的方向主要围绕两条主线、五个主要领域进行，主要关注的是电子书包对教师、学生及家长的作用、电子书包的技术支持与标准研制、应用试点现状、资源内容的标准化与产权保护，以及电子书包的应用模式和资源建设模式。结合电子书包应用的实践，针对以上对电子书包研究领域的聚类和热点分析，可以展望未来我国电子书包研究的六个发展趋势，供学界参考。

（一）电子书包的使用需求和场景研究

作为一种探索性的、具有未来发展潜力的数字教育终端，电子书包应用需要规避“唯技术论”的应用弊端，真正发掘电子书包在学习生态系统中的使用需求；根据我国教育信息化发展的不同阶段，合理设计电子书包的应用场景，避免一哄而上，对于教育中的新技术应用而言，与其误用技术，还不如不用技术。电子书包的使用目的在于培养学生在数字时代的创新能力，发展学生的主体智慧，减轻师生负担，促进智慧教育的发展，真正实现数字技术与教育教学的深度融合，其使用需求应该是多样化、针对性、递进性、混合化和系统化的，其使用场景应该涉及课内外、校内外，以及学习过程、教学过程、个体发展的全过程。

（二）电子书包的技术架构与资源开发模式研究

电子书包的使用需要硬件、资源及服务的支持。电子书包的技术设计应该整合当前的传统数字资源和教学管理系统，同时兼顾未来移动性和智能化的要求，资源的开发要针对教师和学生的需要，配置多样化的学习工具、管理系统和资源链接；针对个性化学习，为不同的学生配置不同的学习资源，并根据学生的缺点和优点为其设置支架教学，形成以学为中心的学习技术系统。另外，随着云计算和物联网的普及，开发基于云端的电子书包（云书包）也成为一个重要的发展方向。

（三）电子书包的发展政策及产业链协同研究

研究者指出，电子书包与其说是一个产品，不如说是一个项目，更是一种产业化的运作，其涉及数字化出版、教育资源运用管理、显示终端、终端内容输入及无线网络等诸多方面，各方具有大量利益相关性。同时，作为教育产品，国家战略规划与地方教育发展又存在一定的利益冲突；作为用户，家长、学校、使用者也有不同的利益诉求。这就需要从国家政策上对整个产业链进行充分整合与协调，加强技术标准和资源标准的研制。从国外的标准制定来看，标准是打出来的，而不是统一出来的。电子书包的标准制定应在国家的宏观控制下，让各个生产厂商相互竞争，挑选最优标准，并在周期结束后进行更新。

（四）基于电子书包的教学模式研究

李克东教授指出，信息技术与课程整合的重点在于模式构建。对于电子书包而言，这尤为重要。在当前的电子书包试点现场中，不少教师把电子书包当作高级课件，只不过这种课件具有 1∶1 特性且可移动而已，没有真正发挥电子书包的个人学习环境功能及其移动性和智能化，尚缺少针对性的学习工具，无法建立起以学生为中心的电子书包应用模式。建构主义强调教师在教学过程中应起主导作用，学生是学习的主体，在电子书包的支持下，教师如何引导学生学会学习，学生如何基于电子书包这一教育媒介开展智慧学习、社会性学习等，都是需要考虑的。可见，开发基于电子书包的建构主义教学模式是当前之急需。

（五）电子书包使用中的相关理论研究

理论是实践的先导，作为一个综合交叉研究领域，电子书包及其应用涉及数字化阅读、移动学习、非正式学习、泛在学习、信息技术与课程整合、信息化教育、数字化学习等，构建电子书包的应用性理论将为新技术支持的教学实践提供支撑。目前，对电子书包的定位、内涵等存在争议，需要尽快厘清。已有学者关注新型教学法及教学模式的开发，虽然尚未成为一种体系，但却引发了诸多思考。可以预见，未来针对电子书包等技术产品，数字教学法将成为该领域的研究重点。

（六）电子书包的效果评估与推广研究

关于电子书包，需要寻求系统的方案来评估其对个体发展的影响、对教师发展的影响及对数字化教学的影响。在移动学习和智慧教育的环境下，电子书包如何支持个体智慧学习和泛在学习、如何在数字校园框架下评估电子书包的效能等问题都值得探索。此外，电子书包的创新推广将成为未来的一个重要课题：一是要注重电子书包的开放性技术架构，开放性有助于推广和普及电子书包，也指电子书包运行范围与功能的一致性；二是注重研究引领实践，采用教育技术中的教育设计研究范式，在研究与实践的整合中创建知识，并在评价中循证推广，促进这一领域的整体发展。

五、基于电子书包的翻转课堂教学模式研究

（一）电子书包与翻转课堂

黎加厚教授在解读《美国国家教育技术计划 2010》时指出，美国人心中的“技术支持的教育系统结构性变革”就是以学生为中心，与学生建立联系的是支持学生学习的人（教师、家长、同伴、指导者），以及学生手持学习终端相连接的技术和资源。简言之，以学生为中心的学习就是为学生建立全面的人力支持、技术支持、资源支持等，让学生主动获取知识、吸收知识，最终掌握知识。

不同的技术对课堂提供的支持是不一样的，这是由技术本身具有的教学功能所决定的。一些教育技术学教科书用表格给出常用教学媒体的特性：表现力、重现力、接触面、可控性、参与性。由此可以看出，不同的教学媒体（技术）展现出不同的特性。正因如此，媒体组合理论得以发展起来，因为不同媒体各有所长，多种媒体组合的过程就是取长补短的过程。在多媒体计算机得以广泛应用之后，多种媒体综合成计算机中的多媒体组合，计算机的超强展示与交互能力使其当之无愧地成为拥有各项教学特性的媒体，并立刻得到广大教育工作者的青睐，CAI、CBE、CMI 等理论与实践的迅速发展就证明了这一点。

应该说，计算机多媒体很好地实现了集中化的多媒体组合，学生在计算机多媒体的支持下，在学校完成主要的学习。而电子书包很好地实现了个别化的多媒体组合，它允许学生在集中学习的基础上，在课外按自身需要开展个性化学习。如果说智能手机改变了人们的生活习惯，那么毫无疑问，电子书包将改变学生的学习习惯。电子书包提供的结构化知识、海量资源，以及随时接入网络、与他人沟通的功能，为学生带来有关学习的支持，其优化组合的效果要超过以往的多媒体组合，超过计算机多媒体，能近乎全方位地满足学生的学习需要。

（二）基于电子书包的翻转课堂教学模式

受黎加厚教授研究的启发，笔者认为，对学习的支持，尤其是技术对学习的支持，必须表现为通过技术为学生提供工具、资源、伙伴，或借助技术实现这些过程，将学生的支持力量向更大范围延伸，让学生可以接触所需要的工具和资源；通过网络，可以让学生接触更多学习伙伴、社区成员，以激发其学习动力，掌控学习主动权，或及时得到帮助，突破学习障碍，推动学习持续开展。基于这一认识，结合各地翻转课堂的实践及现有研究，本书抽取了翻转课堂的结构要素，构建了如图 3.23 所示的基于电子书包的翻转课堂教学模式。

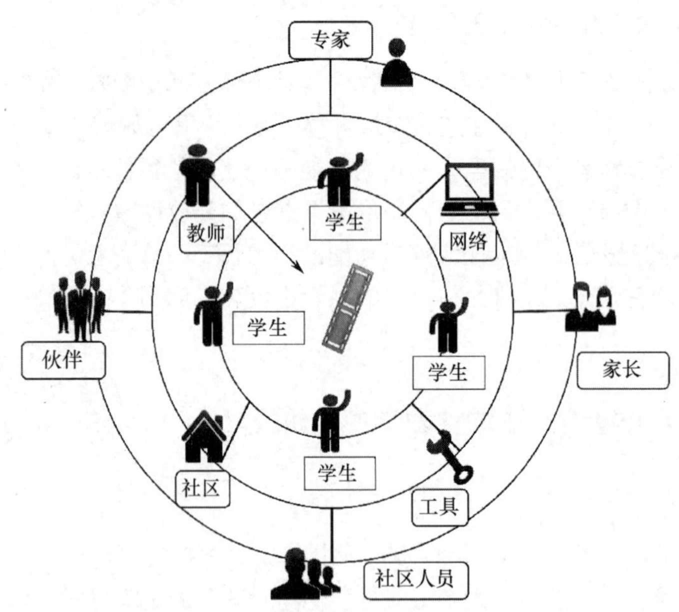

图 3.23　基于电子书包的翻转课堂教学模式

该模式不以课前、课中为学习界限，因为根据我国教育教学的实际，课前、课中与课后是关联的，只谈课前、课中，不问课后，模式有“欠完整”之嫌，故本书以课外、课内作为时间分段，对师生的活动进行说明。课外，教师设计、制作教学视频片段，供学生在课内/外学习使用；学生可以通过网络向教师、伙伴、社区人员等寻求帮助。课内，教师可以开展个别化辅导，或开展评估、反馈工作；学生按照自己的学习进度，跟随教学视频进行学习。考虑到模式应该有较多的包容性，在本书提出的模式中没有嵌入具体的教学组织活动，毕竟不同的教师对翻转课堂有不同的理解，加上教师本身的教学理念、风格、能力的差异，会设计出不同的活动组织方式。再者，较为细致的活动对翻转课堂可能形成僵化的规定，导致其从根本上不利于这一新颖教学模式的实践推广和发展创新。

该教学模式以学生为中心，以电子书包作为提供核心技术支持的手段，帮助学生观看教学视频，并建立学生与工具、资源的联系，以获得更多的学习支持。在翻转课堂中，教学视频起着中心节点的作用，教师以高度指向某一知识点的视频片段为凝结核，将学生和知识联系在一起。鉴于一些概念之间存在交叉关系，导致我们很难从某一逻辑依据出发去建立新的内在关联，本书提出的教学模式，实际上反映的是翻转课堂的真实情境：学生作为学习主体，他们的注意力更多地集中在教学视频上，而视频集中了教师对知识点最细致的讲解。

1. 学生

作为学习主体，学生在电子书包提供的支持环境中，主动循序观看教学视频片段、学习各知识点。学生之间通过交流与协作可以更快地掌握视频中的内容，同时也可在协作中获得帮助。这些帮助可以是来自学生之间的，也可以是通过网络获得的。这样的学习过程可以发生于课内，也可以发生于课外。打开电子书包，学生就与工具、资源建立了联系，可以寻求教师、专家、伙伴等各方的帮助。

2. 教师

教师在课外设计并制作大量教学视频，供学生在课内（或课外）观看学习。然而，这样并不意味着教师是视频的唯一来源，如其他的社区人员、专家等制作的视频能满足教学需要，通过教师的审核与认定，同样可以成为供学生观看的教学视频。教师在上课过程中有效地组织学生开展符合自身节奏与速度的学习，在适当的时候为学生提供学习支持，将学生所需的工具、资源提供给学生。

3. 外层支持力量

专家、社区人员、学习伙伴（虚拟社区的学习伙伴）、家长都是通过某种方式成为为学生提供帮助的人员。这些帮助多数发生在课外，也不排除在教师的安排之下于课内发生。但有一点，对于翻转课堂而言，这样的帮助通常是异地、异步的，主要通过网络进行。

4. 电子书包

电子书包在翻转课堂教学中主要发挥三个方面的作用。一是观看视频（当然也可以是其他多媒体内容，比如服务于教学微视频的微课件）。通过无线网络，学生可以从教师提供的视频库中下载需要学习的教学视频并观看。二是寻找资源、工具，并借助电子书包使用它们。当遇到学习障碍时，学生可以借助电子书包寻找合适的工具、资源并加以使用，以解决学习难点问题。三是与其他学生协作，与外层支持力量交流。这一交流过程主要借助电子书包的网络功能来完成——学生通过网络寻求帮助，以此来加快对知识的理解与掌握。

六、基于电子书包的智慧课堂教学模式研究

（一）基于电子书包的智慧课堂教学模式设计

智慧课堂教学需从学生分析、内容分析、目标设计、师生活动、评价方法等方面对教学模式进行设计。智慧课堂教学模式是在一定的教育教学理论指导下，以实现教学目标为导向，密切分析学生学情，依托电子书包等智能平台有序地组织教学活动、开展互动式教学实践的稳定活动程式与结构框架。教学模式的重要构成要素包括教育教学理论基础、学生学情分析、教学目标、教学内容、智能平台（电子书包）及交互活动，从可操作性的角度，将六个要素融入智慧课堂的课前准备、课堂授课、课后巩固三个基本流程之中，得到基于电子书包的智慧课堂教学模式，如图 3.24 所示。

本案例中的教学模式设计以智慧课堂的课前准备、课堂授课、课后巩固为中心，将形成性评价贯穿于整个教学活动中，以期通过电子书包的及时反馈使教师及时掌握教学情况，进行教学的动态调整。课前准备阶段依托于智慧教学平台上的资源集成中心，课堂授课阶段依托于师生、生生互动的智能教学空间，课后巩固分析依托于智慧教学平台上的数据处理中心。

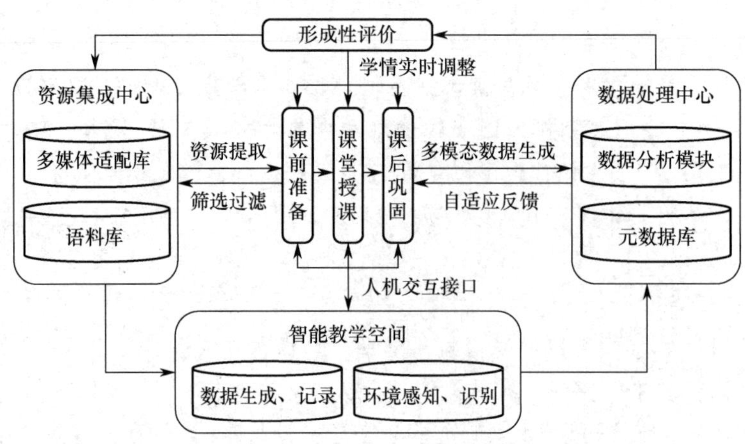

图 3.24　基于电子书包的智慧课堂教学模式

1. 课前准备

教师通过搜索资源库，筛选、提取与所授教学内容相匹配的资源与媒体。教学资源的提取过程也记录在教师行为模型中，构成教师行为元数据，通过元数据刻画教师的教学风格，可为教师教学提供更加精准的资源。

2. 课堂授课

智慧教学平台将教学过程性数据进行采集、记录、存储与上传。例如，科大讯飞股份有限公司研发的畅言智慧课堂，能支持随堂测验、即时统计与反馈、成果展示和学生讨论等。

3. 课后巩固

智慧教学平台从教师平板、交互式电子白板等触及教学过程中的讲授、提问、讨论等环节收集结构化与非结构化的多模态数据，将其输入智慧教学平台的数据处理中心，进行统计、量化，并以可视化的方式反馈给教师。

（二）基于电子书包的智慧课堂教学模式的实施

某实验学校引入电子书包平台已有两年时间，学校教师对电子书包平台功能较为熟悉。本研究前后持续近 3 个月，充分考虑了数学课程的讲授新课、实践课、复习课三种基本课型，每种课型选取一节初一数学课为示例。所选择的两个班所用教材完全相同，两个班的任课教师在长期以来形成的教学业绩、同事评价及学生评价方面也非常接近。在实验组授课过程中，研究者在旁边通过课堂观察将任课教师用到的电子书包平台功能与应用效果记录下来。

1. 讲授新课

讲授的新课题目是“用关系式表示变量之间的关系”。在课堂导入环节，教师通过平台的“电子课本”功能将课程标题与学习内容发送到学生端；通过“聚焦”功能凸显需要解决的习题，促使学生在新旧知识间建立联系。在习题巩固环节，通过“随机提问”功能选择学生作答；通过“电子白板”功能标注学生的易错点和教学的重难点；通过“发布测试题”功能将随堂测验题目以选择题形式发送到学生端，获取学生作答正确率，分析错误原因；通过“计时”功能限制作答时间，控制课堂节奏。在随堂巩固环节，通过“随机提问”功能随机选择学生作答；通过“拍照上传”功能查看学生作答情况。

2. 实践课

实践课的题目是“用尺规作角”。在课堂导入环节，教师通过“电子白板”呈现课件，勾画课堂重点。在巩固训练环节，通过“拍照上传”“计时”“投屏”功能观察学生的作图过程，控制课堂节奏，展示学生作品，发现学生存在的问题。在合作探究环节，通过“共享”功能将不同作图方法的标准过程共享到学生端，供学生学习。在拓展延伸环节，通过“电子白板”让学生在学生端练习电子作图，并通过“答题报告”功能查看学生作图情况。

3. 复习课

复习课的内容是“平方差公式”课后习题。在课堂导入环节，通过电子书包平台播放微课视频，帮助学生复习平方差公式计算的法则与要点；通过“视频分享”功能控制学生端，掌控视频播放进度，引导学生边看边回答问题。在习题讲解环节，通过“电子白板”呈现题目，勾画易错点；通过“随堂测验”“答题报告”“计时”功能发布测试题，即时呈现作答结果，控制作答时间；最后通过“电子白板”呈现课件，完成课堂总结。

第四章　互联网+教育

第一节　智慧校园

一、智慧校园概述

（一）智慧校园的提出背景

2008 年，美国 IBM 总裁兼首席执行官在题为“智慧地球：下一代领导议程”的演讲中首次提出了“智慧地球”的概念，也揭开了“智慧校园”的面纱。

2015 年 3 月 5 日，在第十二届全国人民代表大会第三次会议上，李克强总理首次提出“互联网+”行动计划。

教育部在《2016 年教育信息化工作要点》中首次部署“智慧校园”，而且，这也是教育部文件中首次出现包含“智慧”的教育建设工程。事实上，许多省市、学校已经捷足先登建设智慧校园了。比如苏州、深圳、青岛等市早在 2016 年以前就在各自全市范围内启动智慧校园建设。江苏省 2015 年已在全省层面推进智慧校园建设，并在“十三五”教育信息化规划中确定到 2020 年所有高校建成智慧校园，60%的中小学和职业学校建成智慧校园。

（二）智慧校园的定义

所谓智慧校园，指的是一种“以面向师生个性化服务为理念，能全面感知物理环境，识别学生个体特征和学习情景，提供无缝互通的网络通信，有效支持教学过程分析、评价和智能决策的开放教育教学环境和便利舒适的生活环境”。

智慧校园是教育发展的“高级形态”，更是学校建设的理想目标，而信息化无疑是达成这一目标的有效手段。近年来，中国高校的信息化建设取得了较大的成绩，在基础建设、应用开发方面都有巨大的进展，但平台单一、业务本位、系统分散、数据割裂等问题使得智慧校园的目标还远未达成。

（三）智慧校园的内涵特征

就智慧校园的内涵特征而言，物联网、教育技术学等不同领域的专家给出了不同侧重点的定义。黄荣怀提出了“智慧学习环境”的概念，认为智慧校园具有环境全面感知、网络无缝互通、海量数据支撑、开放学习环境、师生个性服务五个方面的特征。蒋东兴认为智慧校园具有互联网络高速泛在、智能终端广泛应用、团队协作便利充分、集体知识共生共荣、业务应用智能融合、外部智慧融会贯通六个方面的特征。纪佩宇认为智慧校园具有无处不在的互联网络、全面感知的校园环境、广阔开放的学习环境、智能化的数据处理和个性化的应用服务五个方面的特性。结合学校的实际应用和上述专家的观点，智慧校园具有如下特征。

1. 宽带网络互联高速泛在

智慧校园在建设过程中更加注重移动互联网和物联网，为校园中的人与人、物与物、人与物之间实现全面的互联互通，为各种随时随地随需的应用提供宽带、高速、泛在的基础网络环境。

2. 智能环境感知实时全面

各种智能感应技术，包括光线、方位、影像、温度、湿度、位置、红外、压力、辐射、触摸、重力等感应技术得到了广泛应用，从而能够实时获取各种监测信息。

3. 业务应用智能全面融合

智慧校园实行开放、协同、整合的信息化架构，充分发挥整体效能。运用智能融合技术实现对海量数据信息的存储、计算和分析，特别是通过人的“智慧”参与，进一步提高决策支持能力。

4. 海量数据智能挖掘分析

依托智慧校园采集的海量数据，通过构建数据挖掘模型，设计合理的分析及预测方法，融合全面的数据信息，进行智能推理和挖掘分析。

5. 智能服务个性化、便利化

智慧校园强调个性化的服务理念，针对不同类别的用户提供个性化的功能应用组合，向用户呈现友好的服务界面，提供便捷化、个性化的服务。

（四）智慧校园的关键技术

智慧校园建设广泛运用云计算、物联网、移动互联、社交网络、数据挖掘、知识管理、大数据、虚拟化等技术，强调以人为本、互动参与的先进理念，从而构建支持智慧教育发展的信息化环境。

1. 云计算

云计算为智慧校园提供了新的服务模式，它是对分布式、虚拟化的存储和计算资源进行动态分配、部署，根据用户需求向用户提供相应的存储、计算和平台服务。云计算具有虚拟化、高可靠性、超大规模、高可扩展性、按需服务等特点，提供基础设施即服务（IaaS）、平台即服务（PaaS）和软件即服务（SaaS）等服务方式。

2. 物联网

作为互联网的延伸，物联网实质上是物物相连的互联网。它通过传感器技术、RFID、嵌入式等关键技术实现对服务对象的智能标签和智能控制。在智慧校园中，借助物联网技术能够实现对校园的仪器设备、图书资料、楼宇出入人员等的实时动态管理。

3. 大数据

随着云计算时代的到来，数据呈现出爆炸式增长态势，大数据受到了越来越多人的关注。在智慧校园中，随着云教育平台的建设和应用，校园的各种数据快速增长，通过从沉淀的海量数据中深入挖掘和建模分析，为学校的政策制定和决策提供科学依据，以更好地服务于智慧管理决策。

4. 移动互联

移动互联是移动通信技术和互联网的结合统一。在智慧校园中，它提供了泛在、高速的基础网络环境，为师生在校园中随时随地获取和处理网络信息，为开展灵活自主的网络学习和交流互动提供了开放的基础网络条件。

5. 社交网络

作为一种社会化的网络服务方式，社交网络提供了新型的交流沟通和信息服务模式。社交网络以其传播速度快、成本低、互动性强等特点成为大学生维系实体社会关系、展示自我和互动交流的首选方式。在智慧校园中，社交网络为师生的个性化协作学习提供了帮助。

二、智慧课堂概述

（一）智慧课堂的提出背景

在智能时代，信息技术与教育的融合为现代课堂教学带来了重大变革，全国多所中学已由原来传统的教学方式转变为信息技术与教育相融合的教学方式。2018 年 4 月，由教育部发布的《教育信息化 2.0 行动计划》中强调，要推动人工智能和大数据等新兴技术深度融合到教育教学的全过程，变革教学方法、构建人才培养和探索教育治理新模式，实现从常态化应用阶段走向全方位创新阶段。近年来，人工智能和大数据等新兴技术的出现，为我国教育事业的发展开辟了一番新天地，这些技术逐渐融入教育教学领域中，成为推动课堂教学变革的重要力量，为智慧课堂的发展提供了新契机。2019 年 2 月，中共中央、国务院印发的《中国教育现代化2035》明确提出了科技革命对于教育变革的新要求，尤其强调人工智能和大数据技术应用于教育，将对教师的“教”和学生的“学”产生极大的推动作用，为开展个性化教学和学习带来重大突破。

教学模式是实现智慧课堂教学目标的关键。人工智能和大数据技术的出现改变了课堂教学模式，使教师从过去依赖头脑中的教学经验转向依赖海量教学案例和行为数据的分析，以数据来驱动教学，对课堂教学行为、过程和结果的数据进行全面收集、汇聚、分析，进行更有针对性的教学，把传统课堂中的秧田式教学变为一对一教学，由“先教后学”转变为“先学后教、以学定教”的主导—主体相结合的教学模式，这对课堂教学效果的提升、教学质量的改善和教学体制的完善具有重要意义，有利于把学生培养成具有创新意识、创新思维和创新能力的创新型人才。

（二）智慧课堂的概念

虽然我国很多学校已经开始应用智慧课堂，但对于智慧课堂的概念目前还没有统一。在梳理目前各专家学者给出的智慧课堂概念的基础上，本书将智慧课堂概念界定为：智慧课堂是指在智能化环境中，将先进的信息技术与课堂深度融合，创新教学模式，构建个性化学习环境，开展高效而有智慧的教学活动，促进学生个性化、多元化发展，培养学生智慧能力的新型课堂。

（三）智慧教育环境研究现状

1. 智慧学习环境的国外研究现状

近年来，“智慧”作为数字化时代的新标志出现在大家面前。国外学者对于智慧学习环境的研究起步较早。美国于20世纪90年代正式提出“数字地球”相关概念。这一概念在全球范围内推广和发展十年后，各个领域和行业开始大力提倡“智慧地球”理念，自此全球迈入“智慧时代”。从教育的角度上看，很多教育从业者和学者开始通过一定技术手段对智慧教育环境做出了自己的研究和贡献，智慧校园和智慧课堂等衍生项目开始逐步建设开来。

本书对之前学者对于智慧教育环境的研究成果做了严谨的分析，发现不同学者对于智慧教育环境的研究范围和研究角度有所差别。在智慧教育环境的建设方面：美国明尼苏达大学构建出了ALCs（Active Learning Classrooms）作为智慧教育环境。

从材料上看，为实现对于学生的实时监控，追踪学生学习成果，该教室采用了LCD显示屏的圆桌和360°无死角显示墙，能够容纳九名学生完成学习任务；斯坦福大学则发明了iRoom作为本校的智慧教育环境。iRoom设置了三个智能板，该智能板能够通过触摸的方式实现控制。除此之外，iRoom还配备了无线鼠标、桌面键盘等常规设备，以及专门为该教室建立了能够通过OpenGL图形程序接口实现自定义的显示墙。

从智慧教育环境的交互角度上看，法国学者Nguyen Xuan等为最大限度地培养学生解决问题的能力，利用智慧学习环境的交互性让学生在学习过程中自主解决问题。美国Aiken等为研究不同模式和方法的教学是否能在智慧教育环境中加以实现，以智能协作支持系统（ICSS）和共享活动空间为基础，充分评估了学生在团队合作中的协作能力，并且以此为原始数据完成了教学评价的相关任务。

从构建智慧教育环境下学生模型的角度上看，马来西亚的Thinakaran等在充分评估学生个人特征的基础上，深入研究了在不同智能教育环境当中学生是如何与学习模型相结合的。在结合的基础上，该模型在促进学生自适应性和个性化方面具有较为优秀的表现。从上述研究可以发现，智慧教育环境的基础是通过利用较为多样化的技术条件，实现技术和设备的连接，构建出良好的智慧教育环境推动学生展开深层学习。在这样的教育环境下，能够将学生的选择权发挥到极致，为学生提供良好的个性化学习条件。

2. 智慧学习环境的国内研究现状

以北京师范大学黄荣怀教授为主的团队，其代表性成果《智慧学习环境白皮书》于2015年9月发布，该书列示了大量通过教授团队进行实地考察后所收录的真实数据，对团队所取得的系列成果进行了系统且详细的论述，对我国当前的智慧学习环境所处的实际水平进行了系统的分析，并对我国智慧教育环境的发展状况进行了论述，这为我国智慧教育环境今后的建设与发展指明了方向。通过文献梳理，理论研讨、环境构建和实际应用是我国关于智慧学习环境的主要研究方向。

从理论研讨层面来看，祝智庭认为，智慧教育环境是一种以体验为中心的线上、线下融合的生态化环境。黄荣怀从功能视角界定了智慧教育环境，他认为智慧教育环境应该具备能够为学生给予丰富的资源和便捷的工具、能够记录与追踪学习过程、能够实时测评学习成果等特点。“智慧教育环境应当包含学生、教师、资源、工具、技术、媒体和设备等要素，在这种环境下，学生不仅能够自己对知识进行主动建构，同时环境也能在适当的时候对其进行引导。”钟国祥说道。

从构建研究来看，我国学者也做出了很多宝贵的研究试探。例如，2010 年无锡构建出崭新的智慧学习平台，该平台能够推动信息交互，实现了物理、信息世界及学习环境三个要素的有机统一。在这种智能环境下，学生和学生之间的沟通交流和协作在频率与效果上都实现了较大的飞跃，并且最大限度地提升了课堂资源的利用效率，师生之间实现了更加多元的互动交流，从根本上促进了“智慧（感知）校园”的早日实现。“北京数字学校”项目于 2012 年在北京市正式启动，该项目提供了整合优质教育资源的平台。从储备内容上看，“北京数字学校”收纳的基础教育阶段的视频课程数量达到了九千五百节，并且采用应用研究的方式，来促进教师教研资源的整合和线上、线下教学学习的有机统一。2013 年苏州市政府印发的《苏州市教育信息化五年行动计划》提出“未来教室”应当被纳入十大重点建设工程之列。该计划发布后苏州市各类学校积极响应，截至目前，苏州市已经建立起“未来教室”一百九十二间。2019 年西安电子科技大学“智慧教室”项目顺利通过专家验收，在这个教室中，教育的场景变成一种应用的场景。

从具体实践应用方面来看，黄荣怀教授团队深入研究了智慧学习环境概念的相关理论，该团队以学习环境的变革作为研究的主要切入点，在大量理论研究的基础上提出了智慧学习环境的系统模型及 TRACE 3 功能模型。自此，智慧教育发展的初步研究成果建立起来。郭晓珊等人对于智慧学习的含义进行了充分的研究和分析，在此基础上梳理了智慧学习的主要框架及特征。以上学者还基于智慧学习环境构建了四种智慧模式，这为本书的研究提供了一定的指导与借鉴意义。

通过对国内已有相关研究的梳理能够发现，学者们在理论探讨和环境构建两个方面的研究较为集中和丰富，研究也较为深入。其中，对于理论探讨的研究主要是从智慧学习环境的内涵出发，从多个角度探讨了该环境的内涵和较为关键的特征。对于环境构建的研究，主要探讨利用新技术实现智慧学习环境/平台/空间的构建等。当前，智慧校园的建设已经受到国内高校的高度重视。各大高校依托于智慧校园技术完成了学校网络硬件设施的改良和升级，以此来实现对教学质量的提升，最大限度助力学科学术建设。为实现大学生之间的信息和资源共享，高校通过智慧校园提供的多种应用系统建立了较为完善的智慧网络，提供了便捷的信息化服务。因此，我们有必要探讨如何充分调动智慧环境中的要素为学生提供充足的选择条件，从而最大限度地实现高校学生的个性化学习目的。

（四）智慧课堂的教学特征

智慧课堂是顺应信息化时代要求而产生的，是由新一代信息技术所构建的新型课堂，充分考虑了教师个性化教学的特点。本书将智慧课堂的教学特征概括为以下四个方面。

1. 教学资源推送智能化

教师依据学生的个性化差异，通过智能平台有针对性地向学生推送内容多样化、形式多样化的学习资源，不仅能够满足学生多样化的学习需求，而且有助于激发学生的学习兴趣，帮助每一位学生更好地巩固加强知识的薄弱点和掌握新知识，真正做到因材施教。

2. 教学计划动态数据化

智能化分析平台对学生的学习行为、过程和结果的数据进行采集和处理，教师依据这些动态数据实时掌握学生的学习情况（学习时间、学习进度、知识点的掌握情况和测验结果等），从而及时调整教学计划，提高课堂效率。

3. 教学过程高效互动化

智能化服务平台实现了师生之间、学生之间的无缝互动交流，无论何时何地，教师跟学生都可以进行沟通，把传统课堂中信息的单向传输变为双向互动，激发学生的学习动力，实现以学生为本的学习目的。

4. 教学评价反馈即时化

智慧课堂在新兴技术支持下，对学生学习的全过程数据进行采集记录，分析学生的学习效果，做出学习评价，助力教师全面真实地了解每一位学生，从而即时调整教学策略，更加有利于教师教学活动的开展。

（五）智慧教育环境介绍

智慧是教育发展的永恒话题。自从 2008 年 IBM 第一次提出“智慧地球”以来，关于智慧教育的研究和相关政策不断涌现，并且，各地都相继进行了智慧教育的研究和建设，同时其也被纳入了“十三五”规划的发展之中。

不同学者从各自的角度提出了关于智慧教育环境的构想。钟国祥等于 2006 年提出智慧学习环境是从建构主义学习理论、混合学习理论、现代教学理论出发，以学生学习为中心，由相匹配的设备、工具、技术、媒体、教材、教师、同学等构成的一个智能性、开放式、集成化的数字虚拟现实学习空间。该空间既支持学生学习的自主建构，又为学生提供适时的学习指导。

1. 无线网络

智慧教育环境下，无线网络是保证学生能够随时、随地、随需开展学习的基础，因此，智慧教育环境的首要条件就是保证无线网络全面覆盖。例如，辽宁师范大学的教室就已全面覆盖无线网络，每个教室还配备了支持数字化资源的设备，使学生能够随时搜集材料，线上沟通讨论，分享自己的成果。

2. 自由化的教室空间结构

由于在个性化学习过程中，学生活动涉及分组学习或自主学习的情况，因此，我们主张在教室空间结构中的座位布置方面采取鼓励学生灵活自主选择座位的方式。例如，辽宁师范大学的教室空间结构支持学生可以根据分组情况选择适合自己的位置。喜欢独立解决问题的学生可以选择自己喜欢的安静的位置，当需要与他人交流时，也可自由移动寻求帮助。

3. 智慧教育平台/工具

本书将主要介绍以下三种智慧教育平台/工具。

（1）问卷星平台。问卷星是一个专业的智慧教育平台，具有支持师生在线问卷调查、测评以及投票等功能。为保障向用户提供的服务多样化且充足，问卷星在功能上囊括了在线设计问卷和自定义报表设计、问卷采集、调查分析数据等功能。本书在调查学生个性化学习情况和智慧教育环境下学生个性化学习模式的实施效果时，即利用了问卷星平台发布的调查问卷。

（2）雨课堂平台。清华大学在线教育办公室和学堂在线共同研发的雨课堂平台，是一个先进的新型智慧教学工具，基于 PPT 及微信即可实现在线学习平台的搭建。雨课堂平台将复杂的技术与教学场景相融合，支持师生智能选择、深度交互，致力于打造高效、智能的学习环境。本书借助雨课堂智慧教育平台，实现了课前发放预习课件、测试题，分析在课前预习中学生存在的共性和个性问题，在教学活动中做到了点对点推送学习路径、个性化学习资源等。此外，师生还可以通过该平台进行实时沟通反馈。

（3）腾讯聊天工具（QQ）。腾讯公司开发的QQ是一个实时交流工具。QQ在功能上较为齐全，能够实现在线收发文件、线上实时通话及交流等。此外，QQ同样可以应用到教学过程中，实现文件实时共享，同时在课后也能随时进行交流互动。

三、智慧校园的建设与实施

（一）智慧校园的建设举措

"互联网+"校园的理念充满着我们对未来大学的美好愿景，然而，如何使其落地成为现实，而不只是一句空谈？从高校信息化建设现状来看，目前，以下三个方面的举措较为关键。

1. 改变建设方向

在过去高校的信息化建设中，软、硬件建设往往是分别推进的，各类系统应用、数据中心进行有效整合的难度较大。此外，在移动化盛行的今天，大部分的系统应用仍然被限制在桌面端，大大限制了用户与系统交互场景的多样性。今后，高校的信息化建设应该是云、网、端一体化推进。其中，云包括云计算、大数据基础设施，它们为各类应用提供底层数据和基础驱动力，并在使用中不断为高校积累数据资产。网则不仅仅局限于原有的互联网，还将扩展到物联网。网络承载能力，特别是移动通信能力不断得到提高，使得任何事物之间的连接成为可能，在此基础之上实现整体效能的提升，让新增价值持续得到挖掘。端是数据的来源，也是服务提供的界面。端的推进就是要将过去单一的桌面端支持转变为用户直接接触的个人计算机、移动设备、可穿戴设备、传感器，乃至软件形式应用的多终端支持。

2. 重视数据应用

当前，信息和数据分散在高校各个系统应用中，一方面，由于其过于分散，缺乏有效整合，导致数据只能在较低级的层面发挥价值，很难凝聚并在更高层面完成建模；另一方面，信息和数据只能通过单点传达给用户，有效性低，阻滞大。要解决以上问题，就要敢于打破信息、数据与教学、管理、科研、服务等要素的紧耦合关系，增强其流动性，使信息和数据能够在不同的时间、空间多点到达用户，在充分流动中发挥更大的价值。同时，高校还应加强数据分析和研究，使得数据不再仅停留于简单的调取和展示层面，而是深入挖掘和分析，进而发现数据背后所蕴藏的价值，更智能化地理解教师和学生的潜在需求，实现更加精细化、个性化的服务。

3. 完善体制机制

首先，高校应进一步加强顶层设计，制定好近期和远期云、网、端一体化推进、系统应用升级、数据架构的整体再设计、数据分析挖掘等重点工作的建设规划。其次，应制定行之有效的教学改革策略，针对传统的课程建设、课堂管理、质量管理、实践教学软件和硬件，以及教材建设中存在的问题，改变当前高校教与学的不合理状况，建立以学生为中心的教学常态化机制，推进MOOC学分互认、校内翻转课堂、大小班结合等新举措。最后，应转变管理服务方式，加快推进购买服务改革，倡导利用社会资源购买管理服务，提高管理、服务和资源利用水平，从而为师生提供更加方便、快捷、优质、高效的校园服务。完善体制机制的最终目的，是要使互联网真正与教学、科研、生活、管理等校园生活的方方面面逐步融合，使其深刻地融入高校运转的血脉之中。

（二）智慧校园的建设策略

智慧校园是全新的事物，而非智慧的“智慧校园”建设已形成很大的力量，要将智慧校园建设的航船引向正确的航道，就必须用超常手段，因此有必要采取如下策略。

1. 机制创新策略

在学校，智慧校园是少有的具有特别庞大体系的工作，其体量和重要性绝非校园网、数字校园，以及通常的信息化建设可比。智慧校园建设直接关系到信息技术与教育教学的深度融合和教育的创新发展，因此在学校建立“三个一”的组织机制加以保障就显得尤为必要和迫切，即将其作为学校的“一把手工程”，设立副校级的首席智慧官（Chief Wisdom Officer，CWO）进行统管，建立一个由学校多部门参与的信息化与智慧教育中心的“综合机构”。

创新的伟大工程离不开先进的理论指导，要在全国和省市层面上建立相应的智慧校园、智慧教育研究机构，建议国家和省教育主管部门设立智慧教育及智慧校园专家指导委员会，对智慧教育及智慧校园建设进行科学指导；在中国教育技术协会、中国智慧工程研究会等组织中设立智慧校园二级协会，分别在方法、技术、理论等方面进行研讨交流，推进智慧校园建设的科学发展。

2. 队伍提升策略

智慧校园是由新理论、新技术、新方法支持的，是为造就创新、创造之人提供支持、支撑、服务的，因此，“新”“创新”是其最大特征。相应地，要求学校领导和智慧校园的设计者、建设者、管理者、使用者们都要站到时代高度来认识它、把握它。我国教育技术从电化教育到教育信息化的百年发展史表明，当新的教育变革方法出现时，要对相关人员进行培训，促进其快速提升，达到树立典型、以点带面、快速发展的目的，彰显我国教育的经验。相应地，智慧校园的发展更需要将以队伍提升促发展的经验进一步发扬光大。

3. 标准规范策略

要想对智慧校园建设拨乱反正和正本清源，就必须制定能够指导各级各类学校建设智慧校园的标准，以标准规范学校的建设行为，让智慧校园的设计者、组织者、建设者明确正确的方向，不必让每个人都在智慧校园的建设方面摸着石头过河。而且，智慧校园标准的制定要慎之又慎、精心打磨，切不可操之过急。各地各校已出台的智慧校园建设规范、指南、实施意见等规定，有必要回炉重铸，其标准的制定建议以“五化”为准绳。

（1）现代化。2020 年，我国已基本实现教育现代化，这是从信息时代走向智慧时代的教育现代化，是“互联网+”的教育现代化，是人类历史上的第二次教育现代化。智慧校园的标准制定，必须为引领新时代的教育现代化服务，要有颠覆性的创新理念、思想、内容、措施、方法和指标。

（2）智能化。在 2016 年 3 月举办的围棋人机大战中，机器人阿尔法狗（AlphaGo）以 4 : 1 的比分战胜韩国棋手李世石九段，标志着世界的智能化水平已达到相当高的境界，机器人已经可以向人们提供过去难以想象的高超服务。智慧校园的标准制定，一定要充分体现智能技术以及新一代信息技术在教育资源建设、学习评价、教师评价、教育决策、科学研究等方面的巨大作用，以此来实现教育的供给侧改革。

（3）创新化。“化”是一种状态，并且是总体状态而不是局部状态，智慧校园既要为造就创新创造之人提供支持、支撑、服务，又要以创新为旗帜，通过它实现教育理念、教学方法、教学组织、教学资源、教学评价、学习管理、学习空间等方面的全面创新。

（4）引领化。值此新时代，智慧校园必然要对学校现有的方法、模式等诸多方面进行颠覆，如果没有全面超越和引领的勇气与自信，就无法建设好真正意义上的与智慧时代相匹配的智慧校园。

（5）社会化。这里的社会化有两个方面的内涵：一方面，智慧校园的建设要置于社会发展的大环境下定位思考，将之与社会发展紧密相连；另一方面，智慧校园的标准制订，要采用社会化软件平台集聚群智。智慧时代“智慧”方面的建设，要用智慧的办法。

以上“五化”对智慧校园的建设而言，是内在联系、不可分割的统一体，缺其一，所规划建设的校园就无法保证是真正意义上的智慧校园。

4. 以评促建策略

评价对于个人和组织而言，都具有激励和导向的作用，因此，评价始终是各类管理的重要手段，适用于任何管理者。要通过设计智慧校园的建设评估，调动各方面建设智慧校园的积极性，将智慧校园建设真正地导向智慧化方向。

（1）评估的类型设计。在分析评估的有关理论和借鉴各类评估经验的基础上，建议设计三类评估。一是智慧校园达标评估。这是在一定时间内有关学校必须通过的合格评估，带有一定的强制性；二是智慧校园先进性评估。这是在智慧校园达标评估的基础上让学校申报的选择性评估；三是智慧校园示范性评估。也是在智慧校园达标评估的基础上由学校申报的选择性评估。其中，先进性评估主要着眼于整体的先进性，示范性评估既着眼于整体的示范性，还特别关注创新性和特色性，为建设更高层次的智慧校园树立榜样。

（2）以评促建的制度设计。无论是达标评估，还是先进性评估或示范性评估，都要设计严格的建设评估周期。每一项评估都要至少提前一年申报，科学设计具体的建设目标和建设方案，实施建设的提升工程，对教育教学进行流程再造和方法重构，踏踏实实建设，以此强化过程性的评估，真正实现智慧校园的以评促建。

（3）科学建构评估机构。从我国国情出发，可依托中国教育技术协会、中国智慧工程研究会，以及省级、国家级的教育信息化工程技术研究中心、智慧教育研究中心，设立智慧教育建设评估中心，开展可颁发评估证书的智慧校园评估，以此保障对智慧校园中“智慧”的坚守，并通过评估促进教育事业的健康、科学发展。

（三）智慧校园建设应遵循的原则

1. 统一标准，资源共享原则

智慧校园的建设需要充分考虑相关信息系统与学校所在地域教育信息资源的共享，建立信息资源共享机制，充分利用网络基础、业务系统和信息资源，加强整合，促进互联互通、信息共享，使有限的资源发挥最大的效益。

2. 开放性原则

智慧校园的建设要对各应用系统的开发平台、数据库和运行环境进行统一考虑。智慧校园在后期应用过程中，校园网的应用和资源会越来越多，如果对各项应用缺乏有效的组织和管理，使得技术升级存在风险，那么业务系统维护的成本就会不断增加。因此，前期的建设必须考虑学校未来需求的变化和扩展，确保通过开放性的平台进行持续改进，并能够实现更加方便的系统维护。

3. 以平台为框架，无缝集成学校已建和今后新建的业务应用系统原则

在符合国家政策和行业标准的体系指导下，制订智慧校园数据标准，以智慧校园平台为框架，无缝集成学校已建和新建的业务应用系统，促进数据利用的最大化；最大限度融合数据交换集成、用户管理、统一身份认证、业务数据整合、信息资源展示等，以标准、数据、应用、用户等要素作为主线进行规划和建设。

4. 先进性原则

系统设计采用先进的智慧校园理念、先进技术和先进的系统工程方法，建设一个可持续发展的、具先进性和开放性的智慧校园。

5. 系统安全性原则

在系统设计与建设中，应充分考虑数据安全、网络安全、传输安全、管理安全等系统的安全问题。

（四）智慧校园的立体架构

在智慧校园立体技术体系架构中，详细介绍了各层的技术集合，也确定了以校园数据的感知、获取、传输为基础，以数据的分析、处理为核心，以校园内各种服务应用为目的的基本架构模型。

1. 立体架构实现的功能需求

（1）全方位的智慧联通。随着高校地域、人员扩充，校区与校区之间、部门与部门之间的联系、沟通显得尤为重要。智慧校园作为一个感知信息、整合信息、传播信息的综合平台，利用“互联网+”技术优势，实现无时无处不联通、长尾聚合、资源高效利用，提高了校园的智慧效能。

（2）业务融合的智慧支撑。智慧校园的建设目标就是为了实现各类业务的智慧融合，打破原有相对封闭、低效的信息化架构。该架构利用目前比较成熟的云计算、大数据、智能设备等高科技手段，打造了一个开放、高效、统一的信息化平台，通过“云”的超大规模、虚拟化、高可靠性、通用性、按需服务等特征，为各类业务的使用者提供个性化、智能化服务，提升业务管理者的决策水平和业务使用者的学习能力。

（3）无缝集成的智慧应用。无缝集成校园内各类新旧智慧应用，消除“信息孤岛”和数据冗余，促进数据利用最大化。利用 IT 技术，把数据交换、用户管理、身份认证、资源共享、业务整合等融合起来，建设一个兼具开放性、兼容性、先进性、安全性、持续发展性的智慧校园。例如，将智慧校园中的各类智慧应用集成起来，开发成 App，实现一键操作。

2. “六横两纵”的立体架构

（1）校园感知层。通过感知设备、传感网和各类移动终端对校园实施实时感测，对校园内人的活动状态、物的运行状态、人与物之间的互动状态等实时感知，实时采集数据。校园感知层是“互联网+智慧校园”架构中的先决条件和物质基础。

（2）数据传输层。采用泛在网中的有线、无线网络通信技术、专网技术、传输控制技术实现自由全面的互联，对校园中的数据、声音、图像、视频等信息进行随时随地的传输。数据传输层是“互联网+智慧校园”架构中的网络基础。

（3）数据智能处理与存储层。利用数据的存储、清洗、挖掘、分析、活化、建模及安全等相关技术，对汇聚在智慧校园中的各种数据进行处理、管理，向上层提供智能处理后的数据支持。数据智能处理与存储层是“互联网+智慧校园”架构中的数据基础。

（4）支撑服务层。利用各种通用、专用技术软件，构建面向各类校园应用的公共服务支撑平台，向应用服务层和智慧应用层提供共性服务支持。支撑服务层是“互联网+智慧校园”架构中的技术基础。

（5）应用服务层。该层汇聚了不同校园业务的应用服务，提供了连接智慧应用层的平台开发技术，是构建校园内各智慧应用领域的基础，也实现了校园内外跨地域、跨部门、跨业务的交互应用。应用服务层是“互联网+智慧校园”架构中的应用基础。

（6）智慧应用层。该层包括校园内各个智慧型应用，直接面向各类终端和各级用户，为各类用户、系统提供具体的智慧应用。根据“软”“硬”件区分，智慧应用可归纳为两大类：“智慧软件”侧重于过程的智慧化，“智慧硬件”侧重于物理技术架构的智慧化。

（7）标准与评估体系、安全保障体系。在“互联网+智慧校园”中，标准与评估体系主要由信息技术基础标准体系、信息资源标准体系、网络基础设施标准体系、信息安全标准体系、应用标准体系、管理标准体系等组成；安全保障体系包括网络安全、操作系统安全、服务器安全、数据库安全以及应用系统安全等，为智慧校园高效、稳定、安全运行提供保障。

（五）高校智慧校园概念模型

根据定义，可以抽象出高校智慧校园的概念模型如图 4.1 所示。其具体特点如下。

（1）人机物交互：应用智能感知技术采集校园环境和设备的状态信息，应用可穿戴技术采集人与人群的活动信息，通过智能终端和自助设备获取用户输入信息，并提供及时的反馈与控制，实现校园的物理信息采集、环境控制和人群协同。

（2）泛在互联：通过各种有线和无线网络实现人与人、人与物、物与物之间的随需连接与信息交换，将校园中人的信息、物的信息、位置信息和环境信息及时映射到网络空间中，构建全天候、全覆盖的网络应用环境。

（3）虚实连接：通过社交网络、物联网、位置网络实现人的互联、物的互联和空间互联，构建校园信息物理系统（Cyber Physical Systems，CPS），实现虚拟校园与物理校园的无缝连接，使其融为一体。

（4）虚拟映像：基于云计算、云存储、云服务等技术构建校园网络空间，将校园中产生的各种结构化、半结构化和非结构化数据组装起来，在网络空间中建立校园虚拟映像，全面、准确、及时地反映物理校园的运行状况。

（5）全面认知：应用大数据技术对校园虚拟映像进行全方位分析，全面掌握物理校园的运行规律，并通过校园信息物理系统作用于物理校园，实现师生与学校资源、环境的智能交互。

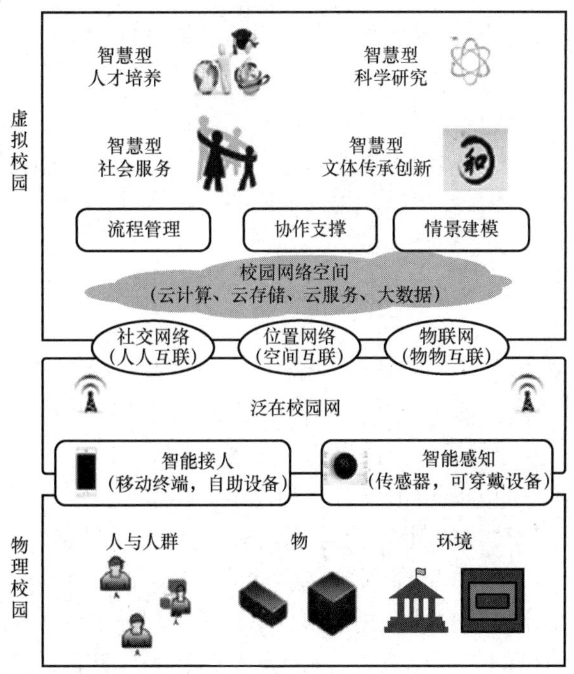

图 4.1　高校智慧校园的概念模型

（6）智慧运行：在智慧校园的支撑下，基于运行规律对学校的运营管理、资源调度、业务活动等做出科学决策，通过流程管理、协作支撑和情景建模等技术系统支持学校各项业务的智慧运行，实现智慧型人才培养、科学研究、社会服务和文化传承创新，达到通过智慧校园建设支撑智慧教育的目的。

四、基于个性化学习的智慧教育环境教学应用案例

（一）智慧教育环境给个性化学习提供了有力支撑

马来西亚学者 Chin 认为，“智慧教育环境是一个以信息通信技术的应用为基础、以学生为中心的且具备以下特征的环境：能够满足学习风格和能力在不同学习主体上的个性化体现，能够助力学生终身学习；为学生的发展提供支持”。智慧教育环境对个性化学习的支持主要体现在以下几个方面。

（1）智慧教育环境中的大数据技术对学生个性化学习的支持。在人工智能时代，大数据可以记录人们学习的轨迹，从所生成的大量数据中挖掘出有需求和有价值的信息，向学生做出针对性的反馈。

（2）智慧教育环境中的学习资源支持学生个性选择。在智慧教育环境支撑下，学生可以根据自己的个性化需求实现学习资源以及学习进度和进程的自主选择。智慧平台能够实现学生端和教师端的深度交互，以此来打破时间和空间对于教学的限制。学习资源的丰富性能够切实保障学生的个性化选择权，帮助学生更好地进行自主建构。

（3）智慧教育环境中的学习工具支持学生进行自主建构。以智慧教育环境作为学习环境的依托，使得多元化的交互成为可能，促进学生更快地实现自主构建，助力个性化学习更快地推

进和开展。这使得认知水平、学业水平有较大差距的学生可以在衡量自身条件的基础上，选择贴近于自身的个性化学习方式。

（4）智慧教育环境中的学习评价促进学生深度反思。基于智慧教育环境自身的优势，它能够为学生提供多样化的技术手段，可以通过监测、反馈以及数据分析，帮助学生对于自己的学习阶段形成较为清晰的认识，了解自己与其他同学之间存在的差距，从而依据反馈结果不断调整自己的学习节奏。

（二）设计原则

1. 以学生为主体，提供多样化的学习路径

教学是由教师和学生两方面组成的活动，其目的是促进学生的学习和发展。在传统的教学活动中，大多数侧重于教师在课堂上的组织与讲授，忽视了以学生为主体的个性化能力的发展。个性化学习尊重个体之间的差异和学生的自主性，在学习活动的设计上，注重学生对于知识本身的理解和与之前知识体系的融合，让学生具有选择权，可以选择适合的方式来建构知识，让学习真正以学生为主体，是实现个性化学习的重点。

为促进各种水平的学生得到最优化的发展，在组织教学的过程中，应找到新知识与旧知识之间的差异，确定学习内容的“同化点”，进而完成整个学习活动。在传统的学习活动中，教师默认为学生具有相同的学习起点，指定相同的学习目标，忽视了学生之间的差异。因此，要想让学生能够具有选择权，一方面要充分利用智慧学习环境的智能性服务，如通过监控与记录学生的学习轨迹，为学生推送合适的资源等；另一方面教师要创造性地设计资源、工具和评价等要素，给学生提供可抉择的条件，要充分调用和组合环境中的各个要素，最大限度地提供充裕的条件。

2. 丰富学习资源，促进学生的自主建构

对于智慧教育环境下的个性化学习，学生在接触的过程中，可能对网络资源产生依赖，所以教师应对学习资源严格把关，并且培养学生获取资源的能力，让学生在今后的学习中提取出适合自己的个性化学习资源，将智慧教育环境中的资源价值发挥到极致。比如，借助网络学习平台，学生可以选择适合自己的学习资源，更快地理解学习目标，进一步应用、分析和创造知识，达到深度学习效果。自主建构是指教师基于学生原有的知识经验，通过设计环境中的各个要素（资源、工具、方式、评价等）为学生搭建“支架”，使学生能够借助这些“支架”，自己对新知识进行建构，并且不断地完善和扩充原来的知识体系。自主建构作为个性化学习中的一个主要特征，从某种程度来说，建构的程度对个性发展的水平是有影响的，它决定着学生是否能够将习得的知识（经验）建构到个性化的知识体系当中，教师要对学生的建构过程进行引导与纠正。

3. 发挥智慧教育环境的作用，尊重学生的个体发展

智慧教育环境不仅能够对学生的学习过程进行记录与监控，还能够对学习过程中生成的数据进行分析，从而为学生提供智能引导与推荐；教师能够对环境中已有的要素进行设计与加工，如资源、工具、评价等。如何使智慧教育环境的价值最优化，是在个性化学习中较为重要的一个环节。每个学生都是相对独立的个体，在很多方面都存在着差异，如果教师一味地采取统一的、整齐划一或是“一刀切”的教学形式，那么就会在很大程度上泯灭他们的天性，所以在教学时，教师需要认识到这些差别，从而“区别对待”，有针对性地实施教学策略。个

性化学习是以学生个体为单位的，强调要尊重学生之间的差异性，因此，在为学生提供设计资源、工具、评价时，要充分发挥智慧教育环境的作用，注重他们之间的差异性与学习需要。大学生的思维较为活跃、求知欲强，但自我控制能力较为欠缺，对于智慧教育环境下的个性化学习，学生在接触的过程中，可能对网络资源产生依赖，导致无法权衡学习知识与平台使用的关系，所以教师应对网络学习平台上的资源严格把关，并且培养学生获取资源的能力，让学生在今后的学习中提取出适合自己的个性化学习资源，将网络学习空间的资源价值发挥到极致。

（三）设计要素

1. 学习资源设计

首先，在设计个性化学习资源时，智慧教育环境下的大学生个性化学习资源应符合学习目标，让学生学有所获，不切合学习目标的学习资源可能会导致学生无法理解学习目标；其次，学习资源的设计应考虑到学生的现有接受水平，资源应符合学生当前的认知，高于或者低于学生当前的认知水平都不能较好地激发学生的学习积极性；再次，学习资源的提供也要关注学生的个性差异，提供多种资源，满足不同学习目标、不同人群的使用；最后，在学习资源使用方面，智慧教育环境所使用的教学资源应让学生可以随意下载，这样在后续学习过程中，可以随时随地观看。此外，学习资源还可以由学生自主添加，给予学生自主权，使其选择喜欢并易于接受的学习资源来进行学习。

2. 学习路径设计

学习路径是学习过程的重要载体，并且与学生的学习效果密切相关。面对不同的学习内容，在不同的环境下，每个人的学习路径都是不同的。智慧教育环境下的大学生个性化学习路径设计，首先应在资源的基础上，根据学生的知识水平、学习偏好、学习兴趣等进行一个初步判断，对学生的知识处于的水平层级进行诊断；其次，基于前期的诊断和学习环境，判断出学生下一步需要哪些资源来加以补充；最后，为其推荐合适的学习路径。例如，针对喜欢在任务中不断挑战、不断探索的学生，路径的设计应偏向任务型学习路径；而针对目标驱动类型的学生，路径的设计应偏向目标型学习路径，即以学习目标为基础和核心，围绕着每一个学习目标所涉及的若干个知识点进行设计。

3. 学习目标设计

对于智慧教育环境下个性化学习模式的学习目标设计，不应该将教材上的知识点、概念等学习内容盲目地堆积到学习目标上。在设计时，考虑到学生先前的知识层次和水平，应对学生知识水平进行检测，针对不同水平的学生，提供不同的学习目标，让学习目标最贴近学生的能力起点，这样就可以得到个性化的学习目标设计。例如，在学生对于某个知识点仅处于了解的情况下，目标的设计应侧重于对知识点的深入理解和掌握；在学生对于知识点已经掌握时，目标的设计应侧重于知识的运用，让学习目标更加贴近于学生的水平。

4. 学习评价设计

学习评价是通过利用学生的成绩作品等方式检验学生的学习成果。评价的结果很大程度上反映了学生的学习过程和对学习内容的掌握程度。在传统课堂上，学习评价往往只选择试卷成绩的形式进行，但试卷成绩可能会受到试题的难易程度等不同因素的影响。智慧教育环境下的个性化学习评价设计应该考虑到运用多种评价方式对学生进行考核。评价的主体可以是学生自己、小组内的成员和教师等，学生在学习之后提交作品，同学互相打分，这样有助于对本节课的知识点有一个整体的概括。学习之后的评价是检测知识是否掌握的重要手段，教师还可以在学习之前设计评价，对学生的知识体系有一个整体了解，清晰地找到“同化点”，做出相应的调整。

（四）模式的构建与阐释

个性化学习模式构建的根本是以学生为主体，注重学生的个体差异。每个学生已有的知识体系、学习风格和个体的特点可能直接影响到学习效果。为了能够有针对性地向学生提供学习资源、学习路径等，智慧教育环境支持下的个性化学习模式的构建应符合学生已有知识体系的结构。根据有意义学习理论的支持，该模式注重学生新旧知识之间的联系，提供了先行组织者，让学习目标更加贴近于学生的学习起点。在开展学习的过程中，学生选择适合自己的学习资源、学习路径和学习评价等，激发学生的主观能动性，并将新旧知识结合，构建属于自己的个性化知识体系，并最大限度地对环境中所包含的要素进行调用和组合，从而提供多种路径，确保在开展学习时，可以依据自身的知识水平、认知偏好和需要来选择契合的路径。此外，针对那些不知道如何选择的学生，环境也能够根据诊断的结果，为他们推荐适合的学习路径，最终使不同水平的学生都能够自主建构个性化的知识体系，能够在原有基础上有所提高。因此，设计了如图 4.2 所示的智慧教育环境大学生个性化学习模式。

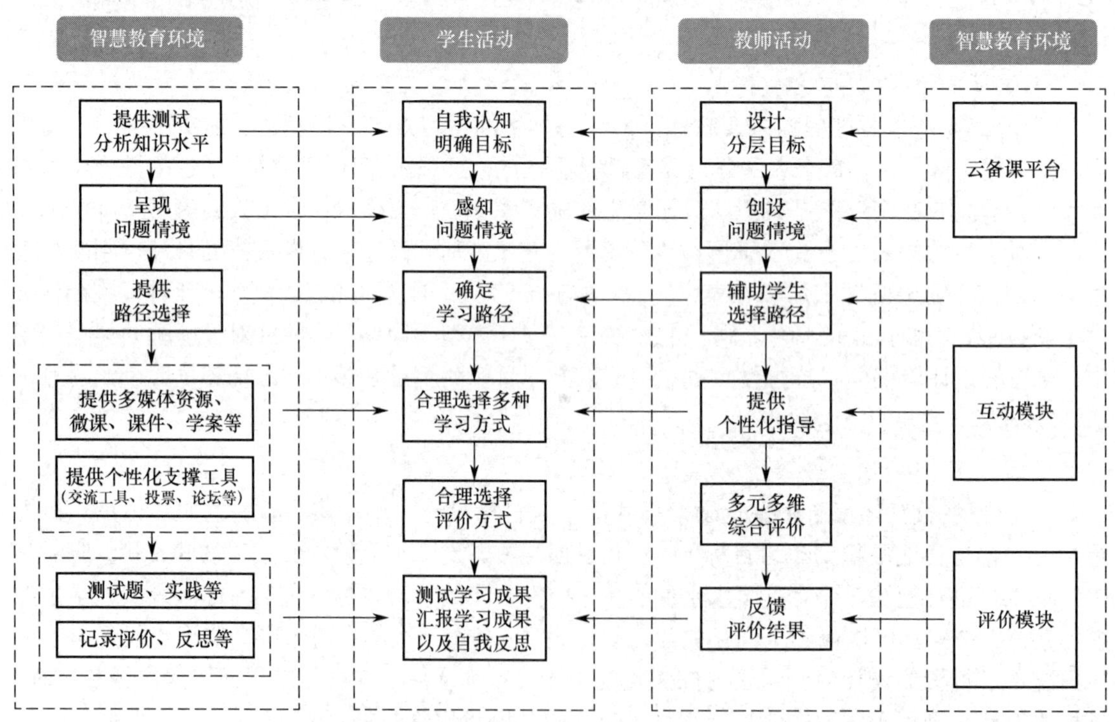

图 4.2　智慧教育环境下大学生个性化学习模式

如图 4.2 所示，该模式的核心思想是突出体现了路径的多样化，智慧教育环境能够为学生的选择给予支撑，具体体现在多种多样的学习方式、丰富充足的学习资源、种类繁多的学习工具和多维多元的评价四个方面。个性化的学习过程包括了明确学习目标、感知问题情境、选择学习路径、选择评价方式四个主要阶段，最终使学生在环境的支撑下，通过经历“发现—构想—

抉择—归纳—评价”的过程，完成自主建构，并将成果纳入自己的个性化知识体系当中。下面我们将从具体阶段来对模式进行详细的阐释。

1. 自我认知，明确差异化目标

教师在将培养目标落实到具体课程中时，要根据学生的特点来设置教学目标。不同的学生的知识水平和接受能力都有所不同，对于学习目标的理解层次也不同，因此，我们可以发现，完全一致的学习目标是不适用的，如果在设计的时候，忽略了学生水平的不同而设计相同的目标，那必然会导致有的学生“饥肠辘辘”，而有的学生却“消化不良”的现象。针对这种现象，在学习目标设计上，教师要将学习目标进行分层，一般情况下，教师可以按照自己已有对学生的了解，将学生分为基础薄弱、处于中等水平和学习水平较高的三类学生。然后，将学习目标分为基本层次目标、中等层次目标和拓展性目标三层。

基础薄弱的学生，只需要完成基本层次目标即可；处于中等水平的学生，达到基本层次目标之后，可以尝试完成中等层次目标；针对学习水平较高的学生，他们在达到了基本的学习目标、中等层次学习目标之后，可以进一步完成拓展性目标。这样就保证了水平各异的学生都能够收获取到新知识。层次图如图 4.3 所示。

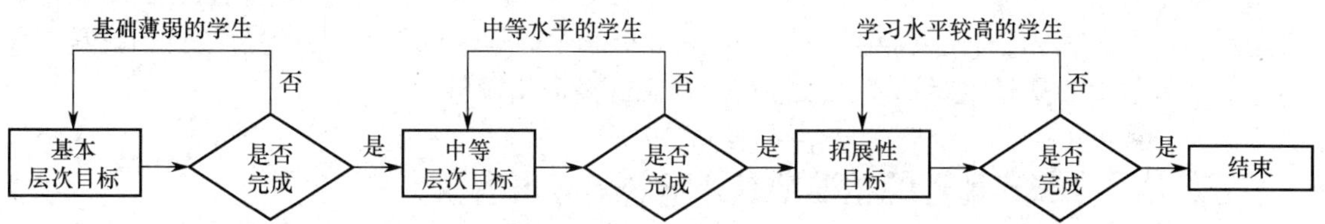

图 4.3　不同学生不同学习层次目标流程设计

2. 感知问题情境，监控生生交流

学生在确定学习目标后，教师通过 VR 智慧教室，创设与教学内容相关性较大的问题情境，以增强学生身临其境感，使课堂更加贴近生活。不同学生在感知问题情境后会产生不同的问题，教师应根据这些问题，引导学生进行分析与归纳，监控学生之间的互动交流，不能任由学生随意发散思维，而应将他们的思绪拉回到所学的主题中来。

3. 确定学习路径，呈现先行组织者

智慧环境可以记录与分析学习过程中产生的数据，从而为学生推送适合的路径。在这个过程中，不同能力的学生可以针对自己的能力水平来选择学习路径。

（1）基于诊断的学习路径推荐。是指以学生为中心，根据其自身在知识水平、认知偏好和兴趣等方面的差异性特征，为其推荐合适的学习活动序列，从而通过学习过程的评价和指导，来帮助学生进行知识的构建。而基于诊断的学习路径推荐指的是系统在学生开始学习之前，会对学生的知识水平、学习偏好、学习兴趣等进行一个初步判断，然后根据学生的应答状况，诊断出学生的知识处于的水平层级，进而推送适合其水平层级的活动路径。如何为学生推荐适切的学习路径是一个难题，本书选择将在线学习平台作为解决该难题的突破口，运用在线学习平台中的学情分析、智能引导、实时记录与监控等功能，来为学生推荐契合的学习路径。根据对学生前期的诊断，不仅能判断出学生的知识掌握到什么程度，下一步需要哪些资源来加以补充，同时还能够对其认知偏好等进行预判，最后为其推荐合适的活动路径。

（2）基于自主选择的学习路径。除了系统能够推送的活动路径，学生也能够根据自身情况对路径进行自主选择。例如，针对那些自身学习能力较强的学生，他们对自己薄弱的环节比较了解，能够针对自身实际情况，自己决定选择哪条路径来完成自主建构，这对于他们来说基于自主选择的路径可能会更加地恰当。而针对那些学习能力相对较弱的学生，他们的知识基础比较薄弱，他们甚至不清楚自己哪部分比较差，这种情况下，他们更适合采用系统为其推荐的学习路径来开展学习。

无论哪种学习路径，其都是为了使学生能够按照自己的需求，从多种路径中选择适合的学习路径来更好地建构自己的知识体系。在确定了学习路径之后，呈现先行组织者，也就是新旧知识之间的连接性材料。智慧教育环境为学生提供了丰富的多媒体资源和个性化的支撑工具，来帮助学生来完成自主建构。

4. 选择学习评价方式，考量学习成果

在这个阶段，学生已经完成了知识内容的学习。虽然在本书中，学习评价被放在了模式的最后一个阶段，但并不是说只有在学习的最后一个阶段才会进行学习评价，如在学习开始之前，利用在线学习平台的测评功能进行学前诊断，从而为学生推荐学习路径；在学习进行时，运用在线学习平台的相关功能监控和记录整个学习过程，从而进行分析和提供反馈；在学习结束之后，利用在线学习平台编辑测试题等，来分析学生的学习成果。学习评价的目的就是，希望能够全方位地考量学生对知识的掌握情况和思维发展情况等。

五、基于“云班课”的精准智慧课堂教学应用案例

（一）“云班课”教学平台的功能

“云班课”是一款课堂内外即时反馈教学互动平台，该平台融入了人工智能和大数据技术，基于移动互联网环境，实现师生之间的教学互动、资源推送和评价反馈，对学生学习的全过程进行动态数据采集，实现学生个性化的学习诊断，助力教师精准教学的智能助手。教师和学生可以通过手机安装“云班课”App 或利用浏览器访问云班课 Web 版进行教学和学习。

1. 班课创建和资源管理

在“云班课”平台，教师通过创建班课生成相应的课程班课号，学生通过搜索班课号加入“云班课”班级。教师在“云班课”平台的“资源”页面中，通过“本地上传、网页链接和资源库”这三种方式上传并推送图片、音视频和课件等学习资源，学生收到推送通知后，可以通过移动互联网在线观看或下载资源，有助于学生自主学习。

2. 教学活动智能多样化

“云班课”平台除了学习资源推送，还具有手机投屏、发起签到、作业/小组任务、投票问卷、头脑风暴、答疑讨论、题库管理和测试等强大功能，教师可根据需求选择相应的功能进行教学活动，调动学生的课堂积极主动性，使学生更好地融入课堂。

3. 学习动态智能跟踪

教师通过“云班课”平台可以查看每个学生的学习记录，跟踪学生的学习进度，及时掌握学生的学习动态，在班课对于没有及时进行学习的学生，可以利用“云班课”平台的提示功能提醒学生。学生在完成资源学习之后，会获得相对应的经验值，教师可以以此为参考进行教学

评价的管理，激发学生学习的积极主动性，提升课堂教学质量。

（二）基于“云班课”支持的精准智慧课堂教学模式构建

智慧课堂教学模式的发展与技术的发展是并驾齐驱的，随着人工智能和大数据不断深入课堂教学，促进了新型教学模式的开展。这里选取“云班课”智能化数据分析平台来协助智慧课堂教学的开展，教师可以通过“云班课”平台获取学生的个性化特征及学习需求，从而动态调整教学内容和教学方式，对学生进行个性化教学。教师将自身智慧与新兴技术深度融合，真正以学生的智慧发展为目标，为学生打造智慧高效的课堂体验，不断提升学生自主学习、合作探究、发现问题、解决问题、创造思维和智慧的能力。

依据智慧课堂教学的特征，借助智能平台、移动终端和大数据技术，分别从课前、课中和课后三个环节完成对教学模式的构建，设计了基于“云班课”支持的精准智慧课堂教学模式，如图 4.4 所示。

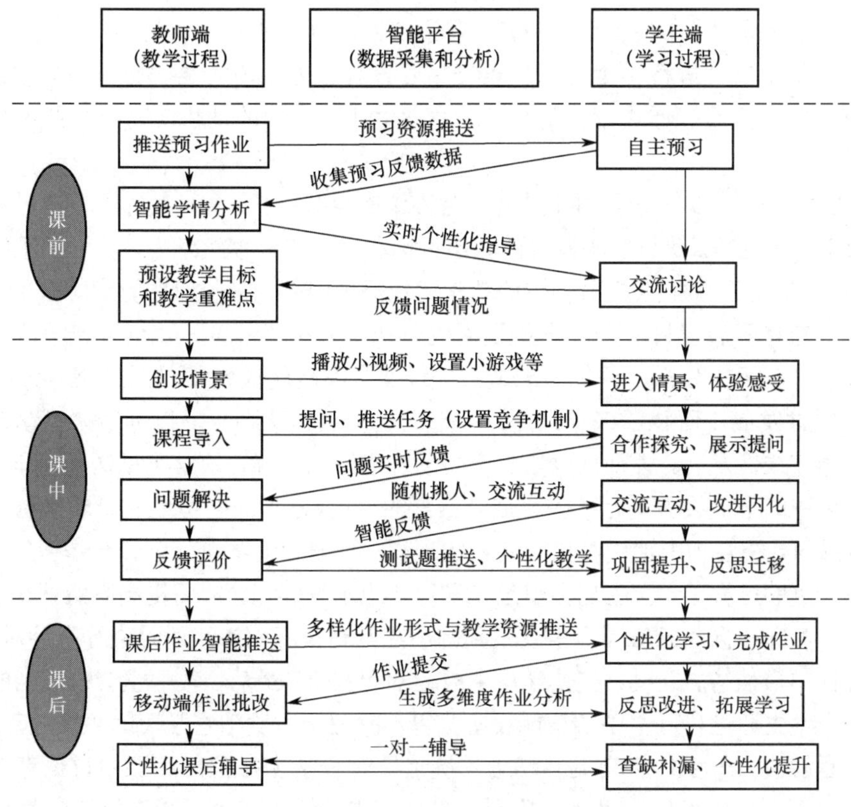

图 4.4　基于“云班课”支持的精准智慧课堂教学模式

1. 课前：精准设计

（1）推送预习作业。教师在课前依据教学大纲预先准备学生的预习资料，利用“云班课”中的资料库进行相关内容的收集整理，之后对准备好的预习资料预览并对每一页内容进行语音讲解，最后向全班同学推送。预习资料以微课、课件、图片和文本等形式呈现并发布到“云班课”，其中也会包含一些测试题。学生在接收预习资料后，选择自己喜欢的形式进行学习和测试，及时发现难点问题，通过平台先自主查阅资料，再选择与同学、教师交流互动来解决问题，最后教师将存在异议的问题留到课上一起解决，培养学生自主学习、发现问题和解决问题的能力。

（2）智能学情分析。学生通过“云班课”平台自主预习和测试发现问题，教师通过平台提供的学生预习情况和测评结果分析，快速掌握预习名单和每个学生的学情（资源选择、预习时间、观看资料次数、测试时间、测试分数、测试排名和疑难问题等），从而对学生进行有针对性的教学。

（3）预设教学目标和教学重难点。教师根据课前预习的反馈情况去预设智慧三维目标和教学重难点，选择适合学生的教学内容和教学方法，预设适合学生的学习情境，以学定教，精准进行课堂教学设计，更好地为课中教学做准备。

2. 课中：精准教学

（1）创设情景——以学生兴趣为出发点。教师通过“云班课”平台将课前的预习情况反馈给学生，让学生对自己有一个定位，从而更好地促进学生学习。之后教师根据教学计划创设情景，首要考虑的问题就是学生的学习兴趣，有了兴趣才可以使学生有进步和提升学习的空间，教师根据平台的学情分析将学生的兴趣点和精心设置的教学内容相结合，再以播放小视频、图片展示或设置小游戏等形式创设情景，激发学生获取新知的动机，为完成课中教学内容的导入做准备。

（2）课程导入——以任务驱动和学生小组协作探索新知。首先，教师在授课时利用智能化设备代替板书，通过“云班课”将课堂的教学目标和重难点分享给学生，让学生了解课堂需要掌握的内容。其次，教师根据之前创设的教学情境提出问题，采用问题驱动法来引入新知。再次，修订版的布鲁姆教育目标分类学根据学生对知识的领悟程度，由低到高分为六个水平，即识记、理解、应用、分析、评价和创造。传统课堂和翻转课堂都是从低级认知能力到高级认知能力的线性发展，而智慧课堂则是以创造为出发点和落脚点，以创造来驱动课堂教学，变线性发展为非线性发展。教师则以培养学生创造思维为目标，向学生推送小组学习任务，学生通过自己手中的智能设备进行接收并展开激烈的讨论，遇到问题可以在智能平台中查找相关资料并进行探讨，在互动中加深学生对知识的理解，培养学生发现问题和合作探究的能力。在完成智慧型任务的过程中，学生也会反过来学习初级水平知识，从而提高高级认知水平。在小组讨论期间，教师根据“云班课”中观察到的小组互动交流动态，适时进行有针对性的指导，并在教学过程中增强情感互动，促使学生生成趣学和智学。最后，教师也会在适当的情景中增加竞争机制，学生通过自己手中的智能设备抢答，有利于激发学生学习的积极主动性。

（3）问题解决——以师生交流互动为关键点。对于学生在预习和课中讨论存在的问题，教师会进行讲解，学生可以通过“云班课”平台点击“懂”或“不懂”按钮向教师反馈知识接受情况，教师通过智能“云班课”平台查看“不懂”的人数和名单，从而及时调整教学策略，让学生把不懂的问题反馈到“云班课”平台中。之后，“云班课”平台快速将学生的问题进行整理、汇总，使教师清晰、直观地看到学生存在的问题，并利用“云班课”平台中的随机挑选功能，在已经“懂”的同学名单中随机选人回答问题，然后，教师再进行解说和拓展讲解，帮助那些“不懂”的学生更好地吸收本节课的知识，也使那些已经“懂”的学生更好地将知识内化，并实现自身的拓展。

（4）反馈评价——以对学生个性化评价为重点。教师利用“云班课”平台中的智能编题功能（根据学生学习的过程数据有针对性地进行习题编制），对学生进行个性化的随堂测验，学生当堂完成并提交。平台立即生成学生得分、各题答题情况及习题答案详解，教师也可随即查看平台了解每位学生测试的详细情况，有利于教师课后有针对性地进行个别辅导。随后，教师将学生的分数公布在平台中，让学生了解自己在班里的水平，激发学生积极性，有利于学生在课后有针对性地巩固复习。教师通过课中教学和测试情况的实时反馈来进行点评，总结学生知识的掌握情况，将知识的重难点和学生的共性问题进行集中讲解，帮助学生深入巩固和强化知识点。

3. 课后：精准指导

（1）课后作业智能推送。教师根据课前测评、课中教学和学生课堂学习情况数据，通过智能化平台向学生推送难度适中、题量合理、内容匹配的个性化课后作业，为学生减少大量无效地作业，帮助学生更加高效地掌握知识。在这期间，教师利用“云班课”这一智能平台可以随时查看学生作业的完成情况，有助于教师在学生完成作业后进行及时的反馈评价。

（2）移动端作业批改。教师利用“云班课”平台中的“智能作业批改”功能进行课后作业的批改，减轻了教师85%的作业批改量，而且，平台可以快速生成多维度数据分析报告，节约了教师评阅的时间，使教师可以很容易了解到学生存在的知识漏洞，更好地帮助学生弥补差距，从而进行有针对性的指导，提升教学效率。学生在完成课后作业点击“提交”按钮之后，平台立即生成数据报告，及时将答题情况反馈给学生和教师，并将错题汇集到学生的个人错题库，根据错题情况平台自动收集个性化的练习题存入每个学生的习题库中，学生可以省去找练习题的时间，有针对性地突破自己知识的薄弱点，实现举一反三，使学习更有效率。

（3）个性化课后辅导。精准的课后辅导对于学生的重要性不言而喻，而大数据的出现为实现精准辅导奠定了基础。教师通过“云班课”平台了解到学生在完成作业和习题练习情况后及时进行有针对性的课后辅导，并且不受时空限制，不仅可以利用语音、图片、视频等多种形式随时随地辅导学生，也可以将知识点做成微课推送给学生，帮助学生巩固知识点，建立与之前课程内容的联系。通过大数据整理出的共性问题，教师可以建立小组群进行分组辅导，对于个性问题进行一对一辅导，帮助学生查漏补缺，加深对每个知识点的理解，使教师真正做到精准指导。

（三）基于“云班课”支持的智慧课堂教学模式应用案例

初中阶段是学生思维形成、智力发育的关键时期，是学生掌握英语的最佳时期，也是教师培养学生的黄金时期。因此在这个阶段，教师必须跟随时代发展的潮流，变革教学模式，培养学生的创新意识和创新能力。朴新大连同芳学校在初中英语课堂中运用了“云班课”智能化数据分析平台，作为备课、讲课、听课和测试的教学常规工具，充分发挥了智慧学习环境的功效，为教师的个性化教学和学生的个性化学习提供了有力支持。下面将以朴新大连同芳学校敏学班的学生为研究对象，运用“云班课”平台，对外研社版初中英语八年级上册Module 7 中的 *Unit 1 Alice was sitting with her sister by the river* 部分进行精准智慧课堂教学模式的建构，并与运用原有的教学模式对比分析，得出最佳教学思路（见表4.1），从而实现智慧培养。

表 4.1　基于“云班课”支持的智慧课堂教学模式应用案例

	原有教学模式	教学新模式
课前	1.教师备课：教师课前根据自身经验和上节课学生的反馈情况进行备课。 2.学生预习：学生对上一次课堂布置的内容进行预习，预习结果反馈到下次上课时间	课前阶段学生主要以自主学习为主，教师通过“云班课”平台以不同的形式（音视频、图片等）向学生推送预习作业，让学生自主选择喜欢的预习形式，教师根据“云班课”平台提供的学生预习作业情况分析，及时了解学生学习情况，有针对性地进行教学设计
课中	1.课程讲授：教师依据备课方案进行讲授，教师基本上营造的是线上多媒体环境，通过播放音视频或动画，学生按照教师的思路学习。其间，教师根据学生学情让学生运用过去进行时的句式进行对话编写，部分学生代表回答，实现了部分互动。 2.布置作业：教师布置课后作业和下节课的预习任务	针对课前的预习反馈，以学生兴趣为导向来创设情景，为学生课堂上开展相关的听说训练做准备。课程导入以任务驱动的方式，对学生随机分组自行运用过去进行时编写英语对话，学生通过“云班课”平台选择所需的模拟场景完成任务，教师针对任务中出现的问题进行讲解，并利用“云班课”平台的编题能力向学生推送个性化随堂测验试题，及时得到反馈结果，教师根据反馈结果及时补充拓展，巩固强化本节课的重点词组、句子和语法
课后	1.完成作业：学生在课后完成作业，第二天上课交给教师。 2.批改作业：教师收到作业并完成作业批改，批改情况难以及时反馈到下节教学设计中。 3.评价反馈：教师将作业批改结果反馈给学生，通常需要两三天之后	“云班课”平台将每位学生课中练习错题进行整理，针对每位学生的知识薄弱点，进行个性化的优质学习资源和课后作业推送（包括英语听说），学生完成作业出现的任何疑问都可以随时随地与学生和教师交流，教师通过“云班课”平台查看学生完成作业的情况然后进行个性化指导。学生完成作业提交“云班课”平台自动批改，平台及时生成数据报告，将听说水平反馈给学生，纠正学生的发音，并根据学生错题情况自动收集个性化练习题，存入每个学生的习题库中，有助于学生查漏补缺。最后教师根据课中和课后学生英语的听说写和语法方面的欠缺，进行个性化辅导

从表 4.1 原有教学模式和教学新模式的对比中可以看出，在传统课堂的常规技术环境下，无法对学生的学习过程数据进行实时采集，学生不能及时得到学习成果反馈，教师只能根据作业、考试和自身经验对学生学习情况进行分析，很难准确了解每一位学生，难以做到精准教学，学生也难以得到个性化发展。而采用智能平台数据支持的智慧课堂教学模式能更好地激发学生的学习兴趣，整个教学过程用数据说话，促进学生更智慧地学，教师更智慧地教。在课前学生自主选择喜欢的形式预习，在课中与同学和教师合作互动、交流探讨，在课后学生个性化学习，这三个环节培养了学生发现问题、提出问题、解决问题和创新思维的能力，真正做到了以学定教、精准教学。下面本书将对“云班课”这一智能平台数据支持的精准智慧课堂教学实施过程进行详细阐述。

1. 课前预习反馈环节

（1）推送预习作业。八年级英语上册 Module 7 中 *Unit 1* 部分的主题是文学，教师根据学生学习水平分层设计，把本节课需要学生掌握的童话故事名称、电影资料及相关语言知识以不同的形式（文字、图片、音频等）推送给学生，让学生随时随地、自主选择喜欢的形式进行预习，帮助学生了解本节课的目标语言，激活学生与此话题相关的背景知识。对于本节课的语法部分，主要是学会过去进行时态的运用，教师将相关语法讲解及例句的 PPT 做成微视频推送给学生，让学生自主体验和感悟过去进行时态的用法，并将题量适中、层次清晰、内容恰当的测试题以不同的形式和难度推送至学生端，学生接收后自测并即时获得测评结果及每一题的详解过程，帮助学生初步了解过去进行时态的结构和用法，让学生更有针对性地进行学习。另外，对于学生预习过程中出现的疑问，学生首先可以通过智能平台搜集资料自主解决，其次是选择与同学或教师实时进行交流互动，最后教师将存在异议的问题留到课堂一起讲解。

(2)智能学情分析。教师通过智能终端对学生的预习情况和测评结果产生的数据进行分析，获取每一位学生预习情况的详细数据，发现大部分学生对于童话故事的主要人物和事件有了一定的了解，但是对于过去进行时态的使用还不是很熟练，需要教师有针对性地在课堂上进行教学。

（3）预设智慧教学目标和过程。教师通过智能学情分析发现学生对于本节知识的薄弱点，从而更有针对性地制订智慧课堂三维目标和教学重难点，以更好地优化教学设计。

① 智慧三维目标：

a. 知识与技能。学会边听录音边记录关键词，可以简单谈论童话故事中的主要人物和事件的语言材料；掌握过去进行时态的一般疑问句、否定句和特殊疑问句使用形式。

b. 过程与方法。采用 Using contest guessing 和 Role playing 的场景化智慧学习策略，利用“云班课”平台向学生端推送不同形式小组合作任务来开展课堂的听、说、读、写活动。

c. 情感态度与价值观。通过创设情景和场景对话等活动的开展，培养学生小组合作意识和文学鉴赏能力，激发学生阅读兴趣，陶冶情操，让学生感受英语与生活融合的乐趣。

② 教学重点和难点：

a. 重点。能够听懂童话故事的主要内容，了解主要的人物和所发生的事情。

b. 难点。能正确使用过去进行时态询问或描述有关过去正在发生的事情和动作。

③ 智慧教学过程：

在智能平台数据支持的环境下，教师可以动态地掌握学生阶段性的学习状况，及时调整教学策略，充分调动学生课堂学习与活动参与的积极性，有针对性地帮助学生完成智慧学习目标。关于本节英语课程的教学实施流程如图 4.5 所示。

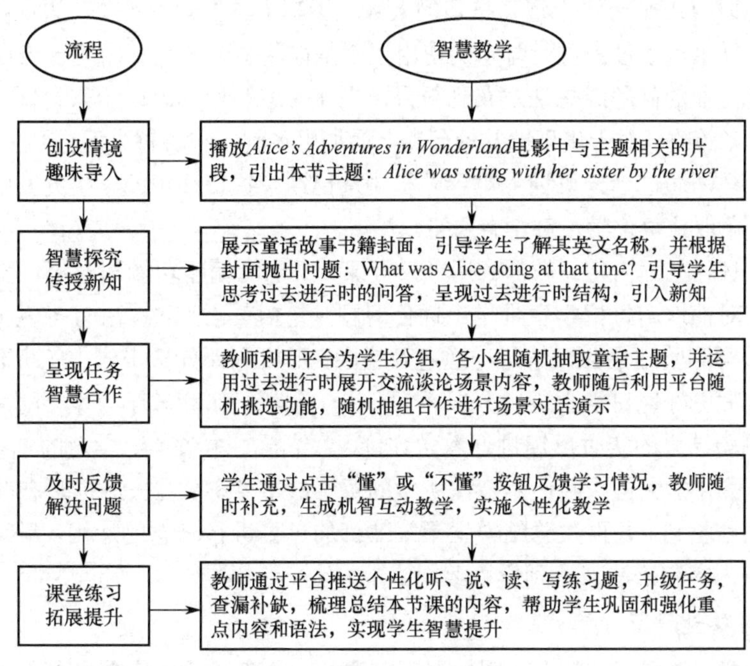

图 4.5　智慧教学实施流程

2. 课中互动探究环节

（1）创设情景，体验感受。在新课导入之前，教师通过“云班课”平台播放 *Alice's Adventures*

in Wonderland 电影中与主题相关的片段，并组织学生随机分组讨论，竞猜电影名称。讨论结束后，小组通过点击平台中的“抢答”按钮进行抢答，激发了学生对英语课堂参与的热情与兴趣，也为在学生课堂上开展相关的听说训练打下了基础。之后，教师呈现电影对应书籍的封面揭示答案，并引出本节课的主题：*Alice was sitting with her sister by the river*。

（2）课程导入，分享展示。首先，教师通过“云班课”平台展示其他五部国外童话故事书籍的封面，并发布“连一连”任务到学生端，让学生为其匹配相应的英文名称并提交至平台，平台智能批阅、自动汇总统计正确和错误率，教师通过平台快速直观地了解本班学生对国外经典童话故事的熟悉程度。其次，教师随机播放学生课前观看电影中的小片段与学生进行互动交流：What was Alice doing at that time？将其呈现在平台，从而引出过去进行时态的问答，呈现目标结构。再次，教师播放课本中 listening and vocabulary 部分的听力内容，让学生在学生端记录所听到的人物、事和词组，并用英文说出记录的内容，之后教师进行总结并向学生端推送听力原文，两人一组分角色进行对话练习并发送至平台，教师通过平台测评学生的发音，及时反馈并纠正。对于听力中出现的过去进行时态，教师利用“云班课”平台随机分组（每组六人），让学生交流讨论其基本用法，之后利用“云班课”平台中的随机挑选功能抽组回答检验成果，随后提供有针对性的指导，并对过去进行时态的基本用法进行精讲，从而加深学生对过去进行时态用法的理解。最后，教师为每组随机推送童话故事中的片段，让学生运用过去进行时态的问答自主编写对话进行展示，并匹配相关的背景音乐来增加学生的情景代入感，加深学生对这部童话故事的了解，激发学生英语学习兴趣，提升学生英语学习能力。

（3）互动交流，解决问题。教师通过“云班课”平台实时关注学生课前预习情况和课中讲解每部分知识点时点击平台“不懂”按钮的人数。了解了学生对于本节英语课程的掌握情况，教师发现大部分学生对于过去进行时态的使用还不是很熟练。教师利用“云班课”平台的答疑功能，让学生把不懂的问题或想法发布到平台，先让学生互相交流讨论来尝试解决，之后针对问题及时调整教学策略，对于出现的共性问题，增加更多例句和讲解来促进学生对知识的理解。对于个性问题，教师通过“云班课”平台随机挑选已经掌握该知识的学生为其解答，教师随时进行拓展补充，争取让每位学生都学有所得。

（4）实时测评，巩固内化。教师利用“云班课”平台的编题功能和对每位学生学习情况的数据分析，有针对性地向每位学生推送个性化习题（包括英语听说）进行当堂测验，通过智能批改功能即时获得测验结果并详解每一道题及错因，形成测评分析报告，有助于指导学生个性化学习，帮助教师更好地对学生进行分层教学，优化教学策略和教学方案。随后，教师根据课中教学情况及测验结果的实时反馈进行教学评价，总结学生本节英语学习的掌握情况。在本节课程结束之前，引导学生再次回忆本节课所学的童话故事名称、过去进行时态的结构及谈论童话故事的简单语言材料，并再次总结学生不太熟练的过去进行时态的运用，帮助学生巩固和强化本节课的重点内容和语法，达到学以致用。

3. 课后总结提升环节

（1）作业推送，拓展延伸。为巩固拓展本节课的新知识，教师让学生自主选择喜欢的童话故事，并运用过去进行时态进行场景片段的对话编写。此作业没有标准答案，学生可根据自身兴趣、发挥自身创造力和想象力来增设场景内容，培养思维创造能力。在大数据精准分析每位学生课堂知识薄弱点和整理课中练习错题的基础上，教师为每位学生推送个性化的优质学习资源和课后作业，实现课堂错题举一反三，让学生更好地掌握本节课的知识点，提高学生英语学习效率。在学生完成作业的过程中，教师可随时查看学生作业的完成情况，对学生进行个性化指导，学生在这个过程中出现任何疑问，都可以随时随地与同学或教师进行互动交流，从而深化本节英语课知识的学习。

（2）智能批改，查漏补缺。学生完成作业后提交，“云班课”平台能智能地批改作业，及时生成数据报告，将作业完成情况反馈给教师和学生，把错题自动汇集到学生的个人英语课程错题库，教师根据错题情况收集个性化的练习题，存入每个学生的习题库中，学生可以省去找练习题的时间。有助于学生查漏补缺，进行有针对性的反复练习，突破自身知识的薄弱点，更高效地提升英语的学习能力。

（3）个性辅导，反思提升。教师通过“云班课”平台查看学生作业完成和习题练习情况，发现大部分学生对于英语听说方面还存在一定的欠缺。针对这一情况，教师让学生在“云班课”平台上进行与本节课内容相关的听说练习，平台及时纠正发音并反馈结果，同时形成相应的听说错题册供学生随时反复练习，教师及时了解练习结果（语音面貌和听说水平），并对学生英语听说的薄弱点进行个性化课后辅导，从而更好地提升每位学生的英语听说能力。

第二节　翻转课堂

一、翻转课堂概述

（一）翻转课堂的定义

一直以来，在定义这场由在线视频引起的风暴时，在国际语境中普遍使用 Flipped Classroom，直译成中文即为“翻转课堂”。这种译法非常形象。也许就是因为过于形象，使得我们忽略了这样一个问题：为什么翻转的是课堂，而不是翻转老师、翻转学生、翻转内容、翻转媒体或其他什么？一个通俗的解释就是：学生回家后听“视频老师”上课，第二天上课与“真人老师（或同学）”讨论问题，这跟以往教学中“真人老师”在教室上课，学生回家做作业正好“颠倒”，所以翻转课堂的概念就此产生。在这个语境下所说的翻转课堂，从本质上讲，强调的是学生课前使用在线视频学习的一种场所，翻转课堂翻转了学习的场所，这便是引发这场在线学习风暴的关键所在。

翻转课堂的基本要义是教学流程变革所带来的知识传授的提前和知识内化的优化。

从这个意义上说，流程要素仅是定义翻转课堂的要素之一。作为真正意义上的翻转课堂，还需要添加另外两个要素，即技术要素和环境要素。技术要素是指翻转课堂需要微视频支持学生的自主学习；环境要素是指翻转课堂需要持续、系统地分析学生在学习过程中的问题，以真正提高课堂互动的质量。

所以，翻转课堂包含三个基本构成要素：一是技术要素，主要为微视频；二是流程要素，主要为“课前—课中—课后”的教学活动；三是环境要素，主要为带有智能诊断功能的学习分析系统。

（二）翻转课堂的特点

1. 师生角色变化

学生主动学习，教师成为指导者、解惑者。

2. 学生对学习的掌控性较强

学生不再被动地跟着教师的节奏走，而能自己掌握着学习的进度，不懂的地方可以反复观看，懂了的地方则可以快速通过。

3. 师生互动性强

传统课堂上，教师讲解占据了大部分时间，互动时间较少，而翻转课堂中教师成为导学者，师生之间、学生之间的互动性大大增强。

4. 教师反思较多

传统课堂上多是教师讲解，而翻转课堂上，学生能发现“千奇百怪”的问题，这些问题促进了教师反思。

5. 注重学生与家长的沟通

翻转课堂教学模式下，学生大多通过网络进行学习，即学生在家中自学，家长可以直接观察到自己孩子的学习情况，还可以在必要时给予帮忙，使得家长与学生之间的交流增多，减少了学生的无助感。

（三）翻转课堂的优势

翻转课堂教学模式非常适合于高等教育，因为高校为翻转课堂的实施提供了极大便利，表现如下。

1. 完善的网络支持

高校网络技术比较发达，校园网建设较为完善，为翻转课堂提供了基础条件。无线校园网络为学生的移动学习、碎片化学习提供了网络支持，真正实现了学生想学就学、随时随地可学的愿望。

2. 视频化教学进退自如

翻转课堂的重要载体是视频，视频可快进，可暂停，可反复观看，大大减少了部分学生由于理解慢而出现的知识“断档”现象。

3. 打破时空限制

传统课堂上，学生必须在既定时间坐在既定位置，听着既定教师讲授；而翻转课堂的学习时间、地点非常灵活，可以在家，也可以在公交车上，大大增加了学习的灵活度。

4. 教与学的演变

传统课堂上，教师与学生是“一对多”的关系，学生水平参差不齐，难以达到较好的教学效果。翻转课堂则是“多对多”的教学，教师只是导学者，学生之间的“互教互学”大大提高了学习效率。

二、翻转课堂教学设计模式研究

翻转课堂作为一种新型的教学模式，把教师上课和学生课下完成作业转变为学生课下观看视频和课上师生共同探讨，体现了以学生为中心的人本主义教育思想，实现了学习理论与教育实践的紧密结合，在国内外受到极大的关注。分析国内外翻转课堂教学模式的研究成果，关注其前沿研究，不仅能够取长补短，更能够对未来的研究方向和发展趋势进行准确的把握。

（一）Gerstein 提出的环形翻转课堂教学模式

环形翻转课堂教学模式由美国学者 Gerstein 于 2011 年构建，其把翻转课堂分为体验参与、概念探索、意义建构和展示应用四个阶段，如图 4.6 所示。

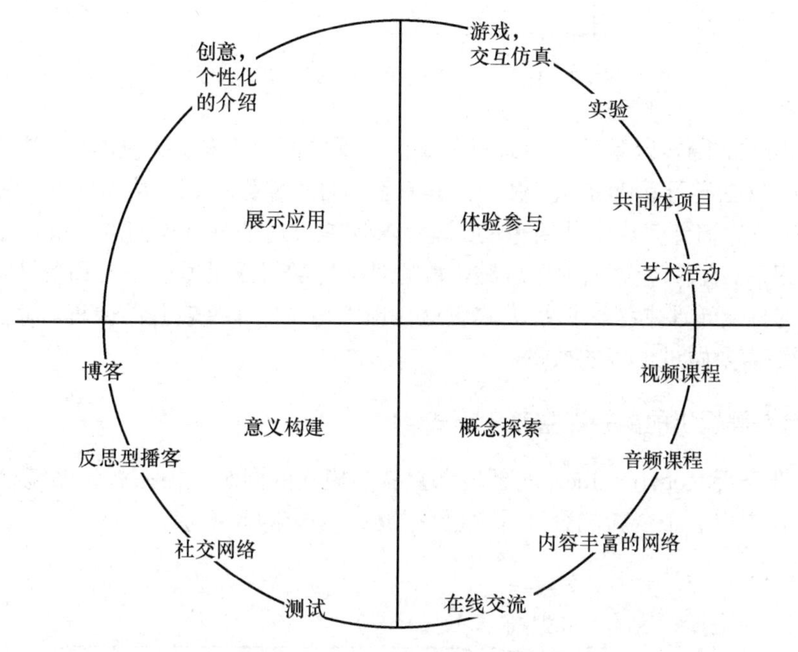

图 4.6　环形翻转课堂教学模型

环形翻转课堂教学模型把学生的学习体验作为开展翻转课堂的起点。首先，由教师组织学习活动，学生参与完成学习目标；其次，学生通过观看教学视频或网络课程，在课前完成相关自主学习，并与同学或教师进行在线讨论，完成知识探究；再次，学生通过运用社交网络等新媒体工具对知识进行意义建构，完成相关学习任务；最后，学生完成个性化的学习任务，并采用多种方式进行知识汇报与总结。教师在这四个阶段中应给予学生及时的评价与鼓励，以帮助学生获得更好的学习效果。该模式虽然强调了学生的学习主体性，但却忽视了教师在教学中的引导作用，可能会导致学生的课堂学习偏离轨道或不能按时保质保量地完成规定的学习任务。

（二）Robert Talbert 的翻转课堂教学模式

美国富兰克林学院的 Robert Talbert 结合自身教学实践经验，总结出了翻转课堂教学实践过程中的关键步骤，提出了翻转课堂教学模式，如图 4.7 所示。

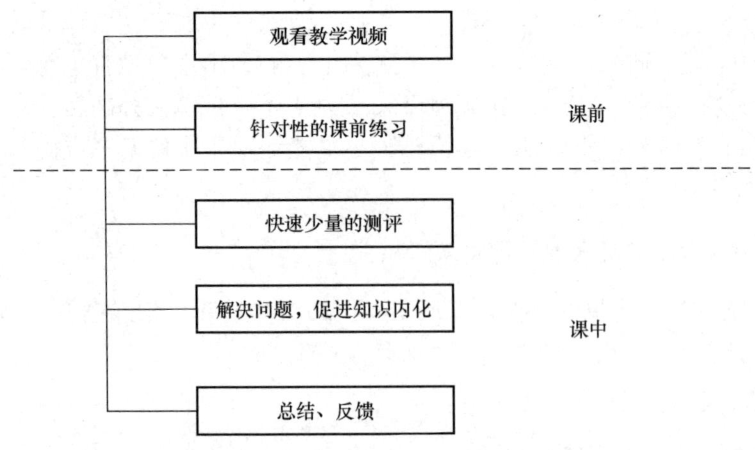

图 4.7　Robert Talbert 的翻转课堂教学模式

Robert Talbert 的翻转课堂教学模式分为课前和课中两个部分。课前，学生学习教师提前准备的课程视频，自主学习基础知识，做一些具有针对性的实践练习，从而完成对知识的深化认识；课中，学生首先需要完成一些简单的测验；其次通过对部分疑难问题的解决来完成知识的内化与迁移；最后，学生对知识进行总结，教师对学生学习效果做出评价和反馈，以检验学生的学习效果。这种翻转课堂教学系统模式更适合理工科类操作性较强的课程，对于文科类发散性较强的课程还需要做进一步的改进。

（三）张金磊等提出的翻转课堂教学模式

张金磊等在完善 Robert Talbert 的翻转课堂教学模式的同时，根据教学系统设计理论和建构主义理论等，提出一个全新的翻转课堂教学模式，如图 4.8 所示。

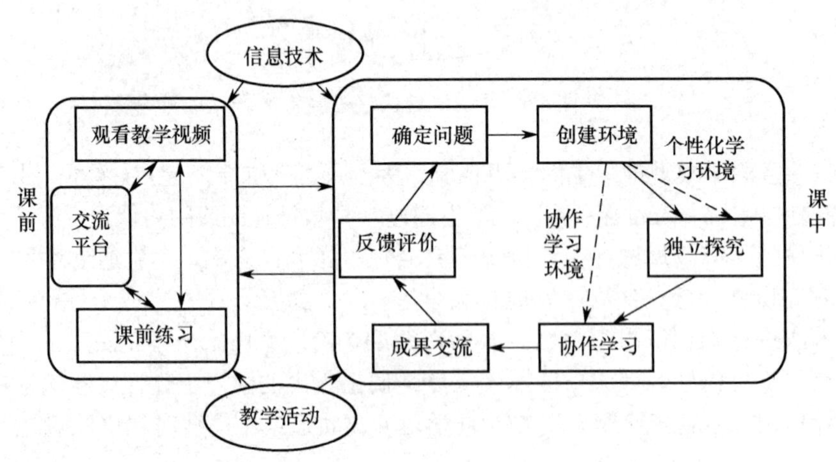

图 4.8　张金磊等提出的翻转课堂教学模式

张金磊等提出的翻转课堂教学模式主要包括课前基础知识学习和课中学习活动组织两个过程。信息技术的支持及丰富的教学活动是开展翻转课堂教学的重要基础，能够保障个性化、协作式环境的创建。学生在课前观看教学视频，同时在交流平台上参与课前讨论，完成知识的自主建构与学习；教师总结并梳理课前学生遇到的问题，创建相应的学习环境，让学生自主探究或协助学生完成学习任务，并对学习成果进行总结；教师给出及时、肯定的反馈和评价，完成教学活动的循环。此教学模式详细地论述了翻转课堂教学实施的过程，具有很强的指导性和可操作性，教学活动相对完善，但也存在一定的不足，即此模式对有针对性的问题和交互活动阶段的设计与开发存在缺陷。

（四）钟晓流的太极环式翻转课堂教学模式

钟晓流教授结合自身对翻转课堂的认识和其他学者的观点，构建出了太极环式翻转课堂教学模式，如图 4.9 所示。在此翻转课堂教学模式设计中，强调教师是学生学习活动的引导者、组织者和促进者，学生是学习的主体。此模式以教师的“教”为倚重点，分别在课上及课下开展教学准备、记忆理解、应用分析、综合评价四个环节。但需要指出的是，该模式虽然设计思路具有一定的新颖性，但在教与学的安排上并不十分合理，且课程的开发与设计及学习交互部分仍有所欠缺，还需要进一步改进。

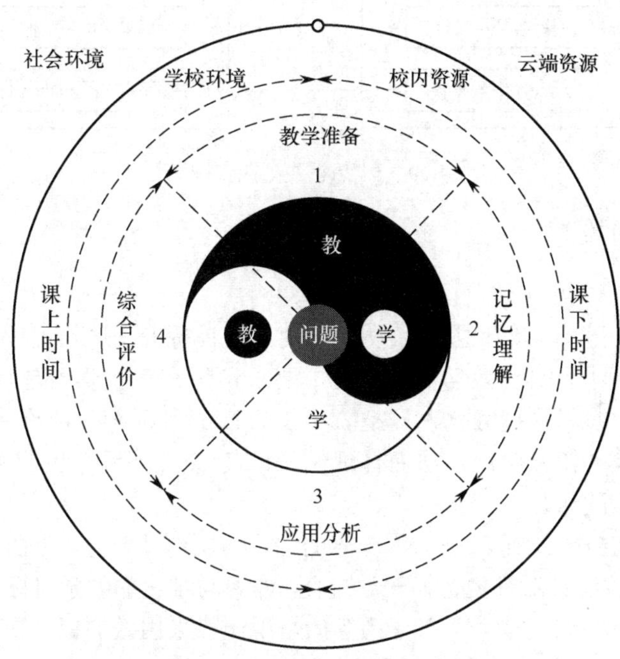

图 4.9　太极环式翻转课堂教学模式

三、翻转课堂教学应用模式

翻转课堂教学应用模式体现在“以学生为中心”的教育理念的基础上，强调教师的引导作用，同时关注模式在课程应用中的可操作性，具体如图 4.10 所示。该模式主要由课外应用和课内应用两个阶段组成，每个阶段又分为教师活动和学生活动两个部分，强调利用信息技术环境支持的师生活动，详细描述了在课程应用中的具体步骤和各活动之间的关系。

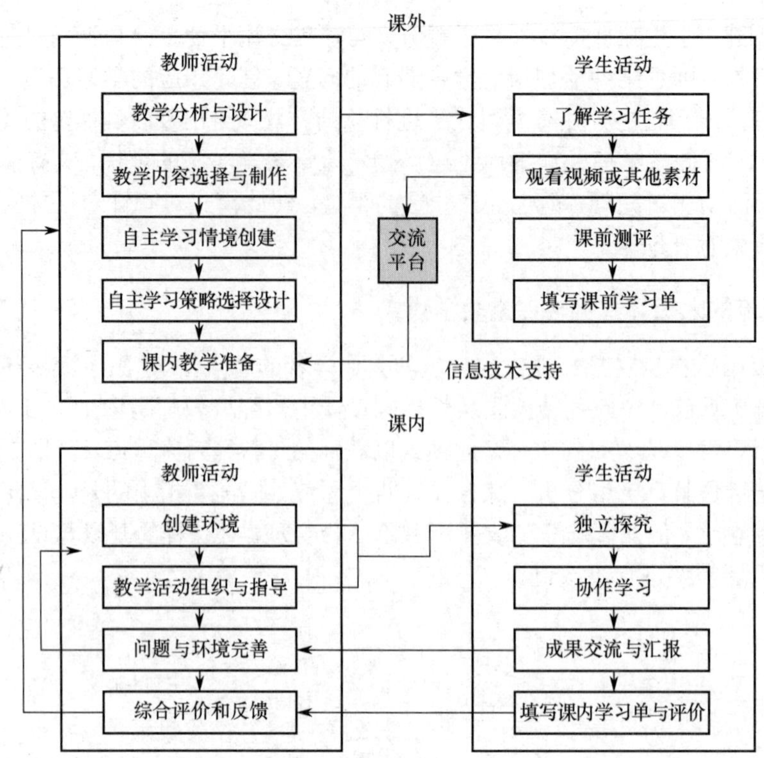

图 4.10　翻转课堂教学应用模式

（一）课外应用阶段

1. 教师活动部分

（1）教学分析与设计。教师进行有效教学设计的前提是先对学生的特点进行分析，然后结合教学目的，设计并编制教学目标。由于要求学生在自主学习环境中了解教学目标，翻转课堂的教学目标编写强调细化，即把一个综合性的目标细化成许多小的、分散性的目标。在描述目标时尽可能分层次，从而体现结构的特点，说明哪些是课前应达到的目标，哪些是课内应达到的目标。

（2）教学内容的选择与制作。在教学内容的选择与制作环节，一方面，教师根据微课程设计方法，首先，要做到有针对性地选择教学内容，即要与细化的教学目标相对应，根据知识点来设计教学内容和评测题库。其次，教学内容的呈现一般采用教师提供视频、文本和音频等形式。大学教学内容是学生未经过教师传授而自主学习的，因此教师在制作学习资料时，即使是很简单的内容也不能跳跃过去，并且在制作结束时需要对学习内容进行总结，强调重点、难点。另一方面，教师需要根据选择的教学内容设计课前学习单，通过学习单的问题来引导学生自主学习。学习单一般围绕五个核心问题进行设计，即让学生回答“我知道什么？”“我想学什么？”“我发现了什么？”“我已经学会了什么？”“我是如何学会的？”

（3）自主学习情境创建。自主学习情境创建环节主要指教师需要进行教学装备（如学生通过网络自主学习的设备、视频服务器等）、网络自主学习平台等方面的准备。

（4）自主学习策略选择设计。教师根据不同的教学内容选择不同的自主学习策略（如支架式教学策略、抛锚式教学策略、随机进入式教学策略等），设计学生的自主学习活动。

（5）课内教学准备。教师根据交流平台中学生所提出的疑问、学生课前评测结果和学生填写的学习单，总结出一些有针对性的探究题目，以课内学习单的形式呈现，并对课内学生的活动（独立探究、协作学习、成果交流和汇报、填写课内学习单与评价等方面）进行设计。

2. 学生活动部分

学生的活动以信息技术为支持，主要包括以下四个环节。为了获得更好的学习效果，每个环节结束后可以返回上一个环节重新学习。

（1）了解学习任务。对细化的学习目标进行自主学习，明确课外学习任务和课内学习任务，并根据学习任务和自身特点选择合适的学习内容。

（2）观看视频或其他素材。学生通过网络观看教师提供的教学视频或其他形式的学习材料开展学习，对学习收获进行记录，并利用交流平台提出问题。

（3）课前评测。学生完成教师设计的课前练习，并根据完成情况发现学习中存在的问题，通过交流平台提出问题。

（4）填写课前学习单。学生通过前面三个环节的活动，回答学习单中的三个问题，并反馈给教师。

（二）课内应用阶段

1. 教师活动部分

在翻转课堂教学中，教师的主要任务是引导学生实现对课外阶段知识的高效内化，主要包括以下四个环节；而这四个环节可以根据学生课堂的表现和反馈进行动态化的完善。

（1）创建环境。教师根据学生对问题的选择将学生分组，一般小组的规模不能太大，控制在五人以内，并对小组中的成员进行任务分工，强调学生要明确小组任务、相互支持、相互配合，并能对活动成效进行评价。如果涉及的问题比较小，可以设计学生个体自主探究的形式，然后让学生组成小组，相互交流成果。

（2）教学活动的组织与指导。教师根据问题的大小，组织学生进行协作探究、自主探究和成果汇报，帮助学生制订学习计划和使用学习工具。目前，具有该功能的一款工具是 Symbaloo，它已经赢得了众多教育者的青睐。该工具拥有卓越的数据库，能为一系列专业课题提供大量的参考内容。此外，DIIGO（Digest of Internet Information, Groups and Other Stuff，一款网页书签工具）也在吸引着越来越多的学生用户，它能帮助学生轻松地收集、提炼和储存资料，从而改进学生的个人学习环境。

（3）问题与环境的完善。教师在这一环节中要处理的问题主要是学生在课外自主学习中提出的和通过反馈总结发现的问题。当学生在课内进行协作探究、自主探究或成果交流汇报时，必然会出现一些新的问题。为了使学生能更深入地实现知识的内化，需要对课外教学设计中存在的问题和学生内化环境进行完善；如果课堂时间充足，还可以针对新问题组织、指导学生进行探究，否则就将其作为一些课外探究的主题，融合到后续的教学内容中。

（4）综合评价和反馈。在翻转课堂中，综合评价是落脚点，且是必不可少的环节。综合评价是对学生记忆理解情况及应用分析阶段的成果的评价，从中也可以发现教师教学准备阶段存在的不足。综合评价的目的在于把各要素和各构成部分组合成一个整体，如把发生在课下的各种学习和思考活动组合成一个整体，并以独特的报告形式或者具有挑战性的任务形式予以呈现，从而拟订一项操作计划或概括出一套抽象关系。综合评价强调的是创造力，需要产生新的模式或结构，对学生的综合评价要体现翻转课堂中强调的“评价形式多元化和评价目标发展性”的特点，教师根据综合评价与学生的反馈对课外教学设计进行完善。

2. 学生活动部分

在这一部分，学生的任务是在教师的组织和引导下实现对知识的高效内化，主要包括以下四个阶段。

（1）独立探究。学生在教师的指导下，对一些小的问题或任务进行独立探究，实现对知识的内化，并通过独立探究形成高效的自主学习能力和构建自己独立的知识体系。

（2）协作学习。协作学习（Collaborative Learning）是一种通过小组或团队的形式组织学生进行学习的策略。协作学习的基本模式主要有七种，分别是竞争、辩论、合作、问题解决、伙伴、设计和角色扮演。在翻转课堂中，学生通过协作学习发展个体思维能力，增强学生个体之间的沟通能力及学生相互之间的包容能力。此外，协作学习对形成学生的批判性思维与创新性思维，提高学生的交流沟通能力、自尊心以及形成个体间相互尊重的关系，都有明显的积极作用。在翻转课堂中，常用的小组交互策略有头脑风暴、小组讨论、拼图学习、工作表等。

（3）成果交流与汇报。学生经过独立探索、协作学习之后，完成个人或者小组的成果。学生需要在课堂上进行汇报、交流学习体验、分享作品制作成功的喜悦。成果交流的形式可以多种多样，如举行展览会、报告会、辩论会、小型比赛等。在成果交流中，参与的人员除本班师生外，还可以有家长、其他学校师生等校外来宾。

（4）填写课内学习单与评价。学生把课内探究的学习心得与问题以学习单的形式向教师反馈，并对自己的学习效果和小组的学习成效进行自评和他评。此外，还可以翻转汇报过程，即学生将自己的汇报过程进行录像，并把录像视频上传至网络平台，教师和同学在观看完汇报视频后，在课堂上进行讨论、评价。

四、基于 MOOC 的翻转课堂教学应用案例

（一）教学设计

翻转课堂教学是以建构主义学习理论为基础的任务驱动式教学。教学过程首先是教师录制教学视频材料，其次是学生自学，再次是教师课上导学，最后是学生之间互动讨论，最终达到良好的学习效果。其教学设计如图 4.11 所示。

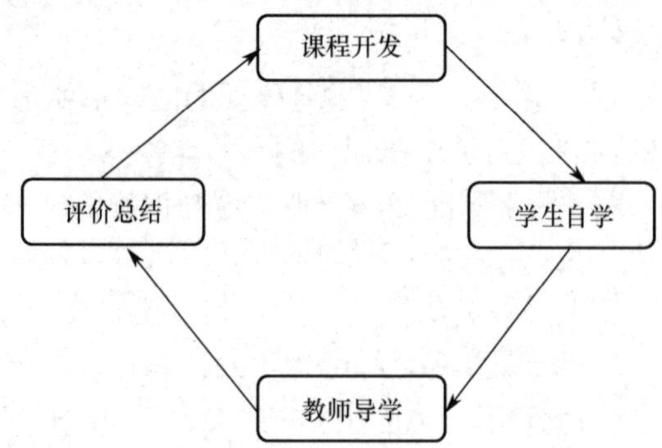

图 4.11　基于 MOOC 的翻转课堂教学设计

1. 课程开发

翻转课堂的前期工作是教师进行课程开发，主要是录制教学视频、音频，制作文档、PPT

等。对于这些内容，教师将付出大量工作，且要做到镜头前不紧张，教态自然，课程内容熟练，不出错等。课程开发是翻转课堂成功进行的前提，因而必须事先做好教学设计，最好组织相关教师形成团队，固定教案模板，分模块共同开发。

3. 学生自学

课程资料主要是知识点讲解视频及配套习题等，在课前被放于 MOOC 学习平台，让学生提前学习。学生可以自由、自主地掌握学习进度，在了解知识的过程中，发现问题并加以解决。

在学生学习的过程中，MOOC 平台不断记录学生的学习时间、轨迹等信息，学生不仅可以看到自己的学习时间、完成进度等信息，还可以看到同伴的学习信息，无形中激发了学生的学习动力。教师在该过程中，要加强互动和提醒，可以增加一些关于知识难点的讨论，防止学生遇到困难无法继续学习的情况发生。

4. 教师导学

学生进行课前自学后，课上进行分组讲解，学生变为教师。在小组讲解过程中，其他组成员可以提出疑问，进行讨论，实现组内、组间协作，教师可以进行个性化点评、引导、解答。翻转课堂教学中，教师导学尤为重要，既要区别于线上教学所讲内容，又要衔接线下内容，因而教师需事先设计好教学“包袱”，并适时“抖一抖包袱”，对学生的学习加以正确引导。

5. 评价总结

首先，教师要针对课堂教学内容设置章节测试题，数量不宜过多，主要为了强化学习内容。其次，教师需根据翻转课堂学习情况进行反思，不断优化学习资源及课程设计。再次，教师要积极给予鼓励，带动学习氛围。最后，教师要定期进行翻转课堂满意度调查，让学生提出建议，不断优化翻转课堂形式。

（二）课程实施

翻转课堂的实施主要包括以下几个方面。

1. 课程开发阶段

教学视频录制可以使用专业摄像机或者家用 DV，如果教师本人要出镜，那么可以使用一些录屏软件（如 Adobe Captivate）外加手写板，后期使用 Premiere 等视频剪辑软件进行编辑，可以将 PPT 等材料插入视频中。此外，还可以使用 Crazytalk、Crazytalk Animator 等软件，为课程做有创意的开场白、概念导入等。需要提醒的是，在录制视频时，教师最好先准备好讲稿，熟练后再进行录制。

2. 资料推送阶段

课程视频录制完成后，教师可以借助 Blackboard 平台、泛雅平台、清华教育在线、MOOC 学院等 MOOC 平台将视频上传，推送给学生。

3. 线上互动阶段

师生可以借助 MOOC 平台的电子黑板等功能进行在线实时互动，也可以通过讨论板等进行非实时互动，同时还可以借助 QQ 群、微信群等进行交流。线上互动是提高学生学习积极性的重要环节，学生之间的交流对于提高学习效率非常有利，教师要实时关注学生之间的讨论情况，并予以适时的引导，保证线上互动的持续、有效进行。

4. 巩固测验阶段

可以使用 MOOC 学习平台自带的测验功能或者 Adobe Captivate Quiz、Articulator Studio Quiz Maker 等进行巩固测验。

翻转课堂教学模式能强化学生的学习动机，不断改善学生的课堂学习状态，增加学生学习反思的“时间和空间”；同时，也对教师提出了挑战，提高了教师教学反思的能力。但是，要想达到良好的教学效果，除了线上视频教学，还必须进行合理的、恰当的线下翻转。

（三）实践中应注意的问题

翻转课堂的实施应注意以下问题。

1. 适用范围

不是所有的课程都适合翻转课堂。翻转课堂教学是建立在学生已有知识基础之上的教学，比如数学、物理、化学等课程，学生有一定基础，教师可适当通过衔接课程实施翻转教学。而对于一些语言类课程，若学生没有相关知识储备，则无法进行翻转课堂教学。

2. 教师水平

传统课堂上，教师只管“教”，而翻转课堂则截然不同。教师不仅是教书匠，还是懂得“设计”课程的能工巧匠；不仅要有教学能力，还要掌握相关信息技术并熟悉学生心理，因而翻转课堂对教师的要求很高，教师需要做的功课增多。

3. 教学视频质量

翻转课堂教学以教学视频为基础。因此，开发高质量的教学视频，成为翻转课堂成功实施的重要保证，这就要求教学视频在具备教学性和完整性的同时，还要兼顾趣味性和创造性。

五、基于 SPOC 的翻转课堂教学应用案例

（一）基于 SPOC 的翻转课堂教学设计模式构建

阿曼多·福克斯认为，SPOC 是 MOOC 与传统课堂相融合的形式，可以增强教师的教学能力，以及学生的吞吐量（Throughput）、知识的内化程度、课程参与度。本书基于 SPOC 构建翻转课堂教学设计模式，包括教学内容体系设计、学习策略设计、教学活动设计和教学评价体系设计四个部分，如图 4.12 所示。

1. 前期分析

对基于 SPOC 的翻转课堂教学活动所需各要素进行前期分析，能够保证教学活动的顺利开展。前期分析包括对学生和学习环境的分析。学生分析主要包括学生的学习需求、专业背景、选修课程、运用 SPOC 平台的熟练程度、对翻转课堂的态度等。对学生特点和先决知识的了解可以帮助教师确定教学目标，由此分离混合学习内容，辨别哪些内容适合线上，哪些内容适合线下。混合学习的融合性导致了学习环境的复杂性，而对学习环境的分析主要指对教学活动的外部环境的分析，主要包括对 SPOC 教学资源的有效性进行预评估，对 SPOC 平台与教学服务体系的功能全面性进行试用和评测，对教学革新认可程度、学校的激励政策、学生评价体系的分析等，为教师顺利开展混合学习提供服务。教师对 SPOC 教学资源进行预评估，包含教师测评与学生评估。通过教学平台的统计分析功能对学生进行调查，评估教学内容的有效性、信息

量、知识性、趣味性、呈现风格及视频制作质量等。前期分析是深度学习的前提与基础，教师通过完善 SPOC 教学平台的功能与流程、加强教育理念宣传，营造和谐、积极、健康向上的学习氛围，激发学生的学习兴趣，为开展深度学习打下坚实的基础。

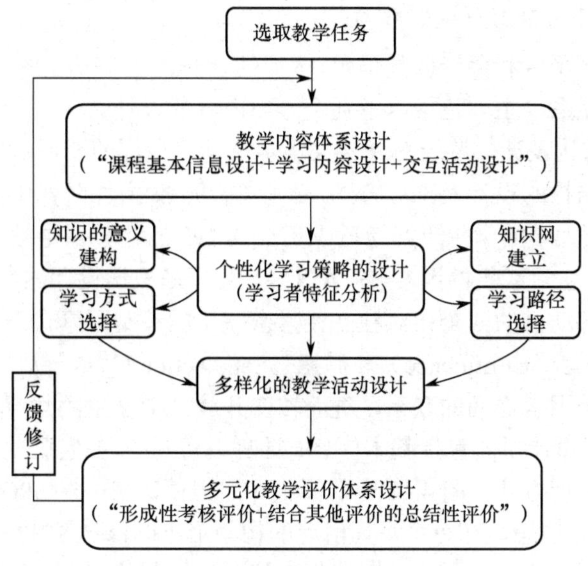

图 4.12　基于 SPOC 的翻转课堂教学设计模式

2. 教学设计原则

教学设计原则需达到更有效地实现学生内化学习的目的，因此，本书构建的教学设计模式应遵循以下原则。

（1）科学调控学生的先决知识。教师依据先决知识的性质，通过一些有组织的回顾方式激发学生对新旧知识建立联系，使先决知识发挥功效；教学过程中要合理布置教学任务，评估学生对不同知识类型（陈述性知识和程序性知识）的理解程度，帮助学生准确辨认和区分不同文化背景下不同知识的应用，并对不正确的知识加以纠正。

（2）建立系统的知识组织机制。加涅认为教学是具有系统性的，教学系统是对教学组织机制做出有利于学习的设计，其目的是开发人的才能。因此，在基于 SPOC 的翻转课堂教学设计模式构建过程中，教师、学生、助教和教育技术人员等都应遵循系统性原则。

（3）重视学生的个性化发展。在教学中应考虑学生的个性化发展差异，培养学生的学习主动性及创新性。学生认知知识、提出问题、探究讨论，主动解决难题的过程，正是学生个性化建构知识的过程。因此，在基于 SPOC 的翻转课堂教学设计模式构建过程中要重点培养学生的主动性和创造性，重视学生的个性化发展。

（4）科学地设计学生的学习过程。学生的学习过程分为三个阶段，一是分解强化技能阶段。在这个阶段通过诊断学生完成任务的情况，判断学生技能掌握程度，从而提出专项训练。二是整合练习阶段。学生通过充分的练习，对知识融会贯通，获取内化知识的能力。三是促进迁移和应用阶段。通过多种情境的学习，引导学生去应用和比较。

（5）反馈与评价有效结合。有目标导向、达到一定数量和频率且难度适中的测试，并配以及时反馈是最有效的评价方式。

（6）创建富有成效的协作学习环境。学习过程需要团队协作完成，积极、有效的交互能够促进学生对知识进行意义建构。因此，本模式应搭建富有成效的团队协作学习环境。学生通过团队协作的方式共同解决疑难问题，使得学生的角色由被动的知识接收者转变为学习活动的主体。在SPOC教学平台的支持下，设计在线交互和线下协作学习活动，促进师生之间、学生之间形成平等对话、友爱协助的良好关系，并通过反思和重建，进一步丰富教学活动载体。

3. 设计适用于双平台的教学内容体系

双平台是指SPOC平台和翻转课堂平台，本书结合开放大学学生的学习特征及学习需要来设计双平台教学内容体系，主要包括以下几个方面内容的设计。

（1）SPOC平台结构设计。鉴于对开放大学学生学习特征的普遍认知和开放教育的特点，开放学习SPOC平台结构的设计及推行方式，必须符合开放学生的学习规律及开放教育的基本运营模式。为了使开放大学的学生更好地适应基于SPOC的翻转课堂教学设计模式，本书借助Keller提出的影响学生学习动机的因素——ARCS模型（是教学设计领域常用的动机模型），界定了构成动机主体内部动机的四个相对独立又紧密联系的关键因素，分别是注意（Attention）、关联（Relevance）、自信（Confidence）和满意（Satisfaction）。本节从SPOC平台的结构设计入手关注学生的这四个因素之间的联系，进而转变开放大学学生的学习理念。

SPOC平台的结构设计主要包括基本信息、课程资源与学习资源三大模块，它们共同构成了SPOC平台的资源呈现方式。图4.13中的箭头导向强调，在构建SPOC平台的三大模块时，要以ARCS模型为指导思想，在每个具体内容的构建上不断渗透学生主动关注（A）、与自身某个学习目标关联（R）、学习过程中不断获得自信（C）、最终达到令人满意的结果（S）的思想观念，且将此思想贯穿于整个平台的各个单元模块之间，使SPOC平台高效能化。

在图4.13所示的三大模块中，课程资源与学习资源相结合共同构建，为学生个体搭建自主学习空间，充分体现出建构主义学习理论的价值观。在这个空间中，学生按照课堂教学进度自由选取各类课程资源，进行有目标的预习和练习，随时查看学习进度，与师生进行全方位互动。学生带着学习任务或问题参与到在线学习环境中，通过找寻相关知识点和推送内容，采用自学或与同伴交流完成作业的方式，获得知识，及时获取肯定性评价。通过三大模块，为学生搭建一个良性循环的学习环境。

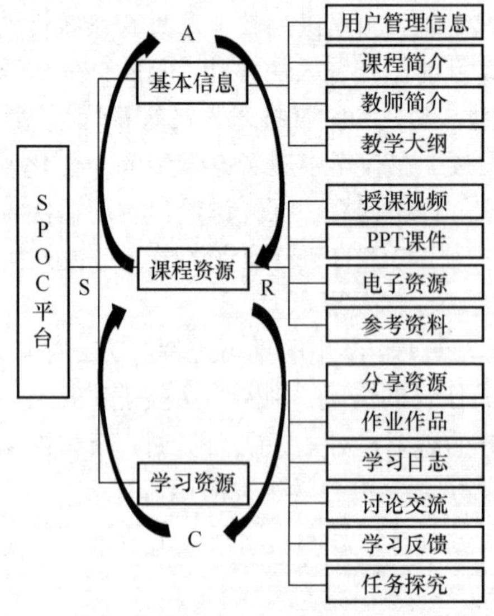

图4.13　SPOC平台的结构设计

（2）课程基本信息设计。由于开放大学的学生来自不同的工作领域、年龄层次不同，且基础知识不充足，所以在设计课程的基本信息时要明确学生需求，尽可能详细地呈现各项内容，引起学生注意。课程基本信息模块主要包括课程大纲、学习目标介绍、学习时间要求、先决知识的储备要求、评分方式和标准、学分和证书的发放要求等内容。其中，课程大纲、学习目标的设计要简洁、明确，且要根据教师的教学活动设计流程进行编写，要有一定的结构性，注意避免与授课内容衔接不上；学习时间的设计要合理，要体现 SPOC 学习的灵活性；对于先决知识的储备要求要尽可能详细全面地表述，使学生能够根据要求提前进行知识储备或者结合自己的能力水平决定进入学习的路径，以便正式学习顺利展开；评分方式和标准的设计要具有及时性、科学性，便于学生及时监控自身学习状况，随时调整自己的学习方法；证书的发放要求也要明确，以提高学生学习的主动性和课程完成率。

（3）知识内容的构建。《人是如何学习的》一书认为，改变学习概念的五大主题是：记忆和知识的结构、问题解决与分析推理（专家分析）、先决基础、元认知过程和自我协调能力、文化体验与社区参与。在学习内容的设计上，要结合以上五大主题作为设计理念，提纲挈领，SPOC 平台上的课程内容以核心且重要的概念类、记忆类、结构性的知识为重点，同时提供一定的学习指导；而在翻转课堂中以学生获得良好学习体验为中心，学习内容的设计形式主要以问题解决、探究、回忆在 SPOC 课程中的新旧知识的个性化意义建构、文化体验与情感培养等为主，激发学生的学习动机，促进学生掌握学习技能和总结有效的学习规律，便于学生课下自主学习与探索，实现个性化学习的目的。学习内容设计新颖，且符合开放大学学生学习的需要，再加上翻转课堂中教师有针对性地答疑解惑，这样的教学设计有助于改善学生的学习主动性，增强学生的学习效果。

知识内容的初步构建主要体现在对 SPOC 平台课程资源的学习阶段和翻转课堂课上内化知识阶段。基于 SPOC 平台课程资源进行知识的建构，如图 4.14 所示，SPOC 学习资源开发模式有两种，分别是引入式和自建式。引入式主要基于 SPOC 的翻转课堂学习要求，以优秀的师资、系统化的教学内容、多样化的教学方式、合理的课程活动设计等为选择标准，引入 MOOC 平台或精品开放课程中的优质教学资源。在选定课程的前提下提出限制性准入条件，控制学生人数，对在线学习情况进行监控并记入综合评价中，使引入的优质资源发挥作用，促进开放教育的可持续发展。自建式主要是由教师或教育技术团队建设 SPOC 课程，包括分析、整理、制作、发布和反馈五个环节，其中整理与制作为重点环节。首先，分析学生的特征及能力、教师的能力及信息化素养、确定课程内容及视频的风格与形式。其次，进入整理环节，对收集到的素材进行整理、分类，制作课程脚本。再次，在视频制作阶段，结合学习目标合理分布知识要点，凸显教学重难点的同时，体现系统化的教学结构。视频制作方法主要有课堂实录式、绿屏抠图式、计算机录屏式、画中画式、可汗学院式、演讲式和采访式等。在视频中可以嵌入一些导入问题，起到承上启下的作用；也可以通过嵌入练习，起到知识巩固和反思的作用；通过嵌入探索性的作业，培养学生的批判性思维，并起到内化知识的作用。最后，教师通过学校平台、网盘、网站发布视频课程，由教师团队及学生团队进行试用评估，并根据反馈意见对平台课程进行改进和完善。

（4）交互活动设计。在基于 SPOC 平台的翻转课堂教学活动设计中，交互活动模块具有十分重要的作用，有助于促进知识的吸收内化、学生个性化发展及自学能力等综合素质的提升。学生个体对知识的认知、知识的构建都与交互息息相关。学生通过对知识的共享、重建，互相激励、评价、完善，构建新的知识体系，达到深层理解知识的目的。本书基于 SPOC 翻转课堂教学活动设计中的交互活动方式，从界面、内容、形式、评估等方面进行教学活动设计，形成人性化、智能化的学习环境，提高教学活动的交互性。交互活动主要包括在 SPOC 平台中的论坛交互、基于其他交互工具（微博、讨论版、QQ 群、微信公众号、Wiki、BBS 等）的交互（实时交互与非实时交互）和同伴互助等活动，也包括师生、生生面对面协作交流的深度交互活动，教师可以根据学生在不同交互环境中的学习体验提供针对性和个性化的指导，创建人性化的交互学习环境。

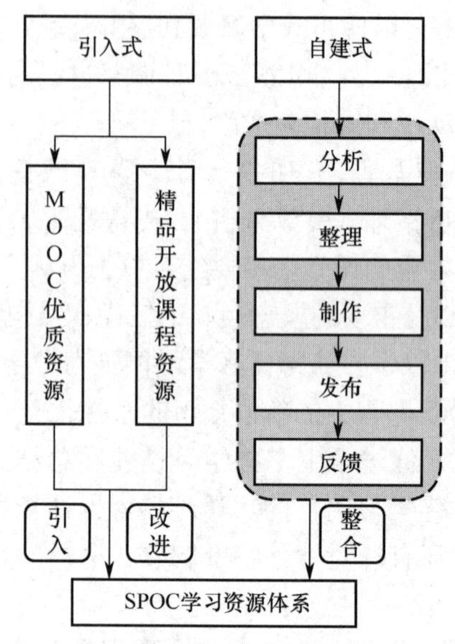

图 4.14　SPOC 学习资源开发模式

（5）迁移应用与创新活动设计。知识的迁移应用与创新主要在讨论与交流阶段完成。教师通过组织丰富的教学活动，引导学生进行自主构建、团队探究或头脑风暴，学生在训练中感受、领悟、构建知识，将知识转化为技能，并通过在复杂、丰富、多变的情境中应用技能，把所学的理论知识迁移应用到真实任务与实际问题中，实现对新知识的深度理解与内化。随着学生讨论与研究的深入，学生对问题的理解也进一步内化，通过师生、生生交互，促进思维碰撞，增进学生自我反思与对新情境的深入理解。学生对解决问题所需的核心观点和关键要素能够引起重视，理解疑难问题、深层知识等非结构化概念，能在相似情境中举一反三、融会贯通，解决复杂的疑难问题，实现知识的重组性迁移应用与创造。本书采用基于 SPOC 的翻转课堂教学设计模式，课前实现基本知识的认知，课内组织丰富的课堂活动，有益于实现知识在不同情境中的迁移应用与创新。

4. 学习策略设计的个性化

学习策略设计的目的是促进学生有效调控学习的知识加工过程，以便高效地存储和提取信息。开放大学学生的特征和背景的特殊性决定了其学习能力、参与程度和学习成果的多样性，因而设计个性化学习策略，在满足学生的个性化需求的同时，也能支持学生的多样化参与式学习。

（1）学习方式选择个性化。开放大学的学生在 SPOC 平台上可以自主选择学习时间、地点以及学习速度，可以利用碎片化的时间进行随时随地的学习，平台会自动记忆学习进度，以便下一次继续进行学习。基于 SPOC 平台的翻转课堂的教学设计更加多样化，本书借鉴祝智庭教授提出的后 MOOC 时期的教学新样式分类，如自主学习类、混合学习类、混合实验类、协作学习类、研究性学习类，将不同类型的学习方式运用于多样化的翻转课堂教学，设计双平台下的混合学习方式，供学生个性化地选择学习方式，教师和学生都可以选择现场参与，也可以选择远程视频参与。

（2）学习路径选择个性化。根据开放大学学生差别化的学习目的和学习经历、背景等，自主选择学习内容并制订学习目标，确定参与学习活动的个性化路径。教师虽然给出了准备学习的相关资源，但是学生可以通过自己已有的知识背景决定哪些需要学习，对于部分已经掌握的知识进行回顾学习或知识建构学习，根据自己掌握的知识与能力水平，结合课程目标，制订并实施适合自身的学习计划，实现学习路径选择的个性化。

（3）知识网建立个性化。获得知识与实践技能相结合，将原有知识和新知识技能相联系，建立个性化、概念化的知识网。在这个过程中，通过在不同的学习环境中获得不同的学习资源，收集信息，结合 SPOC 课程或者课上平台的同伴讨论或师生交互，对收集到的信息进行加工处理，建立起个人的知识网，有助于未来的知识整合及知识意义建构。

（4）知识意义建构个性化。开放大学学生根据自己的学习背景、学习目的等标准，将获取的知识、信息进行重组和意义建构，把它们整合、创造成为对自己有用的新知识。在这个过程中，学生不仅要在 SPOC 平台上与其他成员进行交流、分享与协作，还要借助翻转课堂对学习内容进行深入的认识，结合教师与其他同伴提出的反馈意见，利用学习分析、评价工具对学习效果和学习过程进行剖析、评估和反思，最终完成知识的意义建构过程。

综上可知，教师可以根据实际教学需要综合设计多种教学策略，并依据教学反馈适时做出调整。如为更好地促进学生学习，可采用支架式策略、分层教学策略等；为提升学生综合应用能力，可采用基于问题的学习、项目式教学策略等。此外，还可以设计更具特色的教学策略，如及时评价策略、课内翻转策略、角色翻转策略等。

5. 设计多样化的教学活动

信息技术与教育教学的深入融合，是实现教育信息化的必由之路。而所谓深度融合，则体现在教育教学模式的创新与变革上。信息化背景下的课堂教学模式是课上与课下、线上与线下的融合。信息化教学模式离不开网络基础设施和在线学习工具及学习平台的建设，离不开多元化、多样化、开放式的学习资源及学习内容的建设，也离不开获取开放资源、实现自主协作与资源共享的方式，即支持学习环境的建设。以 SPOC 模式作为 MOOC 的有效补充，与课堂教学深度融合，是对学习平台、学习资源、学习环境的创新。笔者在研究相关翻转课堂教学设计模式的基础上，提出了基于 SPOC 的翻转课堂教学活动设计模式。

教学活动是教师与学生为达到特定的教学目标或教学效果而进行的学习总和。笔者通过梳理国内外学者提出的翻转课堂教学模式，并结合开放大学学生特征，以活动理论为导向，尝试构建了多样化的教学活动设计模式，该模式将整个教学设计划分成 SPOC 平台的教学活动设计和翻转课堂的教学活动设计两大模块，如图 4.15 所示。

（1）SPOC 平台的教学活动设计。SPOC 平台的教学活动总体设计以学生为中心，结合学生的基本背景、学习需求、课程目标及课程内容的分析，将课程总目标分解成独立的小目标，并将多种开放教育资源、优质教学方法、新型教学媒体有机地融合于一个教学系统。SPOC 平台不仅开展在线学习、测试，以及研讨交互、参考资料阅读和问卷调查，还开展了名师答疑、项目实践、虚拟实验、游戏化学习等综合实践活动。基于 SPOC 课程的教学活动设计会充分利用 MOOC 课程中已有的教学资源开展教学活动，而对于 SPOC 课程中缺少的教学活动，通过翻转课堂来进行补充、改进。通过引起学生注意和告知学习目标这两大事件对 SPOC 课程进行自学探究，及时自我检查或通过阶段测试来了解学习情况，学习过程中产生的问题由系统自动记录并提示学生，学生根据问题参加在线交流和在线探究活动，之后获得问题的解决方案，或者在翻转课堂上由师生共同解决，从而完成知识传递的过程。

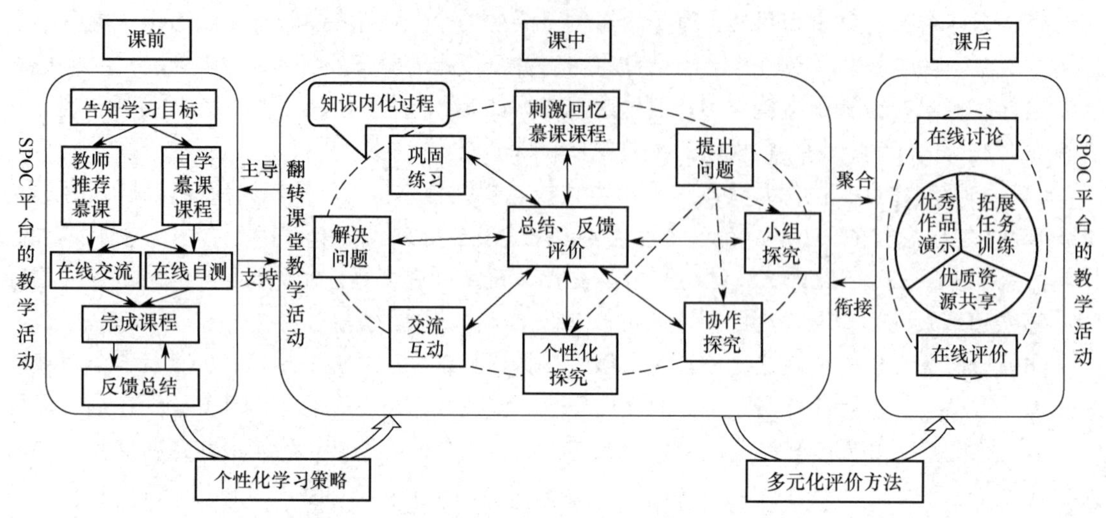

图 4.15　基于 SPOC 的翻转课堂教学活动设计模式

（2）翻转课堂的教学活动设计。翻转课堂上的学习行为是一个知识内化与知识建构的过程。翻转课堂教学活动的设计关键就在于如何让学生“内化”在 SPOC 课程中独立学到的知识，且开放大学的学生更适合以问题或任务为驱动的自主、内在的学习，基于此，本节设计了多样化的翻转课堂教学活动。首先，教师通过跟踪、收集及甄别学生课前 SPOC 课程学习的疑点、难点或共性问题，如由教师或学生提出在 SPOC 课程中遇到的问题，由小组成员在教师的指导下共同完成，从而回顾先前知识或者获得解决问题的方法，引导学生将新旧知识进行融合，内化学习活动，巩固、重建认知结构，从而深化对新知识的理解与迁移运用。其次，教师要根据学生学习特点的分析为其提供多样化、个性化的教学模式指导或学习策略，每个团队的学生在探究过程中会遇到各种挑战，所以教师要依据不同情况对学生进行个性化的学习指导，运用多样化的教学模式，如设置项目、任务驱动的方式，抛出新问题，供学生个体探索并与小组同学共同探讨，指导学生进行交流互动，引导学生自主解决问题，促进知识的吸收和内化，这既是知识主动构建的过程，也是多渠道信息和多学科知识的整合过程。再次，通过巩固练习知识的重难点，学生根据本人学习情况进行总结反思，从而针对其中的问题进行系统化的重点复习。最后，教师根据学生在学习过程中的表现对其进行以激励为主的评价，在学习过程中随时随地关注学生的学习反馈，并及时进行总结与评价，以达到个性化教学的目的。

该模式的创新点在于教学活动的开放性，不仅是教学资源的开放和共享，更是课程形式、评价管理体制的开放和学习活动的开放交互。两大模块并非独立存在，而是由活动理论作为主线串联起来的。学生通过在线上 SPOC 课程学习基础知识，并进行线上讨论，然后提出疑问，在课堂上师生围绕线上资源进行讨论学习，通过不同的教学模式解决问题、内化知识、应用知识，让学生发现自身不足，及时回到SPOC课程中有针对性地学习未掌握的知识，完善学习过程中出现的漏洞。课程结束后，师生在课堂上创作的优秀作品可以上传至SPOC平台供其他师生学习和借鉴。这种资源共享和拓展任务的训练方式进一步丰富了SPOC平台的内容和形式。

6. 设计以形成性考核为主的多元化教学评价体系

如何针对来自不同地域、具有不同文化背景和知识基础的学生的学习过程与效果进行科学、有效的评价，从而为学生提供高效、及时的学习反馈与评价，为开展SPOC课程的开放教育学校、教师的教学优化设计提供建议与基础，是开放教育深远发展所要面临的重要挑战。针对开放学生及开放的MOOC平台，开展开放教育的教师并不能像传统教学情景下面对固定的学生群体那样设计教学评价方式。而教师有限的精力决定了其不再是学习评价的主体，基于SPOC平台的自动评分系统不可避免地使学习评价缺乏人文化、社会化等因素，且无法有效完成对开放学生高阶思维发展水平的评价。因此，基于SPOC的翻转课堂教学评价体系的设计，主要采用以基于学习分析技术的形成性评价为主，以过程性评价和总结性评价为辅的多元评价方法，且分别应用于基于SPOC的翻转课堂学习活动的不同阶段。

形成性评价包括基于SPOC平台的作业、单元测试以及在讨论组中的表现，主要通过活跃程度、同伴互评等方式获得。同伴互评的评价方式，是由学生担任评价主体，对其他学生的学习成果、学习过程等进行评价，这样不仅可以减轻教师的工作压力，且利用SPOC技术平台的特点，还能够发挥学生的自主能动性，提高学生的参与度，是一种值得推崇的开放教学评价方式。形成性评价也在面对面的教学中得以体现，比如课堂作业和课堂表现（主要通过教师评价及自我评价获得）。首先，根据学生学习活动中的变量，对收集到的数据进行定性分析，再根据学生的相似性进行聚类分析，最终对学生、教师和教育管理部门的相关工作进行有效干预。其次，可以在教学过程中设计与课程内容相关联的游戏化小测试或者探究性测试，增强学习引导，通过这样的过程性评价可以促进学生对学习内容的掌握与应用。总结性评价则通过对学生线上结业考试及学校传统的期末考试进行综合评定。这种多元化的学习评价方式全面体现了学生的学习效果，综合评估活动中每个参照目标的设计，为开放教育的学生提供了一个标准化、多元化、智能化的评价体系。

（二）基于SPOC的翻转课堂教学应用案例

1. 前期准备

本案例选取国家开放大学（大连）计算机科学与技术专业《数字化学习资源的设计与开发》课程第四章“Photoshop CS 处理图片资源”的学习内容为设计案例，通过集中访谈和调查问卷法获取调研数据，对访谈结果和实验数据进行分析。实验前，教师先对学生特征、课程内容及教学环境进行分析，从而确定学习目标。本案例中，开放大学学生具备一定的课程学习基础，满足课程所需的知识储备，但是也存在理论基础比较薄弱、学习时间不足、工学矛盾等问题。该时段的学习应达到的目标有：知识与技术层面，掌握Photoshop软件的基本知识和相关操作技术；在能力层面，具备梳理和解决项目问题的能力；情感态度目标层面，激发对图片处理软件的学习兴趣，为今后学习其他实用软件的应用打下坚实基础。目前，类似软件教学的学习主要采用传统面授与实验操作相结合的教学模式，具有综合性、实用性强等特点，对学生的综合素质及技术要求比较高。因此，充分利用SPOC中的学习资源及有效的师生、生生互动，对此类课程的教学效果至关重要。

为解决传统面授教学模式教学时间有限、教学效果不理想等问题，本课程资源采取引入式开发模式，选取国内最大的IT技能学习平台——慕课网上的《PS入门教程——新手过招》课程。根据优质课程引入标准，在中国大学MOOC平台、清华学堂在线平台及慕课网三大平台检索相关课程资源。《PS入门教程——新手过招》课程由任务引入，实例学习贯穿始末。除此之外，该课程不仅紧密结合教学大纲，而且包含了一些高阶内容，为学生的个性化学习创造了有利条件；同时，该课程还提供了作品在线展示模块，供学生把自己的作品贴在展示板上，让同伴互评，及时获得反馈意见。

首先，根据实践要求，实验班师生按照教学进度要求在课堂教学前进入SPOC平台做自主探究学习，学生通过平台资源预先掌握基础知识，师生在线讨论疑难问题并做部分知识拓展；其次，学生带着问题进入课堂，倾听教师对重难点的解析，师生共同进行深度探究学习，在教师的引导下内化知识；最后，学生学完每个单元知识后，在线进行综合性和知识拓展测试练习，通过生生、师生交流解决练习中的问题。

2. 基于SPOC的翻转课堂学习活动设计案例

根据开放学生的学习特点及认知特点，以活动理论和教学设计理论为理论依据，设计具体的基于SPOC的“Photoshop CS 处理图片资源”教学内容翻转课堂教学活动设计表。其中，活动设计主要包括学习内容、活动目标、活动主体、操作流程、活动层次和评价标准等，具体如表4.2所示。

表4.2　基于SPOC的翻转课堂教学活动设计案例

<table>
<tr><th>节数</th><th>学时分配</th><th>学习内容</th><th>活动目标</th><th>操作流程</th><th>教学活动内容设计</th><th>活动主体</th><th>活动层次</th><th>活动层次和评价标准</th></tr>
<tr><td rowspan="3">第五节</td><td rowspan="3">SPOC课程不限时
翻转课堂2学时</td><td rowspan="3">为图像加上背景与文字/图像合成</td><td rowspan="3">1. 学会使用Photoshop中的多边形套索工具、磁性套索工具、渐变工具和文字工具
2.通过讲台展示学习成果，锻炼语言表达及鉴赏作品的能力</td><td>课前：SPOC</td><td>A1.在SPOC平台上浏览并学习本节课的内容，查阅相关资料</td><td>学生、助教</td><td>认识、理解</td><td>SPOC笔记
学习心得
作品展示
课堂演示
组员互评</td></tr>
<tr><td>课上：翻转“课堂+SPOC”</td><td>B1.教师精讲知识重难点；
B2.学生分组设计作品并进行展示；
B3.学生（小组）互评；
B4.教师总结反馈</td><td>学生、教师、学组</td><td>应用、评价、反思、内化</td><td></td></tr>
<tr><td>课后：SPOC</td><td>C1.修改并完善作品；
C2.师生、生生、小组在线交流；
C3.教师在SPOC平台上传学习资源</td><td>学生、教师、助教</td><td>应用、理解、内化</td><td></td></tr>
</table>

首先，在开课之前介绍课程开展流程及教学大纲，有利于学生提前了解教学内容，明确教学目标，掌握教学方式，了解评价方法及获得认证方式。其次，教师或助教在平台上创建讨论组，要求学生完成注册，加入《PS入门教程——新手过招》在线课程，进行课前学习及讨论。灵活、多样、开放、终身的个性化教育是未来教育发展的趋势。依据个性化的技术和资料，教师定期为学生设计课程，设定学习目标，由学生自主选择感兴趣的内容进行学习，课前学习任

务单如表 4.3 所示。学习过程包括阅读教材、观看视频、案例练习及作品展示等。学生通过观看 SPOC 视频并完成练习任务，初步了解基础知识点。对于疑难问题及知识的内化学习，则在翻转课堂教学活动中开展。

表 4.3　课前学习任务单

学习任务单	项目	具体内容
第四章“Photoshop CS 处理图片资源”课前导学任务单	阅读教材	教材第 4 章第 1 节
	观看视频	慕课网《PS 入门教程——新手过招》第一章（1～6）
	案例练习	认识并使用 Photoshop CS 窗口中的工具栏 写出常用的 5 种工具的功能 新建图层，并修改图层效果 回答常用的图层类型有哪几种 完成教材中男孩图像与建筑图像的合成
	作品展示	下载作业板块中的资源，按照作业要求完成一幅图片合成的作品，并提交展示

首先，学生按学习任务单的要求完成案例任务；其次，通过平台在线提交自测题和作品；最后，平台采用自动批改或同伴互评的方式及时给学生提供反馈。平台根据存储的学习数据，如学生学习时间、重看时间、讨论参与情况、课程参与度等，对学生进行综合评价。如此多维度地检测课程学习效果，有助于激发学生的学习积极性，增强学习主动性。

课中研学主要是翻转课堂的课堂活动，以团队为单位，进行协作学习。在这一阶段主要以学生的活动为主，组织有效的课堂活动是开展翻转课堂最关键的环节。首先，教师要根据知识结构及学生的认知特征设计形式多样且合理的活动任务，如“名师我来讲”“考题我做主”“生活问题我来解”“职业体验我能行”“辩论会”等，每节课完成二至三个活动任务为佳，明确活动任务预期要达到的目标；其次，要制订活动规则，且可以由学生在学习过程中自行制订、修改，同时，规划好每个活动任务的完成时间，并安排适合的学习环境；再次，教师需提供与活动任务相关的材料，或由学生自己准备需要的资料；最后，需确定任务评价的方式。

六、基于微信公众平台的翻转课堂教学应用案例

（一）教学模式

通过微信公众平台的通信机制，结合翻转课堂的特点，将两者有机地结合在一起，形成一种有效的教学模式，具体如图 4.16 所示。

1. 课前知识获取

教师在课前必须充分掌握学生的学习情况，了解学生愿意接受的知识形式是图片，还是视频、文字。教师自己制作微视频或寻找与教学有关的网络链接，根据学生的不同兴趣爱好，将不同表现形式的知识推送给学生和家长。其中，家长主要起到监督学生课前学习的作用。当教师完成学习材料的推送后，学生根据学习材料开始学习，可以反复地观看学习材料，直到学懂为止。当学生对自己的学习结果满意时，可以通过练习题进行自测，将自测结果和还没有弄懂

的知识点反馈给教师，然后教师根据不同学生遇到的不同问题进行归纳总结，为课堂知识内化做好充分准备。此外，家长也可以就学生的学习情况适时地与教师进行沟通，做到家校联合，促进学生学习。

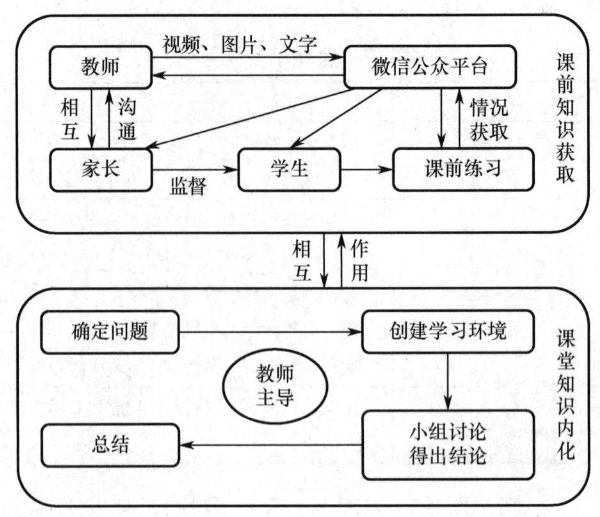

图 4.16　基于微信公众平台的翻转课堂教学模式

2. 课堂知识内化

课堂上主要对学生在课前自学时遇到的问题进行讨论和解答。而课堂上知识的内化主要采取以学生为主体、教师为主导的教学模式。

在教学的过程中，教师只有准确地将微信公众平台的基本功能与翻转课堂的特点紧密联系起来，才能更好地提高教学效率。

（二）具体应用

1. 教师通过群发功能推送消息，学生实现翻转课堂的知识获取

教师在课前了解学生的学习需求，通过微信公众平台推送给学生所需要的学习材料。而后学生根据自己的时间在 PC 上或者移动终端设备上进行学习。在这一过程中，教师除了推送给学生必要的学习资料，还会推送一些练习题，让学生检测自己的学习成果。在检测过程中，如果学生发现自己对一些知识存在误区，则可以反复观看视频资料，若仍不能解决，可以给教师留言。

2. 教师通过查询学生留言，进行一对一的问题解答

当学生观看学习内容后，可以给教师发送问题，教师可以通过微信公众平台的实时消息功能，对不同学生提出的不同疑问进行一一解答，避免了在传统课堂中一些学生羞于问问题的尴尬情况。教师通过学生的反馈，及时对教学内容进行修改。同时，教师可以将不同的问题进行归类总结，以保证课堂知识内化的有效性。也就是说，学生还可以通过参考其他学生提出的不同问题及其解决方式，来巩固知识。

3. 家长监督学生学习，提高学生的学习效率

正如传播学大师麦克卢汉所言："每一种技术都立即对人的交往模式进行重组，实际上造就了一种新的环境。"在传统的教学中，教师与家长主要通过召开家长会的形式进行交流。

在家长会上，家长询问教师学生在校是否安静地听课、主动举手回答问题，或者有没有打扰其他同学等一些表面上的问题，教师很容易回答这些问题，但其实这种沟通没有太大意义。而在以微信公众平台为基础的翻转课堂的教学模式下，家长完全可以通过扫描二维码或者搜索微信号的方式关注此平台，对学校和学生的学习情况保持持续关注。学生在获取知识的阶段，教师通过微信公众平台将所要学习的知识传递给学生，家长也可以收到学生要学习的内容，来对学生的学习进行监督，以保证学生的学习质量。在微信公众平台上，教师除和学生沟通外，还可以和家长进行良好的交流，进而实现学校和家庭对学生学习的共同监督。

4. 教师设定关键词回复功能，提高学生学习的主动性

在微信公众平台上，教师可以利用关键字自动回复功能绑定已经制作好的学习资料，以此实现对学生的及时回复与学习资源的自动推送，从而提高学习的趣味性与主动性。比如，教师将“力学”二字与物理中的力学知识进行绑定，学生只需回复“力学”即可接收到有关力学的知识。

5. 教师因材施教，实现以人为本的教学

在传统的教学模式中，教师讲授的知识是无差别的，忽略了学生不同的学习基础及客观条件。学习基础不同的学生学到了相同的知识，看似很公平，实际上却达不到教师所预期的教学效果。基于微信公众平台上的翻转课堂可以实现教师对学生的因材施教。利用微信公众平台的素材管理功能和用户管理功能，可以根据学生学习基础的不同对学习资料进行分组，比如针对学习基础相对差一点的学生，教师可以推送特定的学习资料进行辅助教学。同时，教师还可以根据学生不同的兴趣爱好推送不同形式的教学内容，如有些学生喜欢观看视频类的学习资料，有的学生却喜欢文字类的学习资料。

6. 进行资源分享，实现共同进步

微信公众平台有分享资源的功能，可以让更多的人获取到资源。由于学生及教师所处的客观环境不同，所以他们对于客观事物及学习内容的理解也不同，便会有不同的学习反馈。如果某位教师推送一些微视频学习内容，当他的学生学习后，感觉受益匪浅，就可以分享给自己的微信好友，从而实现教学资源的共享。

第三节　网络学习空间

一、网络学习空间概述

（一）网络学习空间的内涵

目前，无论是学术界还是实践领域，对网络学习空间的内涵都没有形成统一的认识。从网络学习空间的外在表现形态来看，其是由教师空间、学生空间、家长空间、管理者空间，以及机构空间共同构成的空间群。网络学习空间具有学习（根本目的是促进学习）、社会（支持教师与学生及家长的互动交流）和环境（师生之间展开学习活动的场所）三个基

本属性，体现出个性化、开放性、连通性、交互性、灵活性等核心特点。尽管当前各种网络学习空间的设计理念、实现技术及服务方式有所不同，但从网络学习空间提供的基本服务内容来看，其具有高度的一致性；而从运行载体的服务性质来看，又可以将其分为广义的网络学习空间和狭义的网络学习空间。广义的网络学习空间是指运行在任何平台载体之上，支持在线教学活动开展的虚拟空间。除学习管理系统、MOOC 平台、教育云服务平台可以提供网络学习空间的服务外，日渐流行的各种社交化平台所提供的空间服务如果被用来支持教与学，也可以将其纳入网络学习空间的范畴。狭义的网络学习空间是指运行在专门的教育服务平台之上，支持在线教学活动开展的虚拟空间，如国家教育资源云服务平台、北京数字学校、世界大学城网络服务平台等。通常情况下，各种行政文件、媒体报道及学术文章中所提及的网络学习空间多是指狭义的网络学习空间。

网络学习空间与教室、实验室、图书馆等传统空间相比有显著不同，它流淌着互联网的“血液”，能够帮助广大教育工作者实现群体智慧的无缝流动与融通共享。虽然网络学习空间是以学生为中心而构建的虚拟空间，但其服务对象不局限于学生，还包括教师、管理者、家长及教育机构。学生可以利用网络学习空间完成预习、练习、作业、测试、实验、选课、协作、讨论等各种学习活动；教师可以利用网络学习空间开展在线备课、辅导、教学、研修等活动；管理者可以利用网络学习空间完成各种教育和教学管理活动；家长可以利用网络学习空间实现和学校之间便捷的互动沟通，实时关注孩子的学习与成长；学校、教育行政部门、教育培训企业等机构可以利用网络学习空间更高效地管理机构内的个人空间，以及教育过程中所涉及的各种资源、财产、人事等信息。

综上所述，基本可以归纳为两种观点：一种观点认为网络学习空间是运行于学习支撑服务平台之上、居于正式学习与非正式学习之间的虚拟空间；另一种观点认为网络学习空间是为不同教育用户提供个性化服务的应用系统。两种观点的分歧在于，网络学习空间到底是完整的应用系统，还是在系统中开辟的用户专属学习区域。二者虽有分歧，但拥有共同的目标，即皆指向服务师生成长和促进教与学方式的变革。确切来说，第二种观点特指网络学习空间系统，即提供学生空间、教师空间、家长空间、管理者空间及机构空间等各种空间服务的完整应用系统。一般来说，教育管理部门通报的空间开通数量通常指向第一种观点，而行业或企业常提及的网络学习空间开发与应用往往指向第二种观点。

（二）网络学习空间的分类体系

要对网络学习空间进行分类，首先，要确定分类对象；其次，通过归纳性分析确定类别（子类）及其共同特征；最后，将这些类别置于学习环境的分析框架中，即可形成网络学习空间分类体系。近二十年来，信息技术和教育教学之间的相互促进作用，构成了网络学习空间发展的现实逻辑，对已存在的空间案例进行梳理和归纳后可以发现，目前，网络学习空间大致有以下五种类型，如图 4.17 所示。

1. 教学资源型空间

第一种类型以提供视频、音频、教案、讲稿、课件、习题、多媒体素材等教学资源为共同特征，可以称为教学资源型空间。在这种类型空间中，学生根据学习需要自主下载或浏览教学资源，其学习方式为接收式学习，知识建构方式为个体建构。百度文库、中国微课网、北京数字学校等都属于这一类型，如北京数字学校，它是由北京市教委邀请全市名师专门打造的教学资源型空间，视频课程内容涵盖从小学到普通高中所有的学科内容。北京数字学校已经成为中小学生网上预习、复习的活动空间。

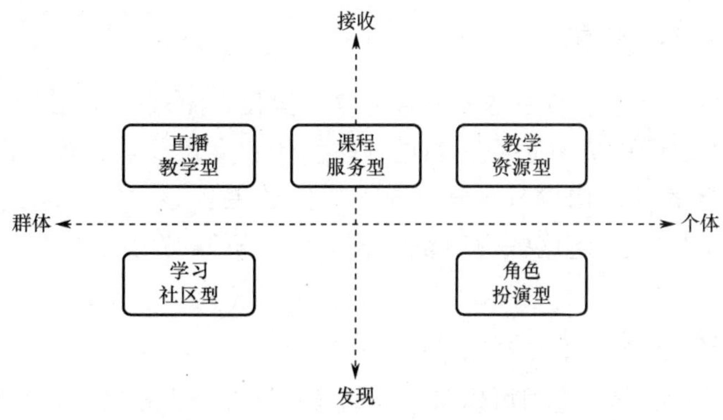

图 4.17　网络学习空间的分类体系

2. 直播教学型空间

第二种类型以在线视频或音频进行实时直播教学为共同特征，称为直播教学型空间。在这种类型中，学生的学习方式仍以接收式学习为主，但在学习过程中可以通过留言、弹幕、评论等多种方式进行交流，因而其知识建构方式为群体建构。该空间实现了线上互动课堂，给学生提供了实时的语音和内容呈现服务，同时，学生可通过互动窗口进行留言、点评、交流。

3. 学习社区型空间

第三种类型以提供学习交流服务为共同特征，称为学习社区型空间。在这种类型中，学生的学习方式为发现学习，知识建构方式为群体建构。教育微博、教育博客、个人教育网站、教育 BBS 等都属于这一类型，学生以关注、点赞、评论、回复、引用、“@”等多种方式进行交流。例如，湖南省建设的“职教新干线”就是面向职业教育的学习社区型空间，学校从职业教育学生的实际特点和学习需求出发，利用“职教新干线”进行预约式教学、群组教学、自主探究教学。

4. 角色扮演型空间

第四种类型通过角色代入开展探究学习为共同特征，称为角色扮演型空间。在这种类型中，学生以某一角色进入虚拟的学习情境中，学习方式为发现学习，知识建构方式为群体建构。摩尔庄园、Second Life 等都属于这一类型。如摩尔庄园是由淘米科技有限公司专门为儿童设计、开发的角色扮演型空间。在该空间里，每个参与互动的小朋友都会以某一种角色参与其中，开始在虚拟世界里的探索发现之旅。

5. 课程服务型空间

第五种类型以同时提供课程平台、课程内容和学习支持服务为共同特征，称为课程服务型空间。在这种类型的空间中，会将课程内容进行周期性更新，同时提供作业批改、教学答疑等全方位的课程服务。在该类型中，学习方式仍为接收式学习，知识建构方式有可能是个体建构，也有可能是群体建构。Coursera、edX、Udacity、中国大学 MOOC、学堂在线等都属于这一类型，如学堂在线是免费公开的课程服务型空间，可实现依据个人兴趣、知识水平和行为规律，为学生推荐个性化的学习课程和学习模块，为教师提供实时的教学数据分析，监控学习进展。

（三）网络学习空间的功能

网络学习空间不仅能记录学生本人的各种学习数据，而且能建立、增进和深化基于课程学习行为之上的学生之间的人际关系，通过分享彼此的文化背景、教育状况、同伴关系、兴趣爱好、工作经历等信息，构建基于网络学习空间的课程学习的人际交往圈，形成共同的学习经历，甚至还可以对上述这些内容进行智能化分析和智慧化管理，从而发挥出其独特的优势。

1. 个人展示功能

通过本人授权，网络学习空间可以将个人的背景情况、性格特征、兴趣爱好、学习动态、人际交往等内容向外展示，甚至可以通过各种页面的装饰设计，对个人网络学习空间内“展厅”中的内容进行美化和装饰，以展示自己的学习目标、学习内容、学习喜好、学习习惯和学习方式。在此基础上，每个人都可以进行网络教学，使“人人为我师，我为人人师”得以实现。

2. 资源汇聚功能

通过简单操作，网络学习空间可以将网络上的各类优质教育资源和学习资源进行一键分享、转载、保存、记录，使这些资源分类汇聚在个人网络学习空间相应的栏目内，方便学习资源的创建、修改、分类、发布、分享、收集、保存、管理和运用，实现网络优质资源利用的最大化。

3. 信息管理功能

网络学习空间的结构是半开放的，可以作为个人的学籍档案，所有资料都会在线永久保存。同时，它也可以依照个体意愿，建立栏目并对栏目进行分类操作，对个人网络学习空间内或发布的信息进行批量或单独管理，如设置权限、定时推送、资源排序、删除修改、查找替换、学习提醒等。

4. 互动交流功能

通过自主选择，网络学习空间可以以文字、音频、视频、投影等多种形式双向或多向地传输数字信号，实现即时或延时的互动交流，并能够对交流方式进行管理。

5. 数据分析功能

通过在线记录学生的学习过程、实践经历等，进行相关数据的有效连接，网络学习空间可以实现数据统计、数据分析、数据挖掘和数据管理，找寻各种数据之间的联系，运用大数据测算各个因素之间的关联性和影响度，进行个人学习的横向比较和纵向比较。

6. 智能推送功能

通过系统设定，网络学习空间不仅可以智能推送相关学习资源，方便学生进行在线选课、课前预习、课后作业、习题自测、学习互评、拓展阅读等活动。不仅能够帮助学生养成自主管理、自主学习、自主服务的良好习惯，还可以立足于学习层面，分析每个网络学习空间中的学习行为，了解个体的人生规划、择业倾向、知识层次、学习偏好、习惯养成等相关信息，智能推送适合个人学习的项目、课程、资源、方式和同伴，帮助学生制订长远的学习计划。

二、基于个性化学习的网络学习空间应用案例

建设个性化网络学习空间，就是基于网络，为每个用户提供一个个性化、实名制的个人学习门户。学生在这个网络学习空间中可以主动构建高度个性化和私密性的个人学习中心，围绕学习和处理学习事务等需要，把分离的、有利于学习的资源、资讯、工具和服务等聚合起来，以方便管理和使用。同时，这个环境又是开放和共享的，学生可以总结、反思学习经验，收集和分析学习资源，与他人进行交流。

（一）个性化网络学习空间建设的具体目标

1. 提供个性展示平台

学生以真实身份注册，提供真人照片及真实个人信息，可自由定制栏目，自创空间主页，展示学生的个性特点和风采。

2. 构建个人学习资源中心

根据学生需要，收集、存储和管理具有个性特点的学习资源，为学生的个性化学习提供特色服务。

3. 搭建个性化网络学习平台

以个性化教育观念为指导，运用现代教育技术原理和方法，对基于网络学习空间的学习资源、方法和过程进行开发设计，为学生搭建个性化学习平台。

4. 建立互动交流学习社区

在空间中，师生之间、学生之间可以实现沟通、互动、交流，改变传统的互动方式，建立更具个性化的互动交流学习社区。

5. 记录学生的成长过程

包括学生的档案、学习过程、学习成果、社会活动等信息，记录学生的成长。

（二）个性化网络学习空间的建设原则

1. 以学生为中心的原则

在网络学习过程中，学习的主动权掌握在每个学生手中，即学生可根据自己的需要，自由选择学习内容、学习方式、交互方式、评价办法，在与教师、他人协作交流，与内容、环境的动态交互中主动建构知识。采取“以学生为中心”的设计思路，以学生个性化空间设计为主线，教师只在适当的时候给予学生帮助、指导、激励与评价，而不能强行干预学生的学习。

2. 学习个性化原则

在教学活动中，每个学生都是具有个性特征的主体，学生个性化网络学习空间建设必须适应学生个性化学习的需要。比如，制订学习计划、选课、规划学习进度、设定学习日程全部由学生自己设置完成；空间栏目以选项卡的方式组合，实现功能的拖曳、排列组合、删减等；信息服务可采取定制、推送方式，定制和推送新闻、通知、个性化消息等，与个人无关的干扰信息将被屏蔽在外。

3. 开放互动性原则

在个性化网络学习空间的设计中，充分整合各种 Web 2.0 技术，建设开放性学习环境。例如，在 Web 2.0 技术环境下，学生既是知识的消费者，又是知识的生产者与管理者，通过互动交流充分参与到知识的创造和管理过程中。学生可以与教师、专家、其他社会成员进行交流或协作学习。

4. 多元化评价原则

利用个性化网络学习空间的交互式功能，学生可以得到同学、教师、自我等多元化主体的评价和精神激励。同时，利用个性化网络学习空间记录学生学习的全过程，实现总结性评价与形成性评价的有机结合，使教学评价成为学生的学习与成长的有效激励措施。

（三）个性化网络学习空间的功能设计

在借鉴国内个人学习环境功能设计的基础上，针对学生个性化学习的需要，建立个性化网络学习空间功能的逻辑结构。个性化网络学习空间的功能主要包括六个方面。

1. 个人档案信息

个人档案信息，包括个人基本信息、学籍信息、联系信息、学费账户、扩展介绍等，并根据各类学校的特点对学生的个人档案信息进一步具体化。例如，对于高等学校或职业院校，个人基本信息内容包括姓名、所学专业、所在院系、班级、毕业中学、个人爱好、职务担任、获奖情况等。在个人档案信息中，学生必须上传本人照片，使用真实姓名。

2. 个性化信息

学生可接收与自己相关的信息（通知、个性事务提醒、短消息提醒、好友请求等），可选择性地接收新闻类信息，可以关注感兴趣的职业或行业资讯信息等。根据个人兴趣、爱好可以自创特色内容，展现个人风采。作为学生的个性化信息，记录了学生在学习过程中的各类学习成果、学习心得、学习疑难问题，方便学生对其学习进行自我管理。

3. 学习事务处理

为网上课程学习、远程学习提供学习事务处理功能。学生可以在线完成注册、缴费、选课、订教材、课程学习、预约、考试、查询、论文、毕业等一系列事务。

4. 网络学习区

提供开放、动态的学习环境，通过协同互动、汇聚分享等开放自由的学习方式，实现学生自主学习，促进学生搜集信息能力和自主学习能力的提升。在网络学习区中，可以制订和呈现学习计划，用表格形式制订各年级学习计划；可以开展课程学习，设置教师空间超链接联系表，以子栏目形式设置所学课程，每门课程包括学习资料、作业、练习题库等内容；可以实现实践训练，包括社会实践调查、专业技能大赛、规划设计项目、校园文体活动、顶岗实习等栏目，上传内容包括活动策划书、总结材料、活动图片、获奖情况等。

5. 社交生活区

实现学生的社会交往和互动交流。学生在个性化网络学习空间可以利用一些基本的社交工具（短消息、邮箱、通讯录、论坛等）和其他学生进行（在线、离线）交流，既可以维护“我的好友”列表，也可以访问他人的个性化网络学习空间，双方互访的行为和内容均由学生事先自行设定。正如，传统的校园为学生提供了社会交往的场所，学习空间中也设置了校园生活区，为方便学生的各种非正式交流提供了场所。

6. 学习资源库

学习资源库由教师上传资源和学生个性化资源等部分组成。教师负责上传并管理权威的课堂教学资源，如课件、音视频、考核试题和研究性课题等，并且选取、审核、分类、公布学生在学习过程中产生的动态学习资料，如音视频、博客文章、实践课题资料、疑难问题、研究性项目等，向学生的个性化空间推送。每个学生都以自己的博客为中心，构建自己的个性化资源库，贡献个人的显性与隐性知识。如将学习资料、学习成果、学习心得、论文、毕业设计等上传到个性化网络学习空间，形成动态的学习资源。在个性化网络学习空间的功能设计中，除了满足学生的个性化学习需求，还需要考虑教学辅导、评价和行政管理等重要影响因素。比如，在学习活动中离不开教辅人员的教学指导、帮助和评价，在学习事务处理中需要行政人员的管理、服务，在社交生活中更需要与别的学生、教师等进行交流交往。因此，要同时考虑教辅人员、行政人员、同学等的需要，从而进一步优化个性化网络学习空间的功能设计。

（四）个性化网络学习空间的应用

个性化网络学习空间以其灵活多样的学习模式、动态开放的平台、丰富生动的学习内容，有效弥补了传统课堂教学中对学生主动性、创造性、积极性培养的不足，克服了传统教学中资源缺乏、学习方式单一的弊端，为互动式、多样化学习创造了条件。

1. 利用个性化网络学习空间实现教育资源建设

借助学生的个性化网络学习空间，可以整合各类教育资源，起到优势互补的作用，满足学生学习的需要。例如，基于互联网把全球的优势教育资源整合起来，形成一个强大的资源“云”，这样学生在家中就可以收看全球名师的讲课视频，查阅全球报纸、期刊，访问全球在线图书馆，充分发挥空间资源方便高效、费用低廉、节约时间和成本的优势。学生可以根据自身学习的需要，一方面，收集与自己学科相关的学习资源，不断吸取课内外的学习资源，将最新的理论知识与实践相结合，关注最新的案例，学习最新的知识；另一方面，在个性化网络学习空间完成作业、论文、考试等，创造自己的个性化学习资源，使网络学习空间资源最大限度地为学习服务。

2. 利用个性化网络学习空间促进学习方式的变革

利用个性化网络学习空间可实现个性化教学、小组协作学习、远程实时交互的多媒体学习、在线学习、在线讨论等，将学生从过去传统的教学模式中解脱出来，极大地提高了学习效率。例如，在网络学习区中为学生多角度地提供大量形象生动的学习素材，全方位地展现真实的学习环境和文化环境，更好地满足学生自主学习的需要。自主学习区中陈列了教学大纲、教学计划、教学安排、教学要求和评估测试方案，学生可根据自身的学习特点，选择合适的学习方式及资料进行学习，真正彰显个性，使学习回归本真状态。利用个性化空间创造良好的协作环境，使教师与学生、学生与学生在讨论、协作、交流的基础上进行协作学习，使学生个体与个体之间、个体与群体之间产生思想碰撞，增强学生个体的沟通能力、独立作业能力，优化群体智慧。

3. 利用个性化网络学习空间实现师生间一对一的学习支持服务

基于个性化网络学习空间，打破了学生与教师的时空阻隔，学生可与辅导教师在线双向交流互动。比如，个性化空间为课程辅导教师和论文指导教师、论文管理员开通了与学生一对一双向交流的通道，通过这一交流通道，可以更好地实现个性化、学术性的支持服务，还可以进一步放开所有教学及辅助人员与学生的点对点交互，提供全方位的学习支持服务（包括学术和非学术）。学生可以利用这种形式进行充分互动，实现学习的自主化、任务的合作化，从而提高学习效率和质量。这种点对点、一对一的交互在传统的教学中及 Web 1.0 时代的系统平台上是难以实现的，这也充分体现了基于 Web 2.0 技术支撑的个性化网络学习空间的发展潜力。

三、基于翻转课堂的网络学习空间应用案例

网络学习空间能够支持翻转课堂模式及提供有效策略，使得学生在学习视频后能够及时测试学习效果、教师及时有效跟踪学生的学习情况，以便实现个性化辅导、协作学习与知识管理等一系列必要活动的功能。

该部分将基于翻转课堂教学模式影响策略及网络学习空间五项构建维度，以自适应学习系统参考模型为核心，探索提供可以为学生提供自适应学习服务，既可以突出“个性化学习”理念，又能将教研、学习、管理，即教、学、管三大模块涵盖在内的翻转课堂网络学习空间模式。

（一）翻转课堂的策略影响因素与网络学习空间构建维度的耦合分析

本书通过对翻转课堂经典案例和研究经验的系统分析，从活动理论的主体、工具、客体、分工、共同体、规则六方面提炼与归纳了翻转课堂得以顺利实施的策略影响因素，并以 TPACK（Technological Pedagogical Content Knowledge）为基础提出了包括教学法、技术、学科内容、学生能力和沟通管理在内的网络学习空间构建维度。翻转课堂策略影响因素和网络学习空间构建维度都将直接影响网络学习空间模型的构建，二者之间的关系分析如下：

（1）学生能力维度是学习个体及学习共同体的核心要素。学生包括学习个体和学习共同体两类对象，能力维度包括六大类，只有准确判断和把握学生的能力维度，才能为学生推荐更加合理有效的学习目标、学习内容和学习计划。

（2）教学法维度直接影响工具、规则及分工。教学法维度包括教学模式、教学方法、教学策略、教学理念、教学结构等，这些要素恰恰是工具设计中非常重要的影响因素，对相关工具的选择具有明显影响。另外，教学法维度的核心要素还将制约整个活动系统的分工与规则。

（3）技术维度是工具的有效保障。在翻转课堂的策略影响因素中，工具既包括理念、软件，也包括硬件，而技术维度包括内部支撑技术和外部技术配置两部分，是工具类影响策略的有效保证。

（4）学科内容维度是工具的中心要素。翻转课堂的工具类影响策略直接与学科相关，无论媒体、资源、环境、活动、设备的选取都要符合学科内容的特点，从而进行对应模块的内容设置。

（5）沟通管理维度为分工、规则提供了有效机制。沟通管理维度促进整个系统的完整、灵活运行，管理既包括师生间的课堂管理，也包括纵向行政管理，这都为活动系统提供了分工方面的依据。

（6）网络学习空间的五个单一维度复合支撑主体活动生成客体，只有在充分尊重学生能力维度的基础上，有效运用教学法、技术、学科内容和沟通，才能促成学生对知识的有效接受和内化。

（二）自适应学习系统参考模型选取

翻转课堂充分体现了以学生为中心的个性化学习，网络学习空间是数字化学习环境的一种，能够为翻转课堂的实施提供支持。自适应学习系统在本质上是一种支持个性化学习的网络学习环境，因此可以作为构建网络学习空间的参考依据。黄伯平、赵蔚等对目前比较有代表性的自适应学习系统从领域模型等各个模型的特点，依据相关模型开发系统的特性等进行了对比分析，认为 LOAS 更适合开发自适应学习系统。本书将以 LOAS 为参考模型，并将其作为翻转课堂模式网络学习空间模型的核心构件。

LOAS 自上而下包括 DM、GM、UM、AM、PM 五层，针对不同层给出了具体的操作流程。DM 指的是领域模型，通过目标界定概念图；GM 指的是目标和约束模型，目标定义关注点，约束界定搜索空间；UM 指的是用户模型，表达变量之间的关系；AM 指的是自适应模型，提供自适应机制；PM 指的是呈现模型，将在考虑物理属性和环境特征的情况下产生针对指定平台的代码。

（三）翻转课堂模式的网络学习空间模型构建

翻转课堂能明晰划分课后活动与课上活动，基于翻转课堂模型的网络学习空间既要突出该典型特点，有利于翻转课堂实施影响因素的有效达成，又要符合所总结的五项构建维度。本书所设计的翻转课堂模式网络学习空间模型是以构建网络学习空间的五个单一维度和复合维度为根本基础，以落实翻转课堂为指导理念，将整体模型功效分为底层支撑基础、学习空间、研训空间、管理空间及沟通空间。模型以学生为中心，以教研、管理为辅，主体部分以翻转课堂课后学习与课上学习为落脚点，把关于学习内容的正式学习情境与非正式学习情境均架构在以自适应学习系统为中心的网络学习空间模型中。

1. *底层支撑基础*

前文所阐述的网络学习空间技术维度中的内部支撑技术，是网络学习空间建设所需要的最基本的底层支撑基础，包括服务器虚拟化、云存储技术、安全系统和网络接入四部分。只有具备这些最基础的底层支撑，才能够保障网络学习空间中每个模块正常运行。

2. *学习空间*

该模块是整个网络学习空间中最核心的部分，也是落实翻转课堂策略影响因素和网络学习空间五维建构要素的具体体现。学习空间的主体是学生，其能力维度是构成用户模型（UM）的主体要素，在学习目标清晰的前提下，学生通过工具的支持、共同体的协作，将在课后完成知识传递，在课上达成知识内化。该模块以 LOAS 为核心部件，也包括 DM、GM、UM、AM、PM 五个核心要素，但是，根据翻转课堂的典型两阶段模式，将每个要素都分为知识传递和知识内化两个阶段。

在知识传递阶段，主要集中于如何将传统课堂学习的内容以合适的资源类型及学习序列传递给学生。通过对学生学习习惯和认知风格的分析得出学生的学习偏好和认知状态，运用数据挖掘、学习分析技术等为学生编制合适的学习目标、采用符合其认知特点和学习风格的媒体，并且，通过符合其能力的测试项目让教师掌握其学习情况，从而完成知识传递。

在知识内化阶段，主要集中于对翻转课堂模式课程中学生参与课堂活动的观察和分析，通过对学生个性特点的分析为其推荐个性化的学习策略，通过自适应引擎将学习活动序列和学习内容适应性地呈现给学生，以完成网络学习空间中的个性化学习活动和学习过程跟踪评价等功能。

3. 研训空间

研训是促进教师专业发展的重要途径，研训空间主要为提高教师教育教学质量、优化课堂质量提供支持。该模块通过视频录制工具、学科工具软件和仿真实验室等支持学科内容资源与媒体的编写和创作，支持个体备课、集体备课、教学观摩、专家培训、交流研讨等，从而促进翻转课堂模式的更好落实。

4. 管理空间

管理空间有效支撑网络学习空间沟通管理构建维度中的管理功用，为网络学习空间进行优质教育教学提供牢固的保障机制。该空间既包括教师对学生的管理，如及时掌握学生课前学习进度和知识掌握情况、课堂中学生参与各项活动的效果，对学困生发出预警预报等，同时又能按照工作流程支持不同级别的管理人员灵活掌握整体教育教学情况及质量。

5. 沟通空间

交流与沟通是提升教育教学质量的核心要素。在翻转课堂模式中，无论是课前学习还是课堂活动组织，只有有效达成师生间、学生间的有意义交流，才能确保学习的有效性。沟通空间是网络学习空间沟通管理构建维度中沟通功用的集中体现，负责教师、学生、家长、管理者，甚至社会公众在整个网络学习空间中信息的传递与分享。另外，该空间将与学习空间相辅相成，共同促进深度学习。

四、"学在浙大"网络学习空间的构建

（一）"学在浙大"网络学习空间的构建

学习支持服务是指学生在学习过程中所接收的信息、资源、人员和设施等支持服务的总和。有效的学习支持服务，是提升学习效率和教学质量的重要保障，而在线教学的学习支持服务大体可分为管理、教学和评价三个关键环节。基于此，网络学习空间的构建可从管理、教学和评价三个环节展开：①从管理环节来看，将网络学习空间与统一身份认证、教务选课等传统教学的支持服务系统相融合，不仅有助于减轻师生的在线教学组织负担，还有助于降低管理难度，提升在线教学效率；②从教学环节来看，将网络学习空间与第三方直播平台、课堂互动平台和社交平台对接，保障教学数据的跨平台流通，既可以实现传统课堂的在线授课，又能够解决各平台之间的"孤岛"问题，提升在线教学的师生体验；③从评价环节来看，将网络学习空间与教学督导系统对接，建立考试防作弊机制，可从在线考试与督导考核两个方面保障教学质量。基于此，本书针对疫情防控背景下浙江大学的在线教学工作，构建了"学在浙大"网络学习空间，如图 4.18 所示。

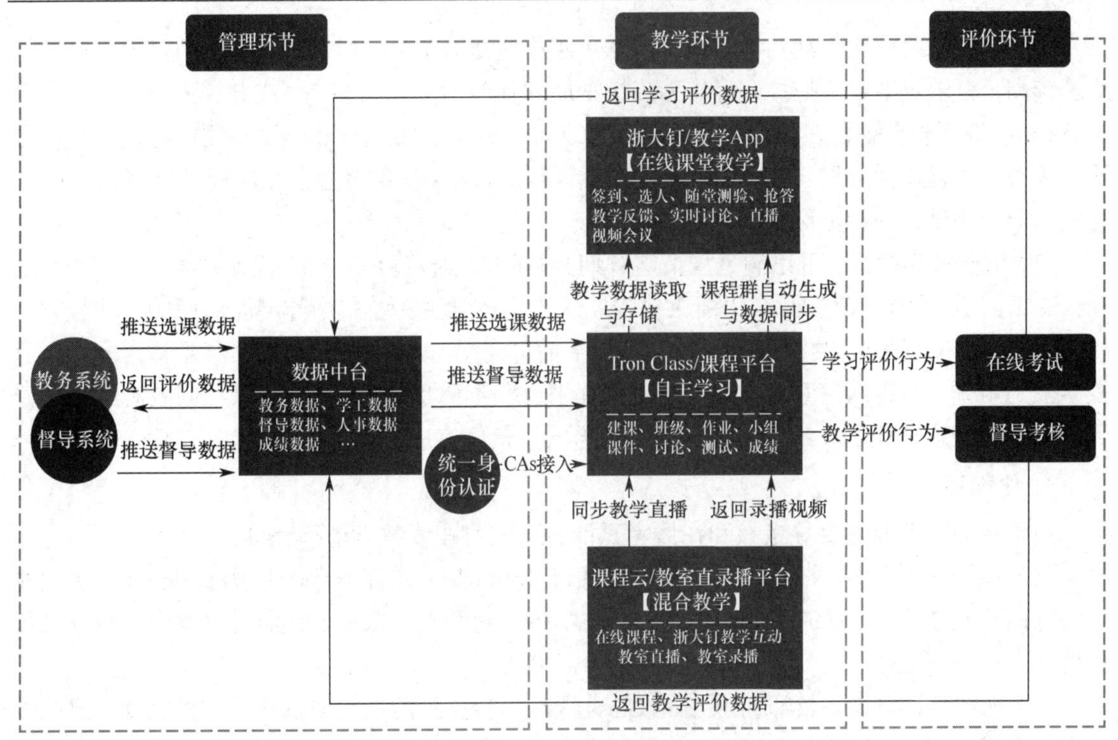

图 4.18　“学在浙大”网络学习空间

1. 管理环节

管理环节涉及多个系统，主要有：①教务系统，面向学校各部门与用户的多模块综合信息管理系统，包括学籍、师资、选课、排课、考试、成绩等管理模块，满足学生从入学到毕业各个环节的管理需要；②督导系统，学校通过随堂听课、实验检查等方式对教师的教学过程进行督导和评估的平台；③数据中台，对既有/新建信息化系统业务与数据的沉淀，是实现数据赋能新业务、新应用的中间支撑性平台。遵循充分利用学校原有教务、督导系统的原则，针对如何为师生提供快速、便捷的在线开课、在线选课、创建教学班等教学组织服务，浙江大学信息技术中心遵照教学系统的标准化数据应用需求搭建了数据中台。传统的教务系统、督导系统与数据中台对接并定时向数据中台推送课程数据、选课数据和督导数据。统一身份认证系统与 Tron Class 课程平台对接，师生无需注册即可使用统一身份认证账号登录课程平台；而在私有云环境中，数据中台与 Tron Class 课程平台对接，并实时向 Tron Class 课程平台推送师生的课程数据、学生数据与督导数据。通过以上技术支撑，教师即可一键完成在线课程的教学班级组织工作，得以从烦杂的事务性工作中解放出来，专心于在线课程的教学设计与实施。

2. 教学环节

教学环节是“学在浙大”网络学习空间的核心，主要支撑三种模式：

（1）在线课堂教学模式。具有规范的教学秩序，满足了疫情暴发期间学校有序开展在线教学的需求。在此模式下，基于钉钉打造的“浙大钉”App 自动同步 Tron Class 课程平台中的课程教学数据与班级数据，建立课程群。教师基于课程群的直播和视频会议向学生发起“面对面”的授课，利用“浙大钉”App 发起签到、抢答、选人、实时讨论等课堂互动，并通过随堂测验和教学反馈自动统计教学数据，把控教学效果，以实现线上教学与线下教学质量实质等效。

（2）自主学习模式。具有学习秩序宽松、实施便捷的优势，但是，对学生的自主学习能力要求较高，教学效果难以把控，可作为疫情期间其他教学模式的补充。在此模式下，教师利用 Tron Class 课程平台创建在线课程、上传教学课件与视频、布置作业、发布测试题、不定期讨论并解答学生提出的问题、辅助学生完成在线课程的自学；学生自主学习课程内容、提出问题、完成作业和测试，获得成绩。

（3）混合教学模式。可以满足疫情缓解期和解除期学校逐步开展正式课堂教学的需求。在此模式下，教师利用在线课程、“浙大钉”App 与返校学生在教室中开展面对面的互动教学。而 Tron Class 课程平台对接课程云(教室直播录播平台)，自动同步教室直播和录播内容。未返校学生利用统一身份认证登录 Tron Class 课程平台，便可通过教室直播和录播回放观看教师授课。师生通过这种线上、线下相结合的学习方式，最终完成课程教学任务。

3. 评价环节

评价环节主要通过督导考核和在线考试两种方式对在线教学进行评价。

（1）督导考核方面。督导员一方面可以通过 Tron Class 课程平台，巡视教师的在线课程建设情况；另一方面，可以加入课程直播群，与学生一起聆听教师授课，最后对教师的教学进行评价。

（2）在线考试方面。教师利用 Tron Class 课程平台提供的在线考试和防作弊功能，组织学生进行在线考试，借助“浙大钉”App 的视频会议功能进行远程视频监考，并对学生的在线学习效果进行评价。最终，Tron Class 课程平台对接数据中台，将督导员对教师的教学评价数据和教师对学生的评价数据返回数据中台，并定时同步至教务系统和督导系统。

（二）“学在浙大”网络学习空间的在线教学应用

1. 管理环节

学校每年分为春、夏、短、秋、冬五个学期，在每个学期开始的前一学期，教师登录教务系统完成下一学期的授课计划；全校学生在本学期开始后，登录教务系统进行选课、补选、退选等操作；教务管理人员登录督导系统，设置本学期各院系的教学督导人员；数据中台自动同步教务系统和督导系统中的课程数据、学生数据与教学督导数据；授课教师登录 Tron Class 课程平台启动春、夏、短、秋、冬五个学期的在线课程建设，课程平台自动同步数据中台的课程信息、选课学生与督导名单，并按照课程设置和选课学生名单自动生成“浙大钉”课程直播群。截至 2020 年 12 月 10 日，全校创建在线课程四千二百余门，自动生成课程直播群一万一千余个，内容覆盖全年五个学期的教学安排。

2. 教学环节

（1）在线课堂教学模式：主要集中应用于 2020 年 2 月至 6 月，线上“面对面”的互动授课方式和比较规范的教学流程，实现了线下课堂的线上“实质等效”，受到了师生的推崇。全校师生严格按照 Tron Class 课程平台同步的教务系统的课程表开展在线教与学：课前，教师基于 Tron Class 课程平台进行备课和教学设计；课中，教师利用课程直播群发起教学直播和视频会议，通过采用共享桌面的方式，将 Tron Class 课程平台上的教学内容讲授给学生，并利用“浙大钉”App 完成签到、抢答、讨论、随堂测验和教学反馈等课堂互动；课后，学生登录“浙大钉”App 或 Tron Class 课程平台完成教师布置的作业和测试，教师在线完成学生作业和测试的批阅，便捷地实现了传统课堂的在线授课，如图 4.19（a）、4.19（b）所示。

（2）自主学习模式：学生利用 Tron Class 课程平台开展自主学习，小部分教师依托 Tron Class 课程平台布置作业、测试，并通过采用在线异步讨论、答疑的方式辅助学生完成部分学期课程，如图 4.19（c）所示。不过，此模式对学生的自主学习能力要求较高，学习氛围宽松，师生互动滞后，学习效果难以把控，故无法作为疫情暴发期间正式在线教学的主要模式。

（3）混合教学模式：2020 年 9 月，学校开启了线上线下混合教学的模式，由教师借助直录播教室按照课表时间开展在线教学。课前，教师将备课内容提前存放于直录播教室的教师机或 Tron Class 课程平台；课中，教师直接打开本地的教学资源或 Tron Class 课程平台向返校学生讲授课程内容，课程云平台自动向 Tron Class 课程平台推送直播、录播的课堂教学视频；未返校学生登录 Tron Class 课程平台，打开直播链接实时收听教师授课，或观看课堂教学回放。课后，师生基于 Tron Class 课程平台完成作业和测试的布置、提交和批阅，如图 4.19（d）所示。线下进行传统授课、线上学生观看教学直播视频，线下授课结合线上平台记录教学过程与反馈，这种线上线下混合教学的模式既满足了疫情缓解期的教学需求、留存了珍贵的教学资源，又聚焦了教学的重点与难点，提升了教学效果，将成为后续学校教学应用的重点。

（a）“面对面”视频在线教学　（b）在线直播教学中师生进行课堂互动

（c）学生利用 Tron Class 平台开展自主学习　（d）利用 Tron Class 与课程云开展混合教学

图 4.19 “学在浙大”网络学习空间三种在线教学模式的应用

截至 2020 年 12 月 10 日，学校发起教学直播超十一万场次，观看量达超四百万人次，直播总时长超七百万分钟；发起视频会议三十九万场次，参加人数达二百二十九万人次，视频会议总时长超一亿分钟；发布教学视频五万余个，发布教学课件八万余个，布置在线作业两万余份；两千余位教师发起课堂互动三十万余次，共有两万余名学生参与到课堂互动中。全校师生有序、稳定地完成了各学期的教与学任务。

3. 评价环节

为了公正、公平、公开地评价学生的在线学习，在线考试时，教师利用学生的手机摄像头配合课程直播群中的视频会议来验证学生身份，并指导学生将摄像头摆放至指定位置，监考整个在线考试过程；Tron Class 课程平台的在线测试系统强制考生全屏在线答题，并限定非全屏的时间和次数，大大降低了在线考试的作弊概率，如图 4.20 所示。

截至 2020 年 12 月 10 日，全校师生共开展在线闭卷考试两千余场，参与人数达六万余人次。为了评价在线教学质量，研究生院、本科生院及各院系通过教学督导系统分配督导，来考核教师的在线课程建设与教学成效。督导员登录 Tron Class 课程平台查看教师的课程建设和教学设计情况，根据课表时间进入课程直播群与学生一起聆听教师的直播授课，最后返回教学督导系统对教师的课程建设与教学过程进行评分。课前课程建设、课中教学互动、课后在线作业与测试的布置和批阅等教学环节的评分统计结果显示，在线教学实现了与传统课堂教学同等的效果，且学生对在线教学的体验满意度较高。

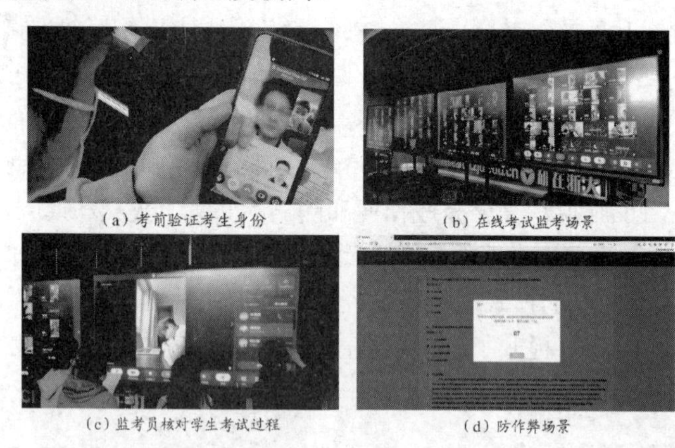

（a）考前验证考生身份　（b）在线考试监考场景

（c）监考员核对学生考试过程　（d）防作弊场景

图 4.20　从身份验证到防作弊的在线考试场景

第五章　虚拟现实技术

第一节　大　数　据

一、大数据时代

“互联网+”时代的到来给现今社会发展带来了颠覆性的变革，大数据、云技术和移动互联网等技术的日趋成熟，使移动设备广泛地融入教育教学活动当中，不仅促进了教育理念和教学管理体制的变革，优化了教学结构和教学方法，而且为学习型社会的划时代发展提供了技术条件。《国家中长期教育改革和发展规划纲要（2010—2020 年）》中明确提出：大力发展现代远程教育，建设以卫星、电视和互联网等为载体的远程开放教育及公共服务平台，为学习者提供方便、灵活、个性化的学习条件。

“互联网+开放教育”，目前已成为完善学习者终身学习体系的基本条件。在移动学习环境下的微学习活动不仅能够将互联网与开放教育资源深度融合，同时，也由单一的开放学习方式向多元化的学习方式、教学过程、传播手段和学习体验转变，是建设学习型社会的重要支撑。开放大学的建设不仅是数字化社会发展的必然趋势，更是现代远程教育发展的必然结果。移动微学习活动利用移动数字化技术手段将网络信息技术与教育教学深度融合，在传播精短化、碎片化、实用化的知识信息的同时，为学习者提供了便捷的学习方式，创新了传统的学习活动模式，革新了教育教学的传播形态。

随着智能手机、“可佩戴”式计算机设备的逐渐普及和云计算技术的逐渐成熟，人们的行为、位置，甚至身体生理数据的每一点变化，都成为可被记录和分析的数据，一个大规模生产、分享和应用数据的时代——“大数据时代”正在到来。在这个以数据为核心的时代，一股在线教育浪潮正在席卷全球的教育领域，据 MIT 斯隆商学院报告，2002—2012 年，美国参与至少一门在线课程学习的人数由五十七万人激增到六百七十万人。新型的智能网络学习平台正在成为高科技领域创新和投资的重点。2012 年，萨尔曼·可汗用一台计算机创建了可汗学院，招募到了一千万名学生，创造了教育神话，被公认为全球教师界的超级巨星。哈佛大学、MIT 和凤凰城大学等著名高校开始投资建设自己的智能网络学习平台，并向全世界免费开放，美国高等教育信息化协会（EDUCAUSE）将 2012 年誉为“颠覆性改变高等教育年”。

美国麦肯锡全球研究所指出：“大数据将人、机、物三者通过网络互通进行高度融合，其特点表现为数据规模化、类型多样化、数据再生成速度化与超值化，通过数据交换、厘清、整合及分析，促进新体系、新价值的出现。”在大数据时代，如何有效地利用这些在线学习系统和环境，充分挖掘、分析并理解这些数据，进而为学生设计出更具应用性的学习环境、开发出适应性课程、改进自身教学实践、促进自身专业发展，是当今高校教育信息化进程中的重要课题之一。

二、大数据的教育应用

（一）国内研究现状

大数据的教育应用研究可以划分为以下两个阶段。

1. 研究的萌芽阶段

虽然大数据从 2009 年就开始成为流行词汇，但是它在教育中的应用是近三年才出现的。2012 年 3 月底，美国奥巴马政府宣布，白宫将投入两亿美元的研发费用来推动大数据技术的发展，其主要目标是让大数据技术更好地服务于科研、环境、生物医药、教育和国家安全领域。同时，明确表示这些费用将主要用来鼓励在数据采集、存储、管理、分析和共享等方面的技术研发，这直接吸引了全世界对大数据的关注。2012 年，大数据成为时代发展的一个重要趋势，这也使得教育领域的专家学者开始关注大数据。王震一指出，今天的大数据就像当年发明显微镜一样，人们从庞杂的海量数据中找到了前所未知的事物。正确面对这些关系复杂，形式多样的结构化、半结构化和非结构化的教育大数据，形成一套涵盖业务、技术和 IT 基础架构的全面解决方案来存储、管理和分析教育大数据，这就是信息化教育。

2. 研究的起步阶段

2013 年至今是大数据在教育领域应用研究的起步阶段。随着国家对教育信息化的快速推进和信息技术与教育教学的深度融合，我国教育事业的改革和创新发展离不开信息技术的支持和引领，这已经越来越成为教育界的共识。2013 年被媒体称为中国的大数据元年，正是从 2013 年起，在国内教育技术领域掀起了基于大数据技术促进教育改革和创新发展相关研究的热潮，大数据的教育应用研究迅速发展起来，直接表现为研究论文的数量和质量激增。2014 年 3 月，教育部办公厅印发的《2014 年教育信息化工作要点》指出：加强对动态监测、决策应用、教育预测等相关数据资源的整合与集成，为教育决策提供及时和准确的数据支持，推动教育基础数据在全国的共享。可见，教育大数据的应用已被列入我国教育信息化的工作进程中，相信大数据将很快被推广并与教育领域进行深度融合，这是当今时代教育事业发展的必然趋势。正如王晓芜所说："教育正在走向大数据时代，谁能够发现数据，谁就能够赢得未来的生存；谁能够挖掘数据，谁就能够赢得未来的发展；谁能够利用数据提供个性化的服务，谁就能够赢得未来的竞争。这三个方面是递进关系，即发现数据、挖掘数据、利用数据。"

（二）国外研究现状

在国外，大数据上过《纽约时报》和《华尔街日报》的专栏封面，也曾出现在美国白宫的官网新闻中。大数据的研究和发展成为关乎国家安全、科技进步及引发教育和学习变革的重要因素。自 2012 年起，大数据在国外成为越来越多领域的热门话题，在教育领域也不例外。美国独立研究机构 Brookings Institution 在报告中指出："大数据使得查探关于学生表现和学习途径的信息成为可能，不用依赖阶段测验表现，导师就可以分析学生学到了什么及每个学生最擅长的是什么。通过聚焦大数据的分析，教师可以用更微妙的方式研究学生的学习状况。”2012年10月，美国教育部发布了《通过教育数据挖掘和学习分析促进教与学》的教育大数据报告，报告对美国国内大数据教育应用的领域和案例及所面临的挑战进行了详细的介绍，为了说明教育大数据的教育应用，报告以自适应学习系统中大数据的应用为例。

大数据的研究内容主要包括教育数据挖掘、学习分析、个性化教育、教育方式的改善、学习策略探讨、教育管理方式的改变、大数据对于教育的推动作用，以及数据驱动和对图书馆建设、对教与学需求、评价方法的影响等。可见，虽然大数据在国外出现较早也备受重视，但是在教育领域中的应用仍不够深入。虽然大数据的存在被证明是该被重视的，但大数据并不是解决所有教育问题的灵丹妙药，它只是给人们提供了拟定教育问题解决方案时的一部分决策参考。

综上，国内外大数据在教育中的应用研究都尚处于起步阶段，相关研究涉猎的内容虽然比较广泛，但是研究深度不够，也缺乏具体的实践应用经验，还需要进一步加强大数据在教育中应用的研究力度，以期尽早推动大数据在具体教育实践中真正发挥其优势和作用。

三、大数据的特性

（一）全面性

在《大数据时代》一书中，作者明确地说明：大数据中的“大”不是绝对意义上的大，大数据的“大”是指数据的“全”，而不是数据量的“大”。也就是说，在大数据中，并不是对数据总体进行抽样然后用统计的方法进行预测，而是直接采用整体的数据，即“样本=总体”。例如，对于一个学生而言，他在学习平台上留下的所有数据可能并不是很多，但是对于他来说，这些数据足以描述其在平台上的行为，能借此分析出他的性格、学习风格、学习动机等。这样，我们就可以通过这些数据全景地描述这个学生的特点，给他提供相应的指导和支持。那么，对于这个学生而言，这些数据就可以称为大数据。

（二）混杂性

大数据的第二个特性是“混杂性”。由于大数据十分全面，那么这些数据大部分是“结构不良”的、混杂的。对于这些数据，我们通过技术手段找到的结果应该是一种可能性，而不是精确性。描述这些结果的时候应该是有概率特征的，我们所追求的是在大的概率情况下结果的可能性，而不是绝对的精确性。这就和我们之前通过量表、问卷、实验所追求的结果不一致。拥抱混杂性，寻求大概率的可能性正是大数据的意义所在。比如，当我们试图通过数据分析确定一个学生的学习风格时，通过专业的心理学量表，我们可以明确得出这个学生的学习风格属于哪一类型；而对于大数据的结果来讲，我们只能说这个学生的学习风格偏向于哪种类型。如果存在小概率事件，还需要人为地去辨别和干预，而不是完全依靠机器和技术。

（三）关联性

大数据的第三个特性是“注重事务间的相关关系而不是因果关系”。通过大数据的相关技术找到的是数据间的相关关系，比较典型的案例是“啤酒与尿布”。虽然从数据中我们可以发现啤酒和尿布放在一起可以提高营业额，也就是说这两者是相关的，但是我们并不能从这个相关关系中了解 “为什么会这样”。如果想要知道为什么，还需要对顾客进行更细致的调查。将视角转移到教育中，我们通过学习分析所得到的往往也是相关的数据。比如，在对学习数据进行分析时，我们可能发现学业成绩与学生的登录次数有关，所以我们可以通过增加学生的登录次数来提高学生的学业成绩。为什么增加登录次数可以提高学业成绩呢？是因为他们学习的时间增加了，还是因为登录次数多的学生学习兴趣更强呢？这些因果关系的判定就不再是学习分析的范畴了，而应该由其他的教育研究领域去探究。

四、教育大数据

随着互联网的普及和信息技术的日益成熟，特别是物联网技术的应用，各行各业需要处理的数据量越来越大，整个社会也都步入了大数据时代。由此，普遍认为信息技术的进步带来了大数据。随着教育信息化程度的不断加深，各种教育系统的开发和应用越来越普遍，教育过程中越来越多的数据可以在不影响学生学习的情况下被记录，如课堂学习记录、作业完成情况、互动交流情况等。随着时间的推移，记录下来的数据也越来越多，最终汇聚成海量的教育数据。由于是采用信息技术对学习过程中产生的所有行为进行记录，相比以前只记录教育结果的数据来说，现有的教育大数据对教与学的记录更加完整和可靠。

教育大数据的定义可以分为广义和狭义两种。广义的教育大数据，泛指所有日常教育活动中学生产生的行为数据，但是目前这些行为数据的采集问题没有得到很大的突破，因而无法得到较为完整全面的数据；狭义的教育大数据，主要指学生在各种教育系统里面产生的各种学习活动数据，其可以在教学管理系统、在线教学平台中被收集。目前，对于教育大数据的研究主要是基于后者。教育大数据的到来使得教与学都可以通过技术来进行量化并呈现，从而让教师能更加准确地了解学生的学习需求和学习状态，能够有针对性地改进自己的教学方法，完善自己的教学行为，最终达到提高教学效果的目的。

教育大数据的研究一般分为数据的获取和存储、数据的处理和分析两大方面。其中，对于数据的获取和存储的研究主要集中在教育大数据相关标准的建立，目前美国在这方面走在了世界的前列，由美国国家教育统计中心制订的美国通用教育数据标准为教育大数据设定了统一的规范。中国也于 2014 年成立了全国信息技术标准化技术委员会大数据标准工作组，对大数据的相关技术和标准进行研究。对于教育大数据的处理和分析的研究则演化成了两个分支，即教育数据挖掘和学习分析。它们都是教育学与其他学科交叉产生的研究领域，其中，教育数据挖掘是由教育学、计算机科学及统计学交叉产生的，学习分析则是由教育学和统计学交叉产生的。教育数据挖掘和学习分析之间的主要区别在于二者使用的技术和想要达到的目的有所不同。教育数据挖掘侧重于采用数据挖掘和机器学习的技术来发现数据中潜在的新知识和新模式，学习分析则侧重于采用统计分析来对已有的事件或结果进行分析论述。

五、教育数据挖掘和学习分析

通过对教育大数据的获取、存储、管理和分析，我们可以构建学生学习行为相关模型，分析学生已有学习行为，并对学生未来的学习趋势进行科学预测。教育大数据的应用主要有教育数据挖掘和学习分析两大方向。

（一）教育数据挖掘

教育数据挖掘是综合运用数学统计、机器学习和数据挖掘的技术与方法，对教育大数据进行处理和分析，通过数据建模，发现学生学习结果与学习内容、学习资源和教学行为等变量之间的相关关系，来预测学生未来的学习趋势。教育数据挖掘有四个研究目标：①通过整合学生的知识、动机、元认知和态度等详细信息进行学生模型的构建，预测学生未来的学习发展趋势；②探索和改进包含最佳教学内容和教学顺序的领域模型；③研究各种学习软件所提供的教学支持的有效性；④通过构建包含学生模型、领域模型和教育软件教学策略的数据计算模型，促进学生有效学习的发生。

为了达到以上四个研究目标，研究者主要采用以下五类技术方法：①预测。建立一个能够从整合多个预测变量推断单一被预测变量的模式，研究者通过在线学习环境中学生参与在线讨论的情况、测试情况等，预测学生在该门课程的学习中是否有失败的风险。②聚类。根据数据特性，将一个完整的数据集分成不同的子集，研究者根据学生在在线学习环境中遇到的学习困难、交互模式等将学生分成不同的群组，进而为不同的群组提供合适的学习资源和组织合适的学习活动。③关系挖掘。探索数据集中各变量之间的相关关系，并将相关关系作为一条规则进行编码。例如，研究者利用关系挖掘，探索在线学习环境中学生学习活动和学习成绩的相关关系，进而用于改进学习内容呈现的方式和序列，以及在线教学的方法。④人类判断过程简化。用一种便于理解的方式描述数据，以便人们能够快速地判断和区分数据特征。该方法主要以可视化数据分析技术为主，用以改善机器学习模型。⑤模型构建。通过对数据集的聚类、相关关系挖掘等过程，构建供未来分析的有效现象解释模型。

（二）学习分析

学习分析是近年来大数据在教育领域较为典型的应用，在国际上有专门针对学习分析研究和应用的国际会议——学习分析技术与知识国际会议。在首届会议上，人们将学习分析定义为：测量、收集、分析和报告有关学生及其学习情景的数据集，以理解和优化学习及其发生情景。新媒体联盟将学习分析定义为：利用松散耦合的数据收集工具和分析技术，分析学生学习参与、学习表现和学习过程的相关数据，进而对课程、教学和评价进行实时修正。我国学者顾小清认为，学习分析是对与学生学习信息相关的数据运用不同的分析方法和数据模型来进行解释，然后，根据解释的结果来探究学生的学习过程和情景，发现学习规律；或者根据数据阐释学生的学习表现，为学生提供相应的反馈，从而促进学生更加有效的学习。学习分析是综合运用信息科学、社会学、计算机科学、心理学和学习科学的理论与方法，通过对广义教育大数据的处理和分析，利用已知模型和方法去解释影响学生学习的重大问题，评估学生的学习行为，并为学生提供人为的适应性反馈。

六、基于大数据构建个性化自适应在线学习分析模型

从基于大数据的个性化自适应学习过程结构可知，构建个性化自适应在线学习分析模型既要考虑学生的个性化特征，又要考虑从海量数据中挖掘有价值的个性化学习信息方法等。因此，

本书结合项目研发的自适应学习系统，以个性化自主学习、个性化自适应推荐、个性心理学和计算机科学为理论基础，从数据与环境（What）、关益者（Who）、方法（How）和目标（Why）四个维度构建个性化自适应在线学习分析模型，如图 5.1 所示。

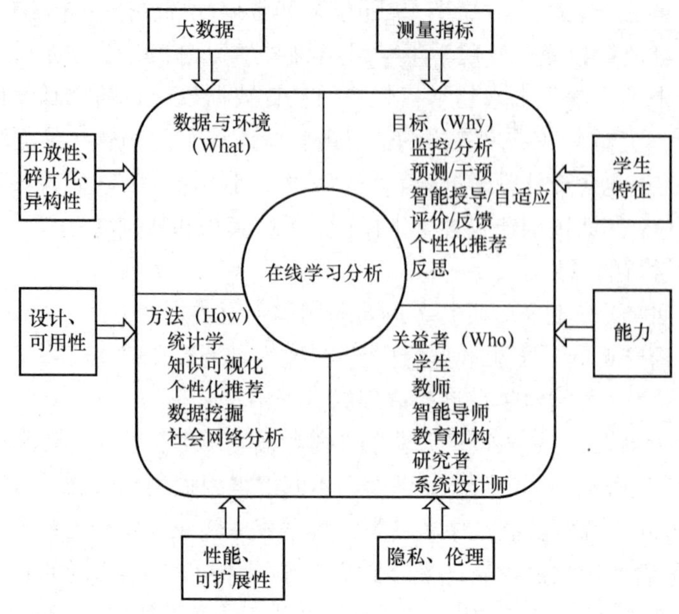

图 5.1　个性化自适应在线学习分析模型

（一）数据与环境（What）

数据与环境主要是自适应学习系统、社会媒体（如博客、微博、社交网络等）、传统学习管理系统及开放学习环境等。经过学生与学生、学生与教师、学生与资源等直接或间接交互后生成的海量数据（包括结构化数据、非结构化数据和半结构化数据），其中，多数数据来自自适应学习系统中的读、写、评价、资源分享、测试等活动数据和交互数据。而这些海量数据的产生则为预测、学习干预、处理学习行为、个性化自适应学习提供了重要依据。同时，需要考虑将数据环境中生成的开放性、碎片化及异构性数据进行有效整合，满足学生的学习需求，实现学生对知识的主动建构，促进学生在线自主学习。

（二）关益者（Who）

根据作用的不同，关益者主要包括学生、教师、智能导师、教育机构、研究者和系统设计师，其中前四者影响较大。对于学生而言，需要考虑的是自组织学习，同时需要有能力保护学生信息，防止数据被滥用，注意隐私和伦理道德问题；对教师而言，根据学生信息调整教学策略，实施干预；对于智能导师而言，根据学生特征，如学习风格、兴趣偏好、知识水平等，个性化推荐学习资源、学习路径；对于教育机构而言，分析存在潜在危险的学生，发出警告并实施干预，以期提高学生期末考试的成绩、平时的出勤率等。

（三）方法（How）

为了全面地记录、跟踪和掌握学生不同的学习特点、学习需求、学习基础和学习行为，并为不同类型的学生打造个性化学习分析系统，大数据学习分析方法主要采用统计学、知识可视化、个性化推荐、数据挖掘和社会网络分析等。其中，统计学方法主要运用相关分析和回归分析，确定与学生交互行为、成绩相关的因素并构建结构模型，起到预警作用；利用知识可视化技术，使学生更加易于理解知识，促进学生对知识的主动建构及知识迁移；个性化推荐技术主要有内容推荐技术和协同过滤技术，实现系统依据学生个性化特征自适应推送学习资源、学习路径等；常用的数据挖掘技术有预测、聚类、关联规则挖掘等，用于收集、处理、分析学习交互行为，提炼出有价值的信息，了解学生已经掌握了什么和没有掌握什么，然后实施教学干预，从而改进教学；通过社会网络分析，可以形成人际网络，不但可以了解学生如何在网络学习中建立并维持关系从而为自己的学习提供支持，还可以判断哪些学生从哪些同伴那里得到了启示，学生在哪里产生了认知上的困难，又是哪些情境因素影响了学生的学习过程等。当然，最为关键的是，要考虑综合运用这些技术，通过大数据为学生提供个性化自适应学习分析系统，同时要确保系统性能良好，具有可用性和可扩展性。

（四）目标（Why）

大数据学习分析可以发现原本被隐藏的学习行为信息，并将其提供给各个层次的使用者，实现目标主要有监控/分析、预测/干预、智能授导/自适应、评价/反馈、个性化推荐和反思等，并制定相应的测量指标。其中，自适应与个性化推荐是两个最重要的实现目标，主要满足学生在网络学习环境下学习的两大需求：一是学生自主控制学习。即学生主动适应远程学习方式，实现学生自我组织，制订并执行学习计划、自主选择学习策略，对学习进行自我评估；二是适应性学习。这是一种系统主动向学生注入资源的学习方式，即系统能采用聚类、贝叶斯网络、决策树、因子分析、隐马尔可夫模型等判断学生的学习风格、兴趣偏好、知识水平等特征，实施相应的教学策略，呈现个性化、可视化的学习路径、学习资源、同伴、工具等。监控/分析、预测/干预也是主要的实现目标，跟踪学生当前的学习活动、行为和成绩，生成学习报告，并构建预测模型，有助于教师对学生的学习过程实施干预，同时也为学生未来的学习活动设计提供决策，对学生未来的学习成绩做出预判，有利于提高学生的学习成绩。

七、我国大数据教育应用的主要内容分析

大数据应用给教育信息化、教育教学的改革发展等带来了深刻的影响，对于教育工作者来说，则有了进一步接近教育教学的客观现实、深入探索教育教学的真实面貌的条件。对于我国大数据的教育应用情况，本书结合收集的文献，主要从理论和实践两个维度进行分析。

（一）大数据给教育理论的创新带来了新思维、新视角

大数据时代的到来，给教育理论的创新和教育教学的变革提供了前所未有的大好机遇。大数据的思维和理念可以为优化教育政策、创新教育教学模式、变革教育测量与评价方法等理论研究提供客观依据和新的研究视角，能够更好地推动技术与教育的深度融合。

1. 在大数据支持下制定的教育政策更具有前瞻性和引领性

陈霜叶等指出，传统教育政策的制定通常没有全面考虑现实情况，只是决策者通过自己或群体的有限理解来推测教育现实；而采用调研的方法也常常是指定“抽样”和座谈的样本，

使得随机中掺杂了更多的人为干预，所以制定的教育政策容易出现“失灵”的现象。在大数据支持下，各级决策者可汲取“以证据为本”的理念，从传统的政策调研和观点式决策向以多元政策证据为支撑、大数据为助力的现代教育治理模式转变。有了大数据的支持，教育政策的制定不再是简单的经验模仿，更不是政策制定者自己经验的总结，而是以从大量教育数据中挖掘出来的事实真相为基础，采取有针对性的措施。因此，教育决策的过程变得更加科学化，制定的教育政策也更加符合教育教学的发展需要，从而更好地发挥教育政策的引领作用。

2. 在大数据思维影响下教育的本质回归到促进学生个体的发展，教育模式从传统课堂的集体教学向数字化个性教育发展

张燕南等指出，大数据时代的学生在数字化学习过程中留下了很多数字碎片，通过分析这些数字碎片，我们将发现学生的各种学习行为模式。梁文鑫指出，大数据对课堂教学带来的主要影响是，使教师从依赖以往的教学经验进行教学转向依赖海量数据教学分析进行教学，使学生对自我发展的认识从依赖教师有限的理性判断转向对个体学习过程的数据分析，从而使传统的集体教育转向对学生的个性化教育。而谈到个性化教育，就必然要提及 MOOC，其被寄予厚望的主要原因是学习分析技术和大数据对它的支持，有了学习分析和大数据技术，优质的教学、课程资源和服务等通过数据真实客观地被呈现出来。比如，对每一门课程资源和支持服务系统的建设和维护都建立在对学生使用过程的数据分析基础上，从而使提供的课程内容更加符合学生的需求，教学指导更具有针对性，进而提高了学生的学习积极性，促进了学生学习的成功。张羽等指出，学生在 MOOC 平台上学习时，教师和平台可以通过大数据对学生的学习行为进行理性干预。比如，通过预测认知模型为学生自动提供适合的学习内容和学习活动方案，通过作业情况、留言板及讨论区的问题讨论情况可以发现存在学习困难的学生，以确保及时对其进行有效的学习干预等。总之，大数据的应用能够在实现大规模在线教育的同时兼顾学生的个人需求。邢丘丹等指出，大数据对海量数据的高速实时处理技术可以为在线教育平台实时洞察学生的变化、把握学生的需求、提高学生的学习效果提供支持。此外，还可以对学生学习过程中产生的相关信息进行深度分析，以预测和把握学生的需求变化。

大数据可以支持对学生个性发展的研究，数据分析可以提供每一个学生的学习需求、学习风格、学习态度的相关信息。因此，教师和学校就可以相应地提供适合不同学生发展的学习内容和学习指导，促进其个性发展，从而实现真正意义上的个性化教育。

3. 在大数据技术支持下，教育评价和学习分析从传统的经验性向客观性发展

随着教育信息化的推进，数字化学习方式已经成为当今学生的常态化学习方式。学生在学习终端的支持下，在各种学习系统中产生了大量的学习记录。应用大数据技术可以有条件地去跟踪和关注学生的学习过程。在大数据技术支持下教育研究趋向于对全数据环境的分析，这为我们提供了最直接、最客观、最准确的教育评价和学习分析依据。喻长志指出，大数据将重构教育评价，由原来的经验式评价转变为基于数据的过程性评价，通过大数据的支持来分析教学规律。魏顺平指出，基于大数据的学习分析技术可以通过存储和分析学生学习情况的过程数据，来预测和优化学习过程，为教学决策提供重要依据。

在教育评价中评价的对象不仅是学生，教师也可以利用大数据提供的信息来分析自己的教学行为，通过教学过程反映出来的数据发现自身的教学特长和不足。教育评价是教育过程中一个很重要的环节，只有采用科学的评价方式才能让教师与学生正视和接受客观存在的问题，反思教与学的过程和方法等，改进自己的行为，提高教学及学习质量。

（二）大数据给教育实践领域的探索带来了新技术、新方法

大数据在实践领域的应用主要表现在数据的获取、分析和智能化的信息挖掘等方面。对教育实践领域而言，大数据可以为教育教学提供实时的数据信息，帮助教育教学形成科学的决策，为教育教学活动的实施提供客观依据，从而最大限度地发挥教育教学活动的功能与价值。通过分析，大数据在教育实践领域的应用主要体现在教育资源建设、智慧校园建设及学习分析技术等方面。

1. 为教育资源的建设、共享和运用提供新思路

教育资源是教和学得以实现的根本。传统教育对资源的建设主要有主管部门配发、教师自主开发等形式。其中，配发不能完全满足教与学的个性化需求，教师自主开发则容易存在资源重复建设和资源整体质量不高等问题，而公众对优质资源的定义也多依赖经验总结的方式。面对传统教育资源建设存在的矛盾和弊端，大数据的出现提供了新思路，主要表现在：为教学资源库的构建提供了技术手段，为优质资源的界定提供了客观依据。刘中宇等指出，云计算和大数据使教师与学生不仅能够共享存储在云服务端的教育资源，还能通过对各种非结构化数据的分析，挖掘隐藏的信息价值，并为师生提供最合理的教与学的资源。大数据与云计算的结合，会根据学生在教育资源库中的操作“痕迹”掌握其对学习资源的动态需求，也会通过分析学生对学习资源的点击、下载、评价等数据信息对“优质教学资源”进行客观的定义。如此，不仅使资源的获取和存储变得简单，还可以避免资源的重复建设和优质资源的浪费，使优质资源得到最大范围的共享和有效利用。

2. 为智慧校园的设计规划与建设实施提供新方法

近年来，随着“智慧”一词在教育领域的深入，智慧校园建设也成了教育信息化建设的重要内容之一。而大数据的理念和思维为优化智慧校园的设计规划与建设实施提供了新的方法。姚琪指出，智慧校园建设通过把传感器嵌入校园的各种系统中，将校园管理的众多软件系统平台融入校园云，实现云、物联网、互联网的连接，由此可实现校园实时数据的获取、存储、加工和分析，从而为学校发展和教学应用提供有效的决策依据。另外，智慧校园还包括大数据的标准体系、校园数字化生态环境及相应的信息化组织管理体系等方面的建设。在智慧校园环境下，基于云计算的大数据应用可以对教师教学行为、学生学习行为、学生个性特征等进行分析和预测，从而为促进学生的身心发展提供适时的引导和帮助。同时，还可为学校运转提供实时动态数据，以便于校领导和教师及时掌握最新的管理和教学信息，从而助力教学管理更趋向科学化、智能化。

3. 为学习分析技术中非结构化数据的处理提供技术解决方案

如何获取教育大数据，并从中提取有价值的知识和信息，达到为教学决策提供参考、为优化学习提供帮助的目的，是教师在教学实践中关注的核心问题。学习分析技术是在各种分析技术和教育数据挖掘基础上发展起来的，是大数据在教育中的重要应用之一。通过学习分析技术能够挖掘学生学习过程中有价值的数据信息，进而优化学习，助力教学决策，使教育为每个学生提供符合其个人需要和个人发展的机会。2014 年发布的《地平线报告》指出，研究学习分析旨在运用大数据分析为教育决策提供现实依据，利用学生学习数据建构更好的教

学法，定位学习困难人群，并评估项目设计能否有效提升学生学习能力，是否应该继续进行等，这些结果对于教育立法者和教育管理者来说都具有重要的价值；而对教育工作者和研究人员而言，学习分析对于剖析学生与在线资源之间的互动状态及其价值也具有举足轻重的作用；同时，学生也正逐步受益于学习分析技术，因为移动互联网和在线平台能通过跟踪分析学生的学习行为数据为其创设互动场景和个性化的学习体验。尤其随着教育中移动设备和移动互联网技术的普及应用，教育数据呈爆炸式增长态势，从而使得大量非结构化数据难以被计算机处理，而如何从这些教育大数据中提取有价值的信息就成了目前学习分析面临的最大技术挑战。基于云计算的大数据应用使得原本难以获取、存储、处理甚至有价值信息的提取工作变得容易，其对非结构化数据处理的技术优势可以解决学习分析领域的这个难题。

第二节　VR、AR 与 MR

一、VR 简介

（一）VR 的基本内涵

虚拟现实（Virtual Reality，VR）是多媒体技术与仿真技术相结合生成的逼真的视、听、触觉一体化的虚拟环境。用户以自然的方式与虚拟环境中的客体进行体验和交互，从而产生身临其境的感受和体验。VR 技术的基本内涵包括操作者可以通过人的自然动作来与虚拟环境发生交互；虚拟的实体不是客观存在的，是由计算机通过相应的算法生成的；VR 需要依靠专门的传感设备进行交互。

（二）VR 的发展

VR 出现的时间比个人计算机还要早。1968 年，伊万·萨瑟兰（Ivan Sutherland）制造出了第一个头戴式显示系统，而第一台微型计算机 Altair 8800 的问世则是在七年之后。我国对 VR 的研究始于 20 世纪 70 年代初，主要集中在航空航天领域。在个人计算机席卷全球之时，VR 却一直“待字深闺”，不为世人所知。实际上，由于 VR 技术的独特作用，其基础研发及其在军事、航空航天等领域的应用一直很受重视。2006 年，国务院颁布的《国家中长期科学和技术发展规划纲要（2006—2020 年）》将 VR 列为信息领域优先发展的前沿技术之一。受计算机软、硬件技术的限制，VR 产品一直未能成为大众消费品，自然少有人关注。2014 年 3 月，Facebook 以二十亿美元收购 VR 厂商 Oculus，并宣称 VR 将成为未来的计算平台。这一举动点燃了资本对 VR 的热情。2014—2015 年，VR 领域共有二百二十五笔风险投资，投资总额达三十五亿美元。2016 年，主流厂商的消费级 VR 产品进入市场，故 2016 年被媒体称为“VR 元年”。

（三）VR 的主要特征

VR 具有如下特征。

（1）沉浸性。VR 是根据人的视觉、听觉的生理、心理特点，借助计算机、传感器和图像生成系统来模拟真实环境，让参与者有身临其境的感觉，即沉浸于虚拟的环境中。使用者戴上头盔显示器和数据手套等交互设备，便可将自己置身于虚拟环境中，成为虚拟环境中的一员。使用者与虚拟环境中的各种对象的相互作用，就如同在现实世界中一样。当使用者移动头部时，虚拟环境中的图像也实时地随之变化，拿起物体可使物体随着手的移动而运动，而且可以听到三维仿真声音。

（2）交互性。主要是指人与虚拟环境中的对象发生交互，使参与者以自然的手段、行为与计算机交互，达到真正的人机和谐。

（3）构想性。主要是指在计算机图形学的基础上实现真实场景的三维立体显示。

（四）VR 技术的分类

根据 VR 技术所呈现的主要特征的不同，可以将 VR 技术划分为桌面式、增强式、沉浸式和网络分布式四类。VR 系统按其功能不同又可以分为三种类型，分别是沉浸型、简易型和共享型。沉浸型 VR 系统比较复杂，它的优点是用户可以全身心地沉浸到虚拟世界中去，弊端是系统设备价格昂贵，难以普及推广。简易型 VR 系统只需要一台普通的计算机，使用者通过键盘、鼠标便可与虚拟环境进行交互。这种系统结构简单、价格低廉，易于普及推广，是一套经济实用的系统。共享型 VR 系统是利用远程网络，将异地的不同用户连接起来，共享一个虚拟空间，多个用户通过网络对同一虚拟世界进行观察和操作，达到协同工作的目的。例如，异地的学生，可以通过网络对虚拟实验室中的设备进行操作。

（五）VR 在教育中的应用

1. VR 应用于现代教学的理论基础

现代教学强调人的主体性，要求学生主动参与教学过程。教学改革的目标是实现教学现代化，提高教学效益和质量，全面提高学生素质。然而，教学现代化并非只是设备的现代化，它还包括教学观念的现代化、教学内容的现代化、教学手段的现代化。在现代教学中应用 VR 技术易于实现教学改革的目标，具体体现在以下几个方面。

（1）VR 技术对教学观念的影响。教学观念决定教学组织形式和教学方法。教学组织形式通常以课堂授课为主，教师是教学的中心，由教师决定教学内容、结构、方法及进度。这种教学方法是以教为主，学生处于被动的学习环境中。现代教学要求将传统的课堂讲授改变为启发引导式教学，追求教与学的合作，以讲授引导思维，以教导激发感情，增强学生学习的主动性。VR 教学有利于创造这样的教学环境，在以学生为中心的个性化教学、合作化教学形式和环境中让学生的自我探究得以真正实现。从多媒体 VR 系统的组织形式来看，VR 是非线性的网络结构，逼真的虚拟环境可提供良好的人机交互功能，在此基础上，教学内容的组织安排将特别强调由学生主动参与教学过程并构建知识结构。在这种情况下，教材也将由传统的教师控制转变为学生控制，教学内容外在形式的生动化与内在结构的科学化将结合得更紧密，这种环境将极大地促进教学观念的转化。

（2）VR 技术对教学内容的影响。教学内容是教学过程中传递的教学信息，是学生获取知识、掌握技术、发展能力的主要源泉。VR 技术的引入使教学内容无论是外在形式还是内在结构都产生了很大的变化。

① VR 技术对教学内容外在形式的影响。学生的动手能力是在实践教学环节中培养出来

的。在传统的实践教学中，实验课内容主要是学科性的理论验证和让学生学会使用设备、仪器，并从中归纳、总结出相关规律。随着教育技术的发展，从原来的只是用录音、录像来辅助文字教材进行教学的方式发展为使用具有人机交互功能的 VR 技术，通过 VR 技术去展现教育内容。多媒体技术存储信息量大，教学内容可以用最有效的方式来表现；而且，同一教学内容还可以用多种信息形式来表现，这就有利于克服单一媒体表现及难以协同表现的弊端。VR 技术所提供的人机交互特点尤其适用于个性化教育，有利于因人施教、因材施教，培养高素质的综合型人才。

② VR 技术对教学内容内在结构的影响。VR 技术的应用将带来教学内容内在结构的变化。教学内容的内在结构就是学科知识结构，知识结构是学科知识间的逻辑关系。传统的教材及实验指导材料都是以线性结构来组织学科知识结构的，知识内容的结构及顺序都是以教为主，教学顺序性很强，学生只能在教师的讲授下学习正确的概念、原理及逻辑关系。这种形式的学习，使得学生对教师的依赖性很大。教材也只是一种教授材料，学生利用它学习的自由度不大，灵活性不强，难以从已建立的知识结构向新知识结构迁移。使用 VR 技术后，多种媒体信息通过网络超链接，用符合学生认知特点的方式去组织和展示教学内容、构建知识结构，这种网状的信息组织方式是一种非线性结构，而链是知识之间的层级逻辑关系；VR 与普通多媒体是多媒体信息处理的高度集成，把信息的组织形式与信息内容呈现的多样性、复杂性结合起来，为学生提供一种动态的、开放的结构化认知形式，它既包括学科的基本内容，又包括学科内容之间的逻辑关系；既注重知识的形成过程，又注重知识的结构，凭借视觉、听觉、触觉信息的协调作用使教学内容的统一性与灵活性得到完美的结合。VR 的这种非线性结构有利于学生进行思维扩散，联想原有的知识，获得新知识。

（3）VR 技术对教学手段的影响。教学手段是教学过程重要的组成部分之一，是实现教学目的和教学任务的有效保证。VR 技术应用于教学过程后，可以促使教学手段向科学化、高效益方向发展。其影响体现在以下几个方面。

① VR 技术有助于启发式教学的开展。借助 VR 技术，认识主体与认识对象之间可以实现互动。也就是说，当主体置于虚拟环境下时，主体对象的认识是通过适应性的互动方式来完成的，这让主体获得了亲身体验的感受。VR 技术使学生从对文字、抽象符号的空间性理解转化为互动式的逼真体验，这也是形成启发式教育的基础。

② VR 技术有助于发现式教学的开展。发现式教学要求学生利用教师和教材提供的某些材料去发现应得的结论或规律。教师可以有针对性地建构虚拟情景，引导学生进行探究，让学生从已知事实或现象中推导出未知，形成概念，从中发现事物发展变化的规律，并培养学生的科学态度和独创精神，掌握科学的研究方法。VR 教学不但提供了良好的人机交互体验，还允许学生出错时自行了解错误的缘由及后果，找出解决问题的方法，进而通过分析、综合、比较、归纳、推理等高级思维技能围绕假设进行论证，最终接近或掌握真理。形成发现式的学习风格和策略，培养高层次的思维技能，这也是素质教育的重要内容。

2. 增强学习体验

VR 对教育的影响主要体现在增强学习体验上，VR 主要支持以下三种学习方式。

（1）沉浸式学习。借助 VR，学生可以“现场”体验现实生活中很难或无法体验的场景。例如，哈佛大学 Dede 教授团队开发的 River City，让学生进入 19 世纪末的美国小镇，帮助小镇居民解决传染病肆虐的问题。由于学生具备现代生物学、医学知识，还能用互联网检索资料，在调查研究过程中与小镇居民交谈时，学生会发现自己的见识更广，这有助于学生产生成就感，增强自信心。

（2）交互式学习。VR 不但可以再现真实场景，还具有很强的交互性，能够实现计算机和学生一对一交互，创造个性化学习环境，激发学生的参与兴趣。

（3）高效率学习。一方面，VR 能够“占领”学生的视觉、听觉，甚至触觉等多个感觉通道，多感官的参与可以提高学习效率；另一方面，VR 切断了学生与周围世界的感官联系，让学生沉浸在与学习内容交互的过程中，隔离了外界干扰，消除了“走神”的因素，这是高效率学习的前提。

3. VR 在教育中可实现的功能

（1）体验。此处的“体验”取其狭义，等同于学校的参观访问活动，即把学生带到教室外，研究实际过程、人和物，目的是让学生通过亲身体验获得经验。对于学校教育而言，学科课程是主体，教学内容以系统的间接知识为主，通过参观访问为学生提供具体经验，有助于激发学生学习兴趣，降低认知难度，帮助学生理解抽象原理。VR，尤其是沉浸式 VR，在这方面有特别的优势：独特的“在场”感使体验更加真实；VR 的交互性让学生可以“动手做”，比视频、动画等多媒体呈现更加“具身”；VR 的构想性，即感官刺激由计算机实时生成，环境仅受想象力的限制，具有无可比拟的灵活性。

从教学法层面看，VR 体验在常规课堂教学框架之下通常不需要教师调整教学法，但为保证教学效果，教师需要仔细设计教学活动。罗伯特 • 海涅克（Robert Heinich）等提出的计划、准备、实施、跟进四阶段模型对于 VR 体验的教学设计极具参考价值。

从 VR 环境或内容的角度看，其设计要注意如下方面：第一，内容的真实可信性。感知觉、动作和触觉体验逼真是最基本的要求，此外，还要保证其在科学、历史、社会、伦理等方面的合理性。第二，内容的教学性。和常规影视相比，VR 影视更“冷”，观看过程更需要学生的积极参与。由于沉浸式 VR 设备的独特性，教师如何准确感知学生体验是个新的挑战。第三，内容的不可替代性。需要精心选择学习的重点和难点，为学生提供符合学生情况的学习资源；应主动借鉴商业、娱乐等领域的创新 VR 体验设计，如宜家家居的应用可以让用户在 VR 中体验宜家厨房，可以根据成年人或儿童的不同身高体验不同的视角，这一设计充分体现了 VR 的独特优势：能够使用户从感官层面真正站在别人的视角看世界。

（2）探究。探究指学生基于问题的学习、项目学习及研究性学习等学习模式，通过有意义的问题解决来掌握知识，提高学科能力、问题解决能力、合作交流能力和自我学习调节能力。VR 可以创造出复杂的物理、生物、天文等系统，学生可以在虚拟空间中解决真实问题，在这一过程中实现深层次的知识建构。VR 世界中探究性解决问题的优势，除了安全、低成本（系统构建好之后），还体现在系统可以根据需要为学生提供信息支架等帮助信息；此外，系统还可以记录探索过程，动态诊断学生的学习情况。

目前已有的 VR 教育系统大多用于支持学生在特定自然与人文社会学科的探究活动。例如，在 Scientific Spaces 学习平台中，学生可以探索牛顿运动定律；美国约翰逊太空中心虚拟物理实验室支持学生做虚拟实验，探索力学规律；密苏里大学高新技术中心的虚拟哈莱姆区项目，再现了纽约哈莱姆区 20 世纪初期的风貌，学生不但能够在虚拟街区中穿行，还可以与历史人物交互，探索关于社会、环境问题的解决方案。

VR 探究活动在教学法层面上对教师的挑战更大。研究表明，项目学习等探究教学的实施要求教师在教学理念、教学实施与评价上做出很大调整，需要共同体的支持及反复地实践、反思和学习。

（3）训练。训练或练习是技能发展的基本途径。由于 VR 仿真训练系统复杂、昂贵，在学校教育中的应用并不普遍，但在军事、医学、工业领域等实训设备造价高昂或危险性高的领域，VR 已得到了应用。

技能可大致分为简单技能与复杂技能。简单技能的自动化程度高，即执行过程几乎不需要有意识的监控，技能的支撑知识简单，技能的运用几乎不受情境影响。复杂技能则不同，由于技能运用需要考虑具体情境，因此需要有意识的监控与调整，同时还需要复杂、有组织的知识支撑。在基础教育的中低年级，存在大量的拼音、识字、计算等简单技能；随着年级升高，所学技能逐渐复杂；到了高等教育阶段，尤其是职业教育阶段，复杂技能逐渐成为专业教育的主体。

对于简单技能，可利用 VR 游戏增强技能训练的趣味性和反馈性。在职业教育中，VR 技术为高职实践教学改革提供了广阔的空间，而高职实践教学的职业本位性也对 VR 实践教学提出了明确的要求。随着 VR 技术的应用，职业教育领域实训内容、实训手段、实训模式都将发生深刻的变革，传统的校内、校外实训基地模式将向着校内、校外实训基地与虚拟现实实践实训相结合的模式发展。

复杂技能的发展需要元认知的介入，即需要给学生反思、分析个人表现的机会。因此，能够有效支持复杂技能发展的 VR 技能训练系统不仅能模拟仿真，而且能内嵌各类知识、错误诊断与反馈，为学生提供反思机会；为了迁移，即在未来真实情境中解决职业问题，训练系统应尽可能多地让学生体验技能应用的真实场景，而这正是 VR 最大的优势之一。

（4）矫正。矫正包含由心理健康问题引起的行为矫正和对感知障碍等生理、心理功能的补偿措施。VR 很早就引起心理咨询与治疗领域的关注，如 1995 年就已用于恐高症的治疗。VR 暴露疗法是现实情境暴露疗法的替代性治疗形式。研究表明，该疗法对于幽闭恐惧症、恐高症等焦虑障碍的治疗是有效的。被试者经过治疗后，可以重新获得对情境的控制感。VR 暴露疗法结合功能性磁共振成像用于心理治疗，是未来的发展方向。

在 VR 环境中，特殊儿童可以充分调动视觉、听觉、触觉等多种感觉进行学习和训练，不仅能弥补传统教学和康复治疗方式的不足，而且能提高安全性和实效性。国内外的肢体障碍儿童的肢体康复训练、视力障碍儿童的视觉康复训练等是最早应用 VR 的领域。

我国人口基数大，有行为和心理矫正需求的人口数量大，随着社会发展和人们观念的转变，VR 在这一领域的应用前景十分广阔。

（5）交流。VR 将以计算机为中介的人际交流或者人机交流变得更有现场感，这对语言学习、远程讲授和辅导教学极为有利。语言学习领域对 VR 的关注由来已久。例如，VILLA GE 项目是欧盟“2007—2013 年终身学习整体行动计划”资助的语言学习革新项目。该项目旨在利用 Second Life 为语言学生创设虚拟学习环境，通过虚拟会面、交流和游戏鼓励学生用所学语言表达思想，使学生在“真实”的社交情境中通过交际实践增强语言运用能力和跨文化交流能力。

对我国而言，VR 环境下的讲授与辅导还有着特殊的意义。为促进教育的均衡发展，我国实施了“教学点资源全覆盖”项目，由于教学点已经具备较好的网络条件，借助 VR 技术，尤其是全息技术，将优质师资远程传送到教学点，对于提高偏远地区课堂教学质量、促进当地教师专业发展具有极高的实践价值。

（6）创作。创作是动手做出一个物件的活动，可以分为艺术创作、学科模型构建和微世界建模。不管是在虚拟空间还是在现实世界，实际做出一件东西都是一个身心一体、动脑又动手的过程，有利于对知识的“体悟”。

对于艺术创作而言，迪士尼动画师格伦・基恩（Glen Keane）利用日丁 CVive 的 Tilt Brush 软件画出的小美人鱼视频可谓惊艳。基恩说：“我戴上头盔，就宛若走入画纸之中，直接在画纸的世界中创作。东西南北，所有的方向都为我敞开，在创作空间中的感受不再像是作画，而更像是在快乐地舞蹈。”

马克・威尔逊（Mark Wilson）认为在 VR 中创造内容和消费内容一样令人兴奋。VR 将永久改变设计。VR 中艺术创作/设计的独特之处有三点：一是真实可触摸。你可以来回走动，从各个角度观察甚至触摸自己的作品。二是直接。头脑中有了想法，胳膊动几下，一尊雕塑就从无到有了。三是移情体验。设计师总是努力站在用户的角度看世界。在 VR 中，不仅能够从他人的视角体验，而且能从他人的视角设计，能够立刻感受不同设计所带来的体验的差异。

学科模型构建是指为促进学科知识学习，让学生在 VR 环境中创建符合特定学科规则的模型。VR 支持灵活的学科建模。以化学为例，学生在 VR 中能够从各个角度观察化学分子模型，可以随时将微观世界转变成宏观世界，从而更加有利于观察和比较不同原子、不同拓扑结构的物质在化学性质上的差异。

微世界是一种探索性学习环境，是对真实世界中某些现象的模拟，学生在这种环境中可以以多种方式创作、探索与试验。在微世界中，学生个体或者群体遵循虚拟世界的规则自由建模。全球四十多个国家的七千多个班级采用 Minecraft 教育版 MinecraftEduo 进行教学。有研究者认为，Minecraft 是学生学习构建和操纵空间的虚拟乐高的现代版本，是通向建筑、3D 软件和协同艺术创作的入口，其提供了创作、合作和反思的空间，这是艺术课堂所必需的。

VR 创作的成果是数字作品，便于复制、混合、重用与相互关联，因此学生在完成创作内容的同时也扩展了情境，而新的情境可赋予原有内容以新的意义。从这个意义上讲，共同体的协同创作也就是协同知识建构，随着作品的丰富，共同体对主题的理解也逐步深入。

（7）游戏。游戏是新兴学习文化的一部分。有研究者认为，我们的学校现在面临的难题是如何让学生主动去学习艰难、费时、复杂的知识，而游戏显然有这样的魔力，值得学校教育借鉴。

大众对数字游戏的刻板印象与现实并不一致。尽管游戏曾经是一种单独的或单个玩家的活动，其真实写照就是一个十几岁的男孩放学后独自坐在卧室里玩游戏。但是今天，游戏是一项高度协作的活动。研究表明，游戏对于帮助学生学习以事实性知识为主的课程（地理、历史、解剖学等）效果较好。此外，游戏还有助于改善学生的视觉协调性、认知速度和手的灵巧度。但其真正的优势在于能够有效培养学生的 21 世纪技能：创世类游戏有助于开发学生的规划能力和策略性思维能力；互动类游戏堪称合作能力的伟大教师；由玩家定制的游戏，在培养学生的创造性和创新能力方面发挥着重要作用。

在各类 VR 游戏中，值得关注的是大型多人在线游戏（Massively Multiplayer Online Game，MMOG）。在玩 MMOG 时，通过在虚拟团队中工作，学生可以掌握有效的沟通技巧，同时建立起信任关系。MMOG 多采用桌面 VR 形式，Second Life 是典型代表。Second Life 是高度可视化的教学平台，能有力支持以视觉学习为主的课程，如地理、地质、航空、人类学和考古学等。Second Life 中的工具增强了学习活动的整体意义，尤其是对虚拟化事物灵活而富有创造性的使用能够为人们提供角色扮演、辩论和自我探索的机会。

未来随着 VR、移动互联和情境感知技术的发展，游戏虚拟环境的真实可信性会大幅提高，与现实世界的互动也会更加密切。VR 游戏在教育教学中的应用前景巨大。

（六）VR 在现代教学中的应用

1. VR 实验室

利用 VR 技术可以建立各种 VR 实验室。在 VR 实验室中，学生可以完成在现实生活中十分危险或由于时空间隔不可能完成的实验。VR 实验室可以是非交互式的，也可以是交互式的。交互式环境下，学生通过键盘、鼠标操作进行虚拟实验，计算机软件能模拟出逼真的立体实验室，学生可以在显示器上看到自己的操作过程和实验现象的实时变化。软件的交互程度越高，学生可以操作控制的实验细节与真实实验就越相似，学生就越能从中体会到实验的规律和操作规范。

2. VR 课堂

课堂是授课的基本单元，VR 课堂可以虚拟教师和学生，凡是参加课程的人员都可以成为其中的一员，让人产生在真实课堂上上课的感受，且每节课的内容都可以反复播放，便于学习。另外，在 VR 课堂上还可以设计对相关书籍的查询等应用。

（七）VR 教育应用推进建议

1. 政府：建立产学研用相结合的 VR 教育应用实证研究体系

由于 VR 系统的复杂性，研究机构和学校很难构建、维持 VR 系统。为提高社会运行整体效益，突出教育需求导向，开发出“有用、好用”的 VR 产品和有效的 VR 教育应用模式，政府应引导企业、学校和研究机构建立闭环的“需求分析——技术与产品研发——教育实践与应用研究——反馈、更新与报告”VR 产品研发与应用研究体系。

政府应通过政策和经费支持 VR 产业的关键技术研发，建立标准体系，完善产业链；通过专项课题支持，建立多学科的研究团队，开展基础研究，探索 VR 环境下的认知与学习规律，支持面向特定学科的 VR 教学系统构建与应用示范。

2. 研究机构：整合资源，提高基础研究的生态效度

在整合资源方面，与企业和学校相比，大学等教育研究机构处于更有利的位置，适合作为 VR 教育应用研究的主导机构。信息技术领域 VR 研究的历史最长，而且成效显著。但是，对于 VR 环境中的人类行为心理学、社会学和教育学的研究却远远滞后。当前亟待解决的研究问题如下：如蒙太奇之于电影，不同类型的 VR 产品有没有专属设计语言？促进学习的 VR 环境需要多真实？VR 世界中的体验对于学生身份感知与认同的影响如何？在虚拟与现实世界频繁穿越的长期效应怎样？在一种文化中创造出来的模拟或者替代世界会很容易迁移到另一种文化中吗？对于历史事件与场景，其他社会文化模拟的真实性及伦理性如何评价？

在 VR 环境中开展研究的优势是数据获取的便利性。其挑战不仅在于用户隐私保护及大规模、多形态数据如何综合分析，还在于如何保证研究的生态效度。个体和群体的行为不但取决于现实世界的任务要求，还取决于虚拟世界的特征与任务活动设计。而如何确保不同 VR 环境下研究结论的可迁移性则是一个亟须解决的问题。

3. 产业：敬畏教育规律，为师生赋权

对 VR 技术创新与产品研发而言，企业无疑代表了“最先进的生产力”。但 VR 应用于教育不再是技术问题，而是社会文化问题，即教育变革问题。VR 在教育系统中要发挥作用，最终还有赖于个体行为，因此要做好“打持久战”的心理准备与实施策略。

教育变革受多种因素影响，其中变革是否尊重教师已有的教育智慧、是否让教师感受到被“赋权”，是激发教师积极性和主动性乃至变革成功的关键。如前文所述，VR 具有体验、探究、训练、创作等多种教育功能，每一种功能对于教师角色与行为的要求都不同。目前的 VR 内容一旦开发完成，师生很难修改，因此 VR 教学产品在设计之初就要考虑如何赋予师生自主权，如何适应师生的个性化需求。

4. 学校和教师：做专家型学生，找准痛点，以点带面

芬伯格认为：“在线教育的实际经验中，技术根本不是一种预先确定的事物，而是一种环境，是一个教师必须栖居于其中并使其活跃起来的空洞的空间……教师们要努力去感受技术，领会如何激活技术，将他们的‘声音’在技术上表现出来。教师们在这样做时，他们就延续了一种古老的教育传统，即将教育定位在人类关系中而不是设施上。”VR 的教育潜力要变为现实，需要学校和教师的共同智慧。教师最了解学生学习的“痛点”，因此教师须立足学生发展、教与学的需求，以此考虑 VR 的教学活动设计，选择能够提供特定学习体验的 VR 产品，从“点”开始，积累经验后再逐步扩大范围。此外，学校和教师还应该是把关人，相信自己的专业判断力，把无法促进学生发展的 VR 产品挡在校门及课堂外。

对于 VR 这一充满无限可能的新型技术，学校和教师要充分体验和了解，不要急于评价，要做专家型学生，保持开放的心态，在学习新知识时，先尝试理解新知识，利用新知识本身来形成新的结构，而不是将新知识与原有知识联系起来。

5. 路径：以典型案例为依托，发展 VR 学科教学法

大规模的变革需要典型案例的引领和支撑。尽管我国的 VR 研究开展得并不晚，但在教育领域却很难发现我们自己的案例。由此，我们应面向学科核心内容，参照中国学生发展核心素养，设计开发属于我们自己的 VR 教学系统，并重视应用过程中的多学科研究，这样才能深入研究、引领实践。

建议面向各个学科（或者学科组合）、各年级段分别开发不同应用模式（重点为体验、探究、训练等）的 VR 教学系统，尤其是能够有效支持自然科学、社会人文学科的探究式 VR 教学系统。在这一过程中，不但有机会推进 VR 教育经验设计语言的发展，而且有助于发展面向不同学科的 VR 学科教学法，即某一具体学科内容如何用 VR 表征，如何设计交互和可视化体验，教师如何利用 VR 开展教学，从而促进学生身心一体的具身学习——这将是 VR 教育有效应用的关键。

二、AR 简介

（一）AR 的概念及特点

早在 20 世纪 60 年代，国外研究者就率先在增强现实这一领域展开研究。1994 年，多伦多大学工业工程系的保罗・米尔格拉姆（Paul Milgram）提出了从真实环境到虚拟环境的连续体的概念模型。他从宏观的角度解释了增强现实与虚拟环境、真实环境之间的关系，将真实环境和虚拟环境看作连续体的两端，其间的部分称作混合现实。在混合现实中靠近真实环境的部分称为增强现实，靠近虚拟环境的部分称为增强虚境，如图 5.2 所示。由此可见，增强现实比虚拟现实更加接近于现实。

图 5.2　增强现实与真实环境、虚拟环境的关系

增强现实（Augmented Reality，AR），是一种将真实世界的信息和虚拟世界的信息“无缝”集成的新技术。现实世界难以体验的实体信息如声音、图像、味道、触觉等，通过信息技术手段，使得真实的环境和虚拟的物体实时叠加到同一个画面或空间。

1997 年，北卡罗来纳州立大学教授 Ronald Azuma 发布了第一份关于 AR 的报告，他提出了 AR 的三大特点，即虚实结合、实时交互与三维配准。自此，AR 的定义逐渐被确定，有关 AR 的理论支撑研究和技术框架研究也不断深入。在 AR 技术创设的场景中，虚拟物体以三维立体的形式呈现。通过 AR 技术，用户还能够真实地体验叠加到真实环境中的虚拟信息，如图片、文字、声音、视频和动画等。同时，用户还能够在真实的环境中与虚拟的三维物体进行互动。

在《2017 新媒体联盟中国高等教育技术展望：地平线项目区域报告》中，AR 被赋予规范性定义，即 AR 技术是指通过 3D 技术在真实物体上叠加虚拟对象，从而达到一种视觉混合增强效果，具有虚实结合、无缝交互等特点。

（二）AR 的发展

AR 又称扩增实境或扩增现实，是在 VR 的基础上发展起来的一种新兴技术。早在 1960 年，Morton Heilig 就成功研制出了混合实境系统 Sensorama，因此 Morton Heilig 也被认为是混合实境领域的思想引领者。1989 年，Jaron Lanier 首次提出了 VR 的概念。随着技术的不断发展，Tom Caudell 于 1990 年首次提出了 AR 的概念，即将计算机呈现的材料叠加到真实的环境中。从此，AR 技术开始进入成长阶段，并得到了越来越多的关注与应用。目前，AR 技术较多地应用于商业领域，尤其是在广告和市场营销方面非常吸引消费者的眼球。此外，AR 技术在军事、工业、医疗、历史文化、纸媒行业和娱乐等领域也均有不同程度的应用。随着 AR 技术的不断发展，教育领域的一些专家和研究人员开始尝试将该技术应用于教学当中。2012 年，《地平线报告》将 AR 技术认定为一项与教学和创造性探究高度相关的新兴技术。有专家断言，教育领域是 AR 应用最有发展前途的领域之一。

（三）AR 在教育中的应用

1. AR 教育应用产品的分类

目前，AR 教育应用产品按功能划分主要包括 AR 阅读、教学演示、动作指引和教育游戏。此外，还包括由公司开发的工具类教育应用产品。

（1）AR 阅读。AR 阅读是通过图像识别技术，将计算机形成的虚拟 3D 图像或动画叠加到传统的纸质书上，为读者带来更具吸引力的阅读体验。2013 年，科学普及出版社出版了由英国 DK 出版公司开发研制的一系列基于 AR 技术的有趣的 3D 立体书，所含的主题有人体、恐龙、太空和地球。该 AR 阅读图书的使用对象既可以是儿童、青少年，也可以是成人。该书采用图像识别技术将纸质图书上使用文字和插图描述的知识与虚拟 3D 影像相结合，当读者将摄像头对准相关页面上的特定标记时，计算机显示器上就会出现与真实场景相叠加的数字图书内容，如 3D 模型或动画，从而将抽象的内容以一种生动形象的方式展示给读者。同年，湖南第一师范学院李勇帆、李里程研发的基于 AR 的交互式儿童多媒体科普电子书提供了类似的阅读体验。

（2）教学演示。教学演示是教学过程中一种常用的教学手段。基于 AR 技术的教学演示不同于以往采用 2D 平面方式进行的多媒体演示，它更多的是通过叠加在真实场景中的 3D 模型或动画，从多个角度对教学内容进行动态、立体的展示。美国肯塔基大学的 Nedim Slijepcevic 于 2013 年开发了一款“太空月相现象 AR 教具”（Lunar Phases Astronomy AR Lesson），用来辅助大学生学习月相知识。该教具通过 3D 动画形式，使学生能够看到月相变化的四个阶段。而且，该教具可以在不连接网络的情况下使用，能更好地与传统课堂相融合。该教具的基本配置包括带有摄像头的计算机、BuildAR 查看器（免费下载安装）、月相场景程序包、标记（Markers）。学生具体使用该教具时，只需打开计算机的 BuildAR 查看器，调用月相场景程序包，将摄像头对准打印好的标记，就可以在查看器中看到 3D 呈现的月相现象。通过手动调整标记的位置或角度，学生可以从不同的方位观察月球、地球和太阳的空间关系。

2015 年，北京邮电大学的李铁萌等针对儿童的汉字和英语学习，设计开发了基于 AR 技术的学前儿童识字系统，并以三十名幼儿园大班儿童为研究对象，利用该系统进行了对比实验。研究结果表明，该系统能提升学前儿童的识字能力，且其教学效果明显优于传统讲授方式。

（3）动作指引。在技能培训过程中，常常需要进行动作指引。AR 技术具有较强的交互能力，能够为培训人员提供一种实地的、及时的操作引导，就像是有一位资深的指导教师陪伴在身边一样。在机械、建筑等需要实际操作的领域，往往以动作指引类产品居多。

哥伦比亚大学计算机图形与用户界面实验室于 2011 年开展了维修与保障增强现实（Augmented Reality for Maintenance and Repair，ARMAR）项目，来探究使用 AR 技术对设备进行维修。该系统可以作为维修模拟与培训工具。维修人员戴上数据眼镜后，能够根据数据眼镜追踪到的数据内容（如子组件标签、引导保养步骤、实时诊断数据和安全警告）完成对设备的维修工作。该原型系统融合了最新的运动跟踪技术、移动计算、无线网络、3D 建模和人机交互技术，在提高工作效率、准确率和保障维修人员的安全性方面具有一定的积极作用。

（4）教育游戏。AR 教育游戏通过虚拟游戏与现实世界的结合，使游戏者沉浸在一个接近现实的环境中体验现实中所体验不到的情境。教育游戏兼具游戏的娱乐性与教育的引导性两大特性，寓教于乐，使游戏者在轻松的娱乐过程中学到知识。

由美国 Mitchlehan Media LLC 公司开发的用于辅助少儿学习字母的教育游戏 Flashcards-Animal Alphabet，荣获 2013 年最佳移动 App 称号。当孩子们用摄像头对准打印的 Flashcard 时，漂亮的 3D 动物便会在屏幕上弹出，点击动物图标将能听到动物的英文发音。该应用采用单点触屏交互技术，通过声音和 3D 模型的结合，极大地吸引了孩子们的注意力并激发了他们的学习兴趣。此外，大连新锐天地传媒有限公司于 2013 年也开发了能够进行多点触屏的 AR School 之神奇语言卡。PBS Kids 公司的 Cyberchase Shape Quest 应用于 2014 年研发完成，是一款基于 AR 技术的 3D 拼图游戏，用于培养儿童的空间推理和问题解决能力。孩子们将平板电脑的摄像头对准打印好的标记，现实世界便与游戏中的数字内容结合起来，孩子们通过旋转、移动 3D 模型为动物们拼好回家的路。孩子们不仅可以坐下来玩这款游戏，还可以移动身体参与游戏。同年 6 月，该公司推出了“Fetch! Lunch Rush”移动教育游戏 App。该款游戏能够寓教于乐地教儿童练习算术结果为一至十的运算问题。这款游戏允许孩子们将标记贴在任何地方，利用大脑和身体来参与游戏，故解放了学习空间。针对运算结果，这款游戏还设有语音提示。

2015 年，华东师范大学的陈向东和曹杨璐设计开发了名为“快乐寻宝”的户外移动 AR 教育游戏。该游戏基于位置和图像的跟踪定位技术，让多名玩家通过寻找任务、回答知识、交流与协作，共同完成室外寻宝活动。初步应用该游戏后发现，它能使学生体会一定的临场感和沉浸感，并能顺利完成设定的学习任务。

（5）工具类。语言翻译器和计算器是我们日常生活、学习中常用的工具。目前，已经有公司开发出了基于 AR 技术的语言翻译器和计算器。使用者不再需要进行手动输入，而只需将设备的摄像头定位在需要解决的问题上，结果便会在设备显示屏中显示出来。

2013 年，Quest Visual 公司开发了一款部分免费的、基于光学字符识别技术的 AR 实时翻译软件——Word Lens。目前，免费版的 Word Lens 仅支持英语与俄语、葡萄牙语、意大利语、法语、西班牙语、德语的互译。当用户需要翻译时，只需启动应用程序，将摄像头对准需要翻译的内容，翻译结果便会自动叠加到真实情境中。这一过程中，除了语言发生变化，摄像头所对准的场景并不发生变化。因此，当用户出国旅游却又不懂当地语言时，这款软件便是一个很好的助手。

2014 年，MicroBLINK 公司开发了世界上第一款免费的照相式计算器——PhotoMath。当用户启动应用程序后，智能手机自动进入拍照模式，用户将摄像头对准需要解决的数学试题，运算结果便会在手机上实时显示出来，并能够提供较为详细的解题步骤。稍显不足的是，PhotoMath 目前的版本还不能支持手写体的数学试题，只能支持印刷体的算术运算、简单的方程、线性方程组和数的运算。

2. AR 教育应用产品的新特点

（1）以图像识别为主要跟踪定位技术。跟踪定位技术是 AR 的关键技术之一。从跟踪定位技术的角度出发，AR 系统可以分为基于位置型（Location-based）系统与基于图像型（Image-based）系统两种。其中，基于位置型系统通常利用 GPS 与 Wi-Fi，并依赖使用者的位置信息向使用者提供服务，如“快乐寻宝”就采用了该技术。基于图像型系统又可分为基于标记型系统和无标记型系统。基于标记型系统要通过人工标记定位真实对象，如有趣的 3D 立体书、“Fetch! Lunch Rush”与 PhotoMath 等；无标记型系统则依赖环境中真实对象的自然特征。从对所收集的 AR 教育应用产品的分析情况来看，目前比较流行的是基于图像型系统，因为它使得跟踪定位的对象具有实际意义，而不再是抽象的无意义符号，所以更契合教育的应用需求。

（2）功能多样化。过去 AR 教育应用提供的功能主要有 3D 立体显示（AR 阅读和教学演示）、动作指引、教育游戏等，近期在教育领域出现了工具类应用产品。如 Word Lens 和 PhotoMath，类似这样的工具类软件是对过去翻译器和电子计算器的改进，使人们的生活和学习变得更加便捷。基于 AR 技术的产品在功能上越来越多样化，而且在教育领域也会有更加广阔的发展空间。

（3）平台移动化、小型化。在运行平台方面，AR 技术从成本高昂的桌面计算机或工作站逐渐转向成本较低的移动平台；而在显示设备方面，AR 技术从头盔显示器、立体眼镜逐渐向平板电脑或智能手机等移动终端转变，如 AR Flashcards-Animal Alphabet、PhotoMath、奥迪 AR 使用说明书等都是在移动终端运行的 AR 应用程序。当 AR 技术与移动设备相结合时，AR 的作用被进一步扩展，用户可以逐渐摆脱设备对使用环境的限制，能够走向室外体验 AR 所带来的乐趣。

（4）触屏交互技术。过去 AR 系统的人机交互技术通常以键盘和鼠标为主要交互工具，而目前较为流行的人机交互技术是触屏交互技术。触屏交互技术将数据的输入和输出融为一体，采用该技术的人机交互界面更加简单和友好。触屏交互技术包括单触屏交互技术和多触屏交互技术。单触屏交互技术是指屏幕在同一时间只能对单个点的触摸做出响应，如 AR Flashcards-Animal Alphabet 和“Fetch! Lunch Rush”等应用的单点触屏交互方式；多触屏交互技术是指屏幕能同时对多个点的触摸做出响应，如“AR School 之神奇语言卡”中使用双手指对虚拟图像进行缩放。多触屏交互是比鼠标操作更自然且更接近人类行为习惯的一种操作方式，它以其更具人性化的特点成为一种人机交互的主要操作方式。

（5）可达性与普及度提高。在 AR 技术发展初期，由于 AR 系统的开发成本高、设备笨重、体积庞大，通常只有实力雄厚的科研机构或公司才能接触到 AR 系统。而今，AR 应用程序已经进入普通百姓的生活，这主要得益于智能手机和 AR 相关技术的发展。目前，大多数智能手机都配置有内置摄像头、GPS 定位器、传感器和高速网络接入设备，这使得智能手机具备了运行 AR 系统所需要的硬件设备；同时，由于智能手机在计算能力、存储能力方面的不断提高，使其也具备了运行 AR 系统的相应技术条件，故基于智能手机的 AR 移动 App 也越来越多。智能手机的高普及度及其在硬件、软件和技术条件都能满足 AR 技术的情况下，人们接触 AR 技术变得越来越容易。

三、MR 简介

（一）MR 的概念

融合现实（Merged Reality，MR）技术是在虚拟世界与现实世界之间建立的一种交互关系，即形成虚拟和现实互动的混合世界，彻底改变以往 VR 完全由虚拟场景构成、不够真实的传统体验。英特尔公司的 CEO Brian Krzanich 阐释了 MR 的意义：这是借助一整套下一代传感和数字化技术，体验物理和虚拟环境交互的一种全新方式。MR 将以极具活力且自然的方式提供虚拟世界的体验，并让真实世界中无法实现的体验成为现实。

（二）MR 的优势

VR 不仅需要一个有线头盔连接计算机，还需要借助外部空间的传感器确定空间范围，许多复杂的控制装置、大量传感器和摄像头及手动控制器，让当前的虚拟现实变得不再那么虚拟。也正是这些特点让 VR 难以走向大众。MR Alloy 头戴式设备的优势如下。

（1）硬件要求大大降低：MR Alloy 头戴式设备主要服务于计算机，但对于硬件的要求大大降低。

（2）自由操作：摆脱连接 VR 头盔和计算机的繁杂线缆。MR Alloy 头戴式设备所具备的计算能力，能让用户无拘无束地体验 VR，这意味着用户可以切断 VR 设备的线缆，在更大空间范围内实现六个自由角度的任意移动。结合碰撞检测和避碰分析，用户能够通过身体移动来探索虚拟空间。

（3）沉浸式体验：通过 MR Alloy 头戴式设备，用户可以看见自己的手，甚至是面前的墙。借助英特尔实感技术，用户不仅可以看到真实世界中的这些元素，还可以用手与虚拟世界的元素进行互动。

（4）无外部传感器：与 MR Alloy 头戴式设备连接的实感摄像头，无须依赖房间内的任何外部传感器或摄像头。

（5）助力开发者创新：MR Alloy 头戴式设备是一个集中体现和展示英特尔的传感和计算技术（如英特尔实感技术）如何帮助开发者、创客和发明者进行沉浸式体验的实例。

MR 将真实世界带入数字世界，并利用强大的计算能力重塑数字世界。对于 VR 和 AR 而言，MR 是一项足以改变游戏规则的技术。

第三节　人工智能

一、人工智能概述

（一）产生背景

人工智能的出现及迅速发展深刻改变着人类社会。同时，高速发展的新技术也引起了世界各国的高度重视。美国于 2016 年发布了《为人工智能的未来做好准备》和《国家人工智能研发战略规划》，为人工智能未来的发展方向提供了参考。我国政府在 2017 年发布了《新一代人工智能发展规划》。2018 年国务院《政府工作报告》中强调，加强新一代人工智能研发与应用。人工智能与教育的融合，也为教育领域注入了新鲜血液。我国 2018 年出台的《教育信息化 2.0 行动计划》中强调，要构建数字化、智能化、个性化的教育体系。2020 年 1 月，世界经济论坛发布了《未来学校：为第四次工业革命定义新的教育模式》报告，报告强调了个性化学习、自主学习的重要性。以上文件及政策充分预示着个性化学习已经成为各国发展教育关注的重点。而智适应学习系统的出现，有望在人工智能的支持下弥补传统教学模式中忽视学生个性化学习的弊端，使得因材施教的教育理念成为现实。

（二）概念

人工智能是计算机科学的一个分支，是一门研究运用计算机模拟和延伸人脑功能的综合性学科。其定义如下：一个计算机系统具有人类知识和行为，并具有通过学习、推断、判断来解决问题、记忆知识和了解人类自然语言的能力。人工智能的产生过程为：将人类因问题和事物所引起的刺激与反应，以及因此所引发的推理、解决问题、学习、判断及思考决策等过程分解成一些基本步骤，再通过程序设计将它们模组化或公式化，使得计算机能够有一个结构化的方案来设计或应付更复杂的问题。这套能够应付问题的软件系统，被称为人工智能系统。

人工智能的两个核心是“人工”和“智能”。由于人工智能的研究范围包括自然语言处理、机器人学和知识系统三大领域，有些学者就把这三大领域的研究统称为人工智能。这样的定义显然是不够确切的。较为确切的陈述应为：设计和开发出各种计算机程序来模拟人的思维结构、推理过程和求解问题的行为，因而智能应该包括信息和知识的处理、符号处理、问题求解等。从这一点来看，人工智能也可被说成是一种具有广泛处理信息能力和演示信息能力的结合体。

（三）未来发展方向

计算机人工智能作为一项综合性技术，发展潜能很大。从技术发展情况来看，在未来，人工智能将会朝着模糊处理、并行化及神经网络等方向发展。首先，自动推理作为最关键的研究方向，其理论基础是计算机与人工智能两项技术的结合，主要是针对系统动态特点而进行的可行性推理。其次，智能接口主要是为实现人与计算机之间的交流而创造的应用，为人们工作、生活等方面提供了极大的支持。基于此，如何更好地完善智能接口成为研究的重点课题。最后，数据挖掘作为最受瞩目的课题，主要是研究如何在数据库基础之上运行知识发现系统，并运用合理方法，从数据中得到知识，进而找到客观世界的内在联系及规律，实现自动获取知识的目标。因此，计算机人工智能将会为人类社会的发展带来更多惊喜。

二、人工智能在教育中的应用

人工智能在教育中的应用主要集中在两个领域：智能教学代理（Agent）和机器人教育。

（一）智能教学代理

智能教学代理并不是一个新概念。1977 年，Hewitt 提出了演员（自包容的、交互的、并发执行的对象）的概念，是 Agent 的雏形。经过二十几年的发展，Agent 逐步成为人工智能及其他计算机领域的一个重要研究课题。目前，Agent 技术的研究领域非常广泛，涉及 Mobile Code（移动代码）、Intelligent Routers（智能路由器）、Web Search Tools（网络搜索工具）、Robots（机器人）、Interface（接口技术）等计算机科学的各个领域。

Agent 是一个具有自治功能的实体，这个实体是一个由软件支持的系统。这种软件能够在目标的驱动下采取社会交往、学习等行为，对环境的变化做出反应，完成特定任务。国内有学者把 Agent 译成由多种智能品质构成的有机整体——智能体，比较好地表达了 Agent 所包含的内容。

Agent 的特点主要包括：自主性、反应性、协作性、开放性、通信性和移动性等。

1. 自主性

自主性是 Agent 的根本特性。Agent 在被初始化以后，不需要用户干预，就可以自主地做出某种决定。

2. 反应性

反应性是指 Agent 能感知其所在的环境，对环境（可能是用户、程序、其他 Agent 或以上的组合）的改变做出及时的反应。

3. 协作性

Agent 具有相互协作的能力，这是 MAS（Mobile Agent Server）系统顺利工作的关键。Agent 应该具有通过协商解决冲突的能力。

4. 开放性

Agent 是一个开放的系统。随着与环境和用户之间的交互，Agent 能够主动适应环境，扩充自身的知识。

5. 通信性

Agent 之间能够进行信息交换。通信保证了 Agent 之间的相互交流，又不影响 Agent 的独立性，有助于提高 Agent 的内聚力。既在 MAS 系统中，Agent 的通信性是相互协作的基础。

6. 移动性

从严格意义上来说，移动性只是 Agent 的一部分特性。所谓移动性，是指 Agent 可以在任何状态下（包括在运行过程中）从一个节点移到一个新的节点上，并维持原有的运行状态。Agent 把代码和数据封装在一个线程中。

针对 Agent 的以上特点，将 Agent 应用于远程教育，能有效克服现阶段远程教育系统的局限和不足。使用 Agent 可以增加教学内容的趣味性和个性化色彩，改善教学效果，提高教学质量；利用 Agent 管理学生信息，能动态地跟踪学生的学习行为，为建立学生模型提供更加可靠的依据；Agent 的社会性能满足协同学习的需要，可以把每个学生看成一个 Agent，学生之间通过 Agent 的协同机制完成协同学习。也可以把教师理解成一个 Agent，可以和学生交流信息，随时掌握学生的学习状态。利用 Agent 思想分析远程教育系统的总体需求，设计解决方案，可以充分体现教学的智能性和主动性。尤其在现在流行的 Web 技术基础上嵌入人工智能技术和 Agent 技术，在教学效果、教学模式和系统性能上必将大大优于传统教学系统，从而对教学改革和素质教育的实施起到积极的推动作用。

（二）机器人教育

1. 机器人教育的概念

目前，国内有关机器人教育的定义包括广义和狭义两种。

提出广义定义的研究者以湖南师范大学彭绍东教授为代表，他认为机器人教育就是学习、利用机器人优化教育效果及师生劳动方式的理论与实践。当前，国内外的机器人教育多采用机器人学科教学和机器人辅助教学两种教学方式。机器人学科教学，即学习机器人这门学科的知识与技能，将机器人作为学习的对象开展的教学；机器人辅助教学，即以机器人作为教学辅助工具的教学。

提出狭义定义的研究者主要以郭善渡老师为代表，他认为机器人教育多指机器人学科教学，是在进行机器人相关实践、完成机器人相关项目的过程中学习机器人相关知识与技能的教学活动。本书中的机器人教育是指对机器人学科知识及技能的掌握与理解，通过对机器人教学活动模型的设计与应用来达到优化机器人教育教学的目的。

2. 机器人教育研究过程中需要注意的问题

对机器人教育这个定义进行理解时应注意以下几个问题。

（1）机器人教育有理论和实践两大领域。理论方面：机器人教育有自身的理论基础与基本理论，能形成相对独立的学科理论体系与方法体系。

实践方面：机器人教育是指以机器人为主要教学工具而开展的教与学活动，这些活动是在具体实践过程中逐步完成的。

（2）开展机器人教育有两大目的。一个目的是优化教与学的效果，另一个目的是优化教师与学生的劳动方式。前者强调以较少的教育投入（包括人力、物力、财力、时间等）取得较大的教育成果（主要指学生的知识获得、技能形成、情感培养等）；后者是指采用机器人这种教与学的劳动工具，改善教学方式与方法，减轻师生的劳动强度，缩短劳动时间，提高劳动效率。

（3）机器人教育强调人工智能的应用，是信息技术教育的新发展。人工智能是信息技术发展的一次重大飞跃，信息技术教育未来必然向机器人教育转移。

（4）机器人教育的普及将引起人类教育的重大变革，主要表现在机器人教育有助于构建新的教育体系，改革教育思想、方法、课程、教材与评价体系，提高教育质量。

三、人工智能在现代远程教育领域的应用前景

（一）教育管理——引入智能决策

近七十年来，我国的教育决策可分为三个阶段：以政治为主导的经验决策阶段（1949—1976年）；从经验决策向科学决策转移的阶段（1977—1984 年）；在科学研究基础之上进行决策的阶段（1985 年至今）。要保证教育决策的民主性和科学性，就必须建立一个完善、有效的决策机制，其中包括专家、学者及社会各界代表的广泛参与和支持。在实施现代远程教育时，由于对技术与设备、教育者本身的素质和知识结构的要求都很高，加之对某些教育信息的采集和统计较传统，使得教育难度加大。因此，运用智能决策支持系统（Intelligent Decision Support System，IDSS）对远程教育的规划、布局、结构及资源建设和模式选择做出决策就显得尤为重要。IDSS 于 20 世纪 80 年代初被提出，是决策支持系统（DSS）与人工智能相结合的产物。IDSS 的基本构件为数据库、模型库、方法库、人机接口及智能部件，由这些基本构件可组成四库结构和融合结构两种系统结构。目前，IDSS 已成为 DSS 的发展方向，并显现出强大的发展潜力，可以预见，其在远程教育领域的应用前景十分广阔。

（二）教学过程——辅助专家系统

在现代远程教学过程中，传统意义上的 CAI 系统正向智能教学专家系统过渡。传统 CAI 系统类似于一种多媒体读物，而智能教学专家系统则可以提供一种智能授课环境，其利用计算机来模拟专家教授的教学过程，使用人工智能技术和多媒体等先进的教学手段形成开放式的交互教学系统。在智能授课环境下，学生可主动向系统索取知识，系统可根据学生的知识、能力

和学习方法进行因材施教，从而达到最佳的教学效果，真正实现无人化、个别化、自适应教学的目的。众多文献中介绍的智能计算机辅助教学（Intelligent Computer-Assisted Instruction，ICAI），其实质当归属智能教学专家系统。它是以认知科学和思维科学为理论基础，综合人工智能技术、教育心理学等多门学科知识对学生实施有效教育的一门新的教育技术。ICAI 的作用在于通过研究人类学习思维的特征和过程，寻求学习认知的模式，使学生进行个性化自适应学习，从而学得更快，更有效。

目前，ICAI 在教学中的应用已有诸多实例，对 ICAI 模型的研究及各种 ICAI 软件的开发也不断推陈出新，ICAI 已成为教学过程智能化的有力的技术支持。

（三）支持服务——借助智能导学

支持服务是现代远程教育系统的重要构成要素。建立和维持一个高效、灵活、强有力的支持服务子系统是有效地开发、管理和实施远程教育项目的保证，关系到现代远程教育的发展和生存。支持服务旨在创造一个优良的学习环境，使学生方便快捷地调用各种资源，接受关于学习的全方位服务，以获得学习的成功。但当前远程教育中的学习支持服务并不尽如人意，导学和答疑的手段都还十分落后，服务方式也受到诸多限制，缺乏自主性、针对性和策略性。欲改变支持服务的现状，提高支持服务的质量，有效途径之一就是引进人工智能，实现支持服务的智能化。

（四）硬件提升——构筑智能网络

智能网络是 20 世纪 80 年代初兴起的新型研究课题。这里“智能”的含义主要包括操作智能化和服务智能化两方面。操作智能化指网络系统运行、维护和管理方面的智能化，服务智能化则指网络系统对用户提供某种领域的知识信息处理或辅助决策。

计算机网络是实施远程教育的硬件基础，随着人类社会的高度信息化及网络的普及，通过网络进行远程学习不仅要求多媒体有综合化的信息处理能力，而且要求网络能够提供高级信息处理能力，即关于知识的处理能力。就目前的状况而言，对现有的远程教育网络赋予一定的“智能”，从硬件性能本身加以提升是一种有远见的选择。当然，所谓“智能化”并没有明确的标准，对现有网络进行智能化开发的方案有多种，程度可深可浅，如对网络的体系结构进行智能开发或引入专家系统等。

（五）成绩考核——实施智能组卷

长期以来，如何实现远程教育中考试的开放性，如何保证考试的客观公正性、科学性、权威性和适时性，一直是困扰远程教育工作者的难题。无纸化考试技术的发展给这一难题的解决带来了新的思路。广义的无纸化考试，包括采用计算机建立和管理题库、选题组卷、考试和评价等多个环节。这一技术的开发极大地推进了教学质量检测手段的现代化，对现代远程教育的发展具有不可估量的意义，其不仅是从形式上对传统的纸笔化测验进行革命，而且是对考试内涵和评价标准的重大创新。最近许多研究成果表明，运用人工智能技术来提高无纸化考试系统的性能已成为新一轮的研究热点，而其中对组卷策略赋予智能的探讨更为许多学者所关注。智能组卷不仅成本低、效率高、保密性强、连续组卷时一致性好，而且，即便在限制条件较多的情况下，仍可根据给定的组卷原则自动生成令人满意的试卷。同时，由于题库的试题可大范围征集和筛选，可以集中和共享优秀教师的劳动成果，所以试卷质量能得到保证，这就为在远程教育中真正实现教考分离和学分制管理、展示远程教育的开放性特质、降低办学成本、扩大办学规模奠定了良好的基础。在考试和评分环节如何引入人工智能技术以求提高效率和效益，促使其向标准化和现代化发展必将成为未来的研究方向。

（六）信息检索——打造智能引擎

在远程学习中，学生需要通过网络查找信息资源，因此，如何提供信息检索的优质服务是远程支持服务的重要内容之一。

智能检索的核心是智能引擎。现有的搜索引擎均是服务器端软件，不具有智能性，检索的准确性也不高。检索时，需按照引擎所要求的格式输入查询串。如果将搜索引擎移至客户端，并使其自行分析用户的兴趣，使其具备一定的智能，它就能自主地在网上收集用户感兴趣的信息。搜索引擎是导航系统的重要组成部分。如果说智能引擎的开发让学生享受的网上检索的服务提高了一个档次，那么，智能导航系统的出现就说明了这种服务从被动到主动的转换。结合网络 CAI、智能 CAI 及多 Agent 协作，可以实现真正意义上的远程教育。网络 CAI 为远程教育的实现提供了可能，智能 CAI 又使得教育具备了互动、非盲目、高效的特点。而 Agent 与 ICAI 相比，能在智能化方面发挥更灵活、更多样化的作用，它的多 Agent 协作特性，不仅可以作为教师代理，为学生学习提供指导，还可以作为学生代理，辅助学生学习，甚至成为学生学习、交流、协作过程中多方面的代理。因此，具有多种优势的远程教育有着广阔的发展前景。

四、基于智适应的个性化学习模式应用案例

（一）智适应个性化学习分析

1. 个性化学习

个性化学习的思想可以追溯到春秋时期孔子的“有教无类”“因材施教”，以及古希腊苏格拉底的“助产术”教学法。随着最近发展区理论、多元智能理论的出现，以及《基础教育课程改革纲要（试行 2011）》文件的发布，个性化学习逐渐成为教育领域研究的热点。个性化学习的概念与内涵主要分为以下两个方向。

（1）注重学习的方式方法。例如，杨南昌教授等提出个性化学习是根据学生的个性特征实施的学习活动，是根据学生个人所需提供最佳的学习方法和策略，是在教师或学生组成的小团体中开展的一种学习方式。

（2）注重学生、兴趣和合适的学习范式。Chanmin Kim 等提出，个性化学习指的是由学生自身学习风格、步调和需求所决定的一种独特的学习方式。郑云翔副教授提出，信息环境下的个性化学习是在个体兴趣、需要、认知水平等个性特征的驱使下，利用多媒体网络、虚拟现实、人工智能等技术开展学习活动，以促进自身个性发展。杨进中博士等认为，个性化学习是以学生为中心的，学生根据自己的学习风格、个性特征、动机和需求进行自主学习。

综上所述，个性化学习是指以学生为中心，以尊重学生的差异、兴趣、风格、喜好、认知水平等个体特征为基础，充分调动和组合环境中的要素，最大限度地提供充分的条件，完成有意义的学习，主动交流与互动，从而更好地促成个体自主建构，促进个体发展。

总结分析我国关于个性化学习已有的研究可以发现，个性化学习的相关理论催生了新的教

学模式，但在促进课程教学改革与教学实践的应用中还有待进一步研究。在人工智能等技术的支持下，自适应个性化学习能够实现从集体化教学向针对学生认知水平、注重学生个性化培养的方向转变，为未来人工智能支持下的个性化学习提供新的参考。

2. 个性化学习模式

目前，国内外对个性化学习的研究日益广泛，对个性化学习模式的探索也在不断深入。模式，即模型、样式，是指对反复出现的事物进行规律总结，并依此得到高度抽象概括的问题解决方法。对于“模式”一词，何克抗教授认为，它是一种具有某种理论倾向的、对现实进行再现的简约化的形式。国外学者乔伊斯等指出，“学习模式实际上代表的是一种环境，既可以被认为教的模式，又可以被认为学的模式，在实际的课堂中，最重要的是建立一种学习的环境”；我国学者钟志贤认为，“学习模式是在某种支撑和理念引导下，为达到某个目标而设计的相对稳定的程序”。结合个性化学习的概念及特征，本书将个性化学习模式定义为：为满足学生个别化、差异化的学习需求所设计或提供的个性化学习服务，以及以达到满足学生个性化学习为目的的一切教学形式或学习活动。在这一过程中，个性化学习主要包括学习资源个性化、学习路径个性化、学习目标个性化及学习评价个性化四个方面。

3. 智适应个性化学习

现阶段，教育发展的痛点之一是传统的教学模式忽略学生个性化发展。在大数据、云计算等技术的支持下，自适应学习为解决以上问题提供了新思路。自适应学习是学习系统根据学生的个人信息和行为数据等进行分析，然后将符合学生知识水平及认知特点的学习内容推送给学生，从而为学生提供智能化的服务和个性化的学习体验。自适应学习系统以满足学生的学习需求为主要目标，通过与学生之间的交互来对学生的学习行为产生动态影响，为学生提供学习帮助与支持。但是自适应学习的智能化程度比较低，无法精准诊断学生知识点的掌握情况，在学习资源推送及学习路径规划等方面也无法全面满足学生的学习需求。因此，在自适应学习的基础上，人工智能支持下的智适应学习应运而生。智适应学习能够利用人工智能检测学生的认知水平与学习水平，从而智能地为学生推荐最佳的学习内容和学习资源。智适应学习不但可以通过学生相关数据对学生进行分析，为学生提供个性化的学习支持与帮助，而且能够在一定程度上实现对学生学习行为的理解。因此，智适应学习的突出优势是能够实现对学生知识短板的精确识别，并在此基础上为其制定有针对性的学习目标，推送精准的学习资源，最终达到为学生提供智能化、个性化学习体验的目的。

（二）智适应学习基本原理

1. 智适应学习系统

智适应学习系统贯彻因材施教的教育理念，以知识空间理论和贝叶斯定理为理论支撑，为个性化学习提供了新参考。智适应学习系统主要包括六个模块：学生信息系统、学习分析系统、智能化自适应引擎、学生情况跟踪、学习管理系统、学习内容及数据收集系统，具体内容如图 5.3 所示。

2. 人工智能赋能智适应学习

人工智能具有计算智能、感知智能和认知智能，可以模拟人的思维过程和行为与学生进行交互，增强学习体验，诱发学习动机，促进学生认知结构的变化。人工智能为智适应学习提供的支持体现在以下几个方面。

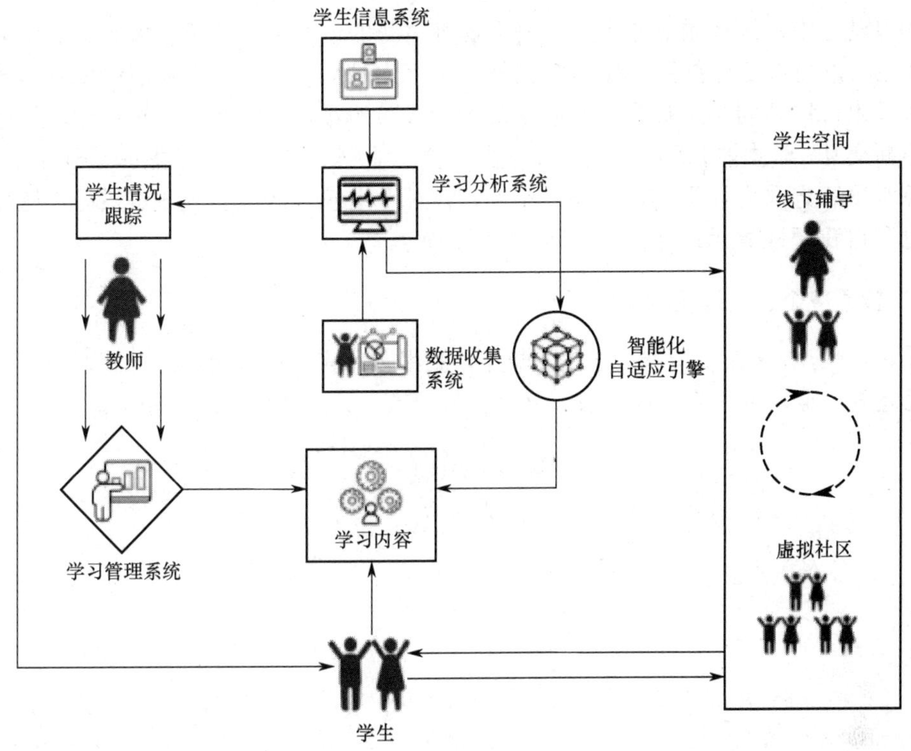

图 5.3　智适应学习系统

（1）人工智能激发学习兴趣与学习动机。学习兴趣影响着学生学习的主动性与专注度，是个性化学习的前提，而人工智能则很好地满足了这一条件。第一，人工智能可以为学生提供有针对性的服务，以此来激发并维持学生的学习兴趣。第二，人工智能的智能搜索技术可以建立数据仓库，通过构建知识图谱为学生提供合适的学习资源。第三，运用人工智能的人机交互、AR 等技术可以将复杂的学习资源以简洁直观的方式呈现给学生，让学生能够顺利、直观地与学习资源进行交互，从而获得良好的学习体验。第四，人工智能的机器学习、深度学习、图像及语音识别等技术可以为学生提供学习指导、问题解答、导航推荐等服务，并在此基础上分析学生的学习方向和学习偏好，从而进一步激发学生的学习兴趣。第五，人工智能的可视化分析及在线算法等技术可以通过建立测评系统来对学生进行全面的、智能化的评价，并针对评价结果实时向学生反馈合理建议，鼓励学生自主学习，提高学生的满意度。

（2）人工智能助力新旧知识融合。新旧知识融合是学生将学习内容内化吸收的保障。在数字化、移动化的学习时代，学生获得的知识内容往往是零散化、碎片化的，这将导致学生所获得的新旧知识之间缺乏系统的连接。新旧知识连接不足则无法顺利实现知识的迁移与应用。人工智能的图像及语音识别、智能感知等技术能够采集、分析学生的学习行为；然后利用信息提取、认知诊断、智能分析等技术准确快速地找到学生的知识短板；而后在此基础上，运用关联分析技术在海量的知识内容中提取合适的学习资源，为学生提供有针对性的链接，帮助学生进行知识互补、完善知识体系，为学生拓宽新旧知识融合的渠道。

（3）人工智能助力思维及元认知能力提升。人机交互、VR、AR 等人工智能技术可以为学生提供可视化、直观化、真实化的学习场景，让学生在切身体验中进行知识的系统构建，在自主学习过程中锻炼逻辑思维能力，进而提升自身的创造力。在信息搜集、知识学习的过程中，学生可以与人工智能形成学习共同体并进行实时交互，人工智能的情感分析技术、表征学习等技术可以帮助学生提升问题解决能力和高阶思维能力。在这个过程中，通过与人工智能的不断交互，学生的认知水平也得以逐步提升。此外，人工智能还能够在判断学习风格、评价学习水平等方面为学生提供服务与帮助，针对学生学习情况实施改进措施，使得学生的自我反思和自我调控等元认知能力与水平得到提升。

（三）智适应个性化学习模式

如图 5.4 所示，在人工智能技术的支持下，利用智适应学习系统实现的智适应个性化学习模式可简述为“定、聚、检、评、攻”五个基本环节。其具体实施过程如下。

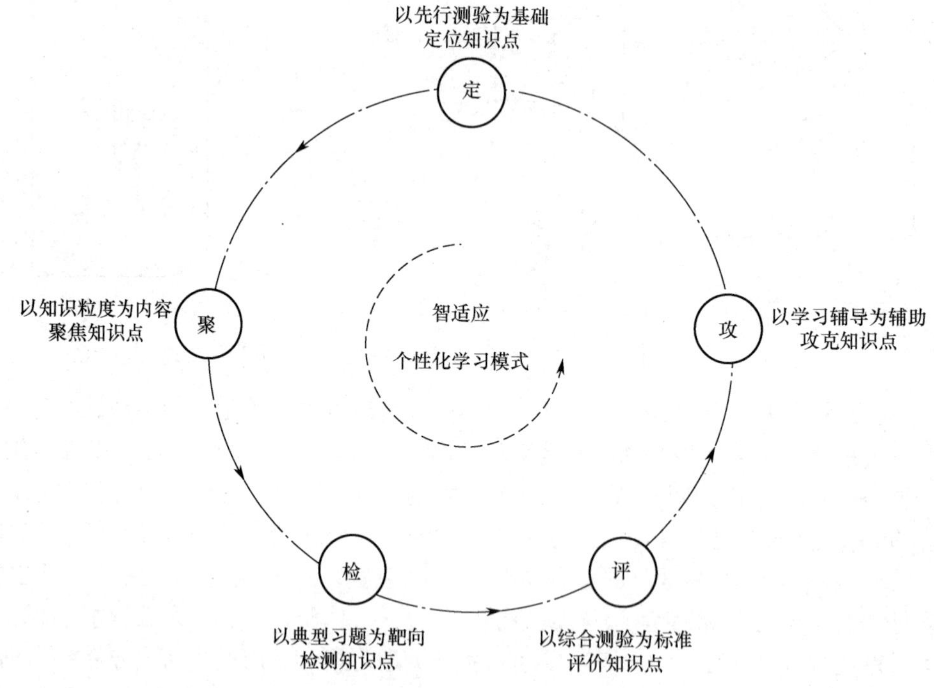

图 5.4　智适应个性化学习模式

1. *以先行测验为基础定位知识点*

先行测验是学生进入智适应学习系统学习的第一个环节。在这个环节中，学生通过一部分习题来检测自己的知识基础和学习水平。先行测验是智适应学习模式的基础及后续智适应学习服务支持的依据，为后续智适应学习系统给学生制定个性化学习路径提供参考。先行测验使得智适应学习系统能初步掌握学生的个人情况，而后系统根据学生的个人情况诊断其知识短板，结合知识点为学生规划与其个人情况相适应的学习路径，以此作为后续为学生规划学习进度、推送学习资源、整合学习内容的参考。

2. *以知识粒度为内容聚焦知识点*

先行测验后，学生进入知识点的学习环节。该环节主要针对学生的知识短板向学生推送有针对性的学习资源。智适应学习系统对学习内容进行拆分，将复杂的学习内容细化为易于理解的知识点。智适应学习系统以知识点作为基本单位，将学习内容整合成一系列包含知识点的视频集合。同时，智适应学习系统能够记录学生在学习过程中的具体行为，根据对学生学习数据的分析，为学生提供具有针对性的服务，以此为个性化学习奠定基础。

3. 以典型习题为靶向检测知识点

习题练习是检测及巩固学习内容的有效方式之一。首先，智适应学习系统为每个知识点设置了习题；其次，根据知识点的重要性将习题分成不同难度层次；最后，对学生的学习情况进行测试。智适应学习系统采用开放式的题目，利用多样化的方式对学生的学习情况进行判断和分析。同时，在学生学习过程中，系统能够对学生的学习行为进行及时、全面的检测，并记录学生学习过程中形成的相关数据。随后，通过对学生在学习过程中所产生数据的分析，能够掌握学生对知识点的把握情况，进而向学生提供实时反馈，为学生提供相应的帮助或再次测试，为个性化学习创造有效的检测机制。

4. 以综合测验为标准评价知识点

综合测验环节是智适应学习系统对学生做出的综合性评价。系统能够根据学生对所学知识点的掌握情况，自动生成检测报告。检测报告关注学生的先行测验结果、知识点学习结果、综合学习结果、巩固测验结果及在线学习绩效，对学生学习情况进行全面、细致的综合考察，并最终生成一份综合性报告。综合性报告能给教师和学生提供相应的参考，使教师和学生根据测试结果对相应的教学过程或学习过程做出适当的改进与调整。

5. 以学习辅导为辅助攻克知识点

学习辅导是智适应学习系统与教师教学的深度融合，包括线上教师讲授和线下教师辅导两种形式。教师通过在线讲授、交流及互动等方式帮助学生完成知识建构，同时也能在一定程度上弥补学生在线自主学习过程中产生的孤独感、挫败感，帮助学生解决学习困惑、学习兴趣下降等问题。教师以智适应学习系统中学生各个学习阶段的学习分析数据作为参考，针对学生的实际学习情况进行讲解、答疑、解惑，满足学生的个性化需求。而线下辅导则是在容纳智适应学习系统、学生、辅导教师的智慧学习空间内进行，帮助学生全面攻克学习内容中的各个知识点。线上线下的教学联动为学生提供了精准、丰富、高效的学习体验，也为个性化学习提供了有力保障。

（四）智适应个性化学习模式应用案例分析

1. 智适应个性化学习模式应用案例简介

本研究以一组八年级的学生为研究对象，以人工智能支持下的智适应学习系统为依托，将智适应个性化学习模式应用于人教版八年级物理《机械效率》这节课并对其进行案例分析。该组学生已经在学校学习过有关《机械效率》的知识，在关于《机械效率》知识点的检测中得分范围是六十至七十分，在班级的排名中处于中等水平。通过访谈得知，该组学生在课堂上认真听讲，对于课程的学习能够做到认真勤奋，课下认真完成课后作业，学生认为自己已经掌握了课堂上教师所讲授的知识点，但是在检测中成绩却不尽如人意。针对以上情况，组织该组学生在智适应学习系统中进行个性化学习。

2. 智适应个性化学习基本过程

（1）学生信息完善与知识点前测。在正式进入智适应学习系统进行学习之前，学生需要填写并上传个人有关信息，并完成关于本节知识点的先行测试。智适应学习系统中已经预设了有关机械效率的纳米级知识点，如功和功率的定义、功的原理、机械效率的定义、表达式与公式推导、功率与机械效率的辨析等。智适应学习系统根据学生的答题情况自动生成先行测试报告。先行测试报告的结果表明，该组学生在功的原理、机械效率的定义及表达式方面存在知识点薄弱的情况。

（2）学习资源推送与学习过程开展。智适应学习系统根据先行测试的结果，对学生的学习情况进行分析。首先，系统针对每个学生的学习情况给学生提供针对其知识短板的学习资源，如视频、图片、文本等。在《机械效率》知识点的学习中，系统为学生推送了机械效率定义、表达式的讲解视频及对应的知识点总结，学生在观看视频及文本等资源后，进入机械效率相关知识点的练习。其次，学生通过对知识的学习，巩固了未掌握的知识点。最后，进入机械效率和功率概念辨析部分的学习，此部分是本节内容的重点。在整个学习过程中，智适应学习系统会根据学生对各部分知识点的掌握情况实时、及时地进行调整，以确保为学生提供适合的、有针对性的学习内容与学习服务。在学生学习完所有知识点后，智适应学习系统会生成一份学习报告，学生可以通过报告初步了解自己的学习情况。

（3）知识点难度分层与靶向练习。在对学生掌握薄弱的知识点精准定位后，智适应学习系统将继续辅助学生进行薄弱知识点的学习。系统将知识点按照逻辑顺序及难度层次进行分层处理，将《机械效率》这节学习内容的所有知识点按照从易到难的规律为学生规划学习路径。同时，智适应学习系统为学生提供了有针对性的练习题，以学生此前的薄弱知识点及新学内容中掌握得不熟练的知识点为靶向，通过对学生答题情况的监测及时调整习题分布层次和难度水平，直至学生完全掌握本节内容的知识点。

（4）综合性测验与学习效果评价。综合性测验是智适应学习系统对学生进行的关于本节知识掌握情况的检测，并在此基础上实现对《机械效率》有关知识点的综合学习评价。智适应学习系统为学生提供了一套体系较为完整的测试题，包括学生此前掌握薄弱的知识点和学生通过学习系统推送的学习资源新掌握的知识点。智适应学习系统在学生完成综合性测验后会生成一份综合学习报告，报告内容包括学生答题整体用时、实测已掌握知识点与实测未掌握知识点分布情况等。综合学习报告能作为学生学习效果评价的依据，为教师线下辅导学生提供参考。

（5）知识点漏洞攻克与学习辅导。在智适应个性化学习模式中，教师仍然具有十分重要的作用。教师针对学生在智适应学习系统中各个环节的知识点学习报告及综合学习报告进行分析，找到学生学习过程中的知识短板。此外，教师与学生的互动不但能让教师了解学生对学习内容的掌握情况，而且能在学生的学习过程中及时发现他们的情感波动和心理变化等。通过师生间的互动及教师对学生的指导，学生在学习过程中产生的疑惑及利用智适应学习系统学习时产生的孤独感等问题都得以解决。

（五）智适应个性化学习模式案例应用效果分析

1. 学生知识点掌握程度显著提升

通过利用智适应学习系统进行学习，该组学生对《机械效率》知识点的掌握程度、理解程度及应用能力得到显著提高，其综合测试中的最终成绩与进入系统学习前的先行测验成绩相比有显著提高，选择题、应用题的正确率分别由开始的百分之五十、百分之四十提升到百分之九十、百分之八十，综合测试成绩均在八十五分以上。

2. 学生学习效率迅速提高

智适应学习系统推送的学习资源与讲解视频都针对学生的知识短板进行，与传统学习模式中学生反复刷题练习相比，学习效率大大提高。该组学生表示，利用智适应学习系统进行学习最大的感受是，学习过程都是针对自身未熟练掌握的知识点开展的，有针对性地学习能够节约学习时间，提高学习效率。

3. 学生学习兴趣明显增强

在利用智适应学习系统进行学习的过程中，学生表现出了浓厚的学习兴趣。学生表示，系统提供的类型丰富的学习资源及先行测试、巩固测试、综合测试等各个学习环节的不同测评，都为自己的学习提供了个性化、多样性的学习体验。同时，与其他学生及辅导教师的沟通也弥补了独自学习时的孤独感与困惑感，进一步促进了对于知识内容的理解。

参 考 文 献

[1] 钟志贤，汪维富．Web 2.0 学习文化与信息素养 2.0[J]．远程教育杂志，2010(4).

[2] 李艺，钟柏昌．谈“核心素养”[J]．教育研究，2015(9)：11-23.

[3] 姜强，赵蔚，王朋娇，等．基于大数据的个性化自适应在线学习分析模型及实现[J]．中国电化教育，2015(1)：85-92.

[4] 张华．论核心素养的内涵[J]．全球教育展望，2016(4)：10-24.

[5] 蔡骐．媒介化社会的来临与媒介素养教育的三个维度[J]．现代传播（中国传媒大学学报），2008(6)：106-108.

[6] 李青，王涛．学习分析技术研究与应用现状述评[J]．中国电化教育，2012(8)：129-133.

[7] 陈义勤．成人学生移动学习现状调查与研究[J]．中国远程教育，2013(10)：47-52.

[8] 杨现民，余胜泉．泛在学习环境下的学习资源信息模型构建[J]．中国电化教育，2010(9)：72-78.

[9] 祝智庭，贺斌．智慧教育的体系技术解构与融合路径研究[J]．电化教育研究，2012(12)：5-13.

[10] 王朋娇，李娜，刘雅文，等．传播学视野下 MOOC 在中国传播影响因素分析及对策研究[J]．现代远距离教育，2017(1)：20-28.DOI：10.13927/j.cnki.yuan.2017.0003.

[11] 王文礼．MOOCs 发展及其对高等教育的影响[J]．教学研究，2013(2)：56-57.

[12] 汪琼．MOOCs 改变传统教学[J]．中国教育信息化，2013(19)：26-28.

[13] 胡铁生，黄明燕，李民．我国微课发展的三个阶段及其启示[J]．远程教育杂志，2013(4)：36-42.

[14] 焦建利．微课与翻转课堂中的学习活动设计[J]．中国教育信息化，2014(24)：4-6.

[15] 赵艳波．慕课时代我国基础教育的应对策略[J]．教学与管理，2014(30)：28-30.

[16] 王朋娇，崔璨，姜爽．引领式 SPOC 教学模式构建及在开放大学中的应用研究[J]．中国电化教育，2018(9)：123-131.

[17] 贺斌，曹阳．SPOC：基于 MOOC 的教学流程创新[J]．中国电化教育，2015(3)：22-29.

[18] 祝智庭，刘名卓．“后 MOOC”时期的在线学习新样式[J]．开放教育研究，2014(6)：36-42.

[19] 陈然，杨成．SPOC 混合学习模式设计研究[J]．中国远程教育，2015(5)：42-47.

[20] 姜强，赵蔚，李松，等．个性化自适应学习研究——大数据时代数字化学习的新常态[J]．中国电化教育，2016(2)：25-32.

[21] 阳嵘莎，杨改学，田健．教育游戏期刊论文内容的分析研究[J]．远程教育杂志，2010，28(1)：100-104.

[22] 谢恺，马颖峰．教育游戏的动机匹配策略研究[J]．中国教育信息化，2013(1)：49-52.

[23] 祝智庭．教育信息化的新发展：国际观察与国内动态[J]．现代远程教育研究，2012(3)：3-13.

[24] 黄荣怀．智慧校园：数字校园发展的必然趋势[J]．开放教育研究，2012，18(4)：12-17.

[25] 王朋娇，段婷婷，蔡宇南，等．基于 SPOC 的翻转课堂教学设计模式在开放大学中的应用研究[J].中国电化教育，2015(12)：79-86.

[26] 姜艳玲，国荣，等．翻转课堂与慕课融合促进教学资源均衡研究[J]．中国电化教育，2015(4)：109-113.

[27] 吴华，孙丽梅．翻转课堂教学模式在数学教学中的应用[J]．中小学信息技术教育，2014(1)：57-60.

[28] 李玉斌，王月瑶，等．教师网络学习空间评价指标体系研究[J]．电化教育研究，2015(6)：100-106.

[29] 张子石，金义富，吴涛．网络学习空间平台的规划与设计——以未来教育空间站为例[J]．中国电化教育，2015(4)：47-53.

[30] 姜强，赵蔚，李松，等．大数据背景下的精准个性化学习路径挖掘研究——基于 AprioriAll 的群体行为分析[J]．电化教育研究，2018，39(2)：45-52.DOI：10.13811/j.cnki.eer.2018.02.007.

[31] 张进良，何高大．学习分析：助推大数据时代高校教师在线专业发展[J]．远程教育杂志，2014(2)：56-62.
[32] 赵沁平．虚拟现实综述[J]．中国科学，2009(1)：2-46.
[33] 李勇帆，李里程．增强现实技术支持下的儿童虚拟交互学习环境研发[J]．现代教育技术，2013(1)：89-93.
[34] 王萍．移动增强现实型学习资源研究[J]．电化教育研究，2013(12)：60-67.
[35] 张燕南，赵中建．大数据时代思维方式对教育的启示[J]．教育发展研究，2013(21)：1-5.
[36] 张敏，王朋娇，孟祥宇．智能时代大学生如何破解“信息茧房”？——基于信息素养培养的视角[J]．现代教育技术，2021，31(1)：19-25.
[37] 刘威．基于网络环境下学生自主学习的研究[J]．现代教育科学，2009(3)：140-143.
[38] 李青，王涛．学习分析技术研究与应用现状述评[J]．中国电化教育，2012(8)：129-133.
[39] 顾小清，张进良，蔡慧英．学习分析：正在浮现中的数据技术[J]．远程教育杂志，2012(1)：18-25.
[40] 魏顺平．学习分析技术：挖掘大数据时代下教育数据的价值[J]．现代教育技术，2013(2)：5-11.
[41] 樊敏生，武法提．数据驱动的动态学习干预系统设计[J]．电化教育研究，2020，41(11)：87-93.
[42] 何思颖，何光全．终身教育百年：从终身教育到终身学习[J]．现代远程教育研究，2019(1)：66-75.
[43] 姜昕，赵修文．基于终身学习理念的大学生自主学习能力的培养[J]．黑龙江高教研究，2013，31(12).
[44] 王吉．现代大学公共教学建筑设计研究[J]．华南理工大学，2005：56-58.
[45] 高琼琼．终身学习的特点及原因探究——从终身教育到终身学习[J]．当代教育论坛，2009(7)：12-13.
[46] 尚俊杰，李芳乐，李浩文．“轻游戏”：教育游戏的希望和未来[J]．电化教育研究，2005(1)：4-26.
[47] 张文兰，刘俊生．教育游戏的本质与价值审思——从游戏视角看教育与游戏的结合[J]．开放教育研究，2007(5)：64-68.
[48] 张一中，王笃明．内隐无意识加工及其在教学中的体现与应用[J]．南京师大学报(社会科学版)，2002(5)：90-96.
[49] 于歆杰．以学生为中心的教与学——利用慕课资源实施翻转课堂的实践 [J]．中国大学教学，2017(12)：98.
[50] 梁林梅．MOOCs 学生：分类、特征与坚持性[J]．比较教育研究，2015，37(1)：28-34.
[51] 曾晓洁．美国大学 MOOC 的兴起对传统高等教育的挑战[J]．比较教育研究，2014，36(7)：32-40.
[52] 桑新民．MOOCs 热潮中的冷思考[J]．中国高教研究，2014(6)：5-10.
[53] 李曼丽．MOOCs 的特征及其教学设计原理探析[J]．清华大学教育研究，2013，34(4)：13-21.
[54] 王颖，张金磊，张宝辉．大规模网络开放课程（MOOC）典型项目特征分析及启示[J]．远程教育杂志，2013，31(4)：67-75.
[55] 焦建利．微课及其应用与影响[J]．中小学信息技术教育，2013(4)：13-14.
[56] 梁乐明，曹俏俏，张宝辉．微课程设计模式研究——基于国内外微课程的对比分析[J]．开放教育研究，2013，19(1)：65-73.
[57] 胡铁生．“微课”：区域教育信息资源发展的新趋势[J]．电化教育研究，2011(10)：61-65.
[58] 何克抗．从 Blending Learning 看教育技术理论的新发展[J]．国家教育行政学院学报，2005(9)：37-48，79.
[59] 关秀珍．基于网络学习空间的高中英语翻转课堂教学模式[J]．安徽教育科研，2021(14)：71-72.
[60] 陈凯泉，沙俊宏，孙明月．基于电子书包的智慧课堂教学模式研究[J]．教学与管理，2021(6)：33-36.
[61] 杨玉辉，董榕，张紫徽，等．“学在浙大”网络学习空间的构建与应用——疫情时代在线学习平台建设的探索[J]．现代教育技术，2021，31(1):105-111.

反侵权盗版声明

电子工业出版社依法对本作品享有专有出版权。任何未经权利人书面许可，复制、销售或通过信息网络传播本作品的行为；歪曲、篡改、剽窃本作品的行为，均违反《中华人民共和国著作权法》，其行为人应承担相应的民事责任和行政责任，构成犯罪的，将被依法追究刑事责任。

为了维护市场秩序，保护权利人的合法权益，我社将依法查处和打击侵权盗版的单位和个人。欢迎社会各界人士积极举报侵权盗版行为，本社将奖励举报有功人员，并保证举报人的信息不被泄露。

举报电话：（010）88254396；（010）88258888

传　　真：（010）88254397

E-mail：　dbqq@phei.com.cn

通信地址：北京市万寿路 173 信箱

电子工业出版社总编办公室

邮　　编：100036